合格点を取るための

"でる順"

日本史の
要点整理

『日本史探求』対応版

代々木ゼミナール講師
前田 秀幸

JN058605

はじめに

　いろいろな日本史の参考書に手をつけたが、「なかなか成績が伸びない」あるいは「日本史の勉強の仕方がよくわからない」といった相談を、たびたび受験生からうける。

　そのたびに、何とか能率よく「すぐ理解できる」日本史を出版してみたいという気持ちがつのっていった。

　そして、ようやく長年の念願が実り、とにかく「試験にでるもの」を、それも"でる順"に学習していこうと思い立ったのが、この参考書であった。また、「日本史探究」の新課程にも対応できるように配慮した。

1．"でる順"として、頻出する時代から学べるように構成した。

●通常通り「旧石器」から始めると、旧石器ばかりくり返し学習し、旧石器が非常に得意となる。その反面、試験にはあまり出題されない分野なので得点源とはなりにくい欠点がある。
●したがって、「江戸」「近現代」は、どの大学でも必ず出題されており、最初から「江戸」「明治」「大正」「昭和」と頻出されるものから、学習していく。
●その結果、原始（旧石器・縄文・弥生）は最初ではなく、最後にした。

2．「文化史」は、最後＜備考＞としてつけ加えた。

●とくに、出題されやすい「仏像史」「絵画史」「史学史」などを選定した。

3．難関大である早慶やGMARCHにも対応できるように十分に配慮

●重要語句をピックアップし、詳しい解説を加えた。
●「早稲田」「慶応」を意識し、わかりやすくするために図解を多用した。

4．全体の流れを重視する。

●そのために、各時代の将軍・内閣・重要条約なども、もらさず列挙し万全を尽くした。

5．新課程の『日本史探究』にも対応できるように、極力「問題提議」をページの最初にあげ、考えることにも力点を置いた。

●これによって「読解力」をつけることができる。

6．「でる順」に並べ、共通テスト対策や私大の選択問題にも十分に対応できるように、「選択問題」を取り上げた。

●全部で315問題を設け、知識の確認ができるように基礎〜標準を列挙した。

代々木ゼミナール講師・日本史　前田 秀幸

◆ 目次 ◆

2 章　明治時代

3 章　大正時代

4 章　昭和時代

5 章　奈良時代

6 章　平安時代

7 章 戦後史

8 章　鎌倉時代

9 章　室町時代

10章 安土・桃山時代

11章 古墳時代

12章 原始（旧石器・縄文・弥生）

備考　文化史（テーマ）

"でる順" 日本史の選択問題

"でる順"
日本史の要点整理

1.　幕藩体制の確立

江戸幕府の外交・政治の基本方針は3代将軍徳川家光時代に確立された。

● **譜代大名からの選任は、大老・老中・寺社奉行・京都所司代・大坂城代・若年寄などがある。**

1.　江戸幕府の職制（重要人物）

①大老（堀田正俊、井伊直弼）

②老中（土井利勝、松平信綱、酒井忠清、松平定信、水野忠邦、阿部正弘）

③高家（吉良上野介）

④大目付（初代は柳生宗矩）

⑤町奉行（大岡忠相、遠山景元、鳥居耀蔵）

⑥勘定奉行（荻原重秀、神尾春央、小栗忠順）

⑦関東郡代（初代は伊奈忠次）

⑧外国奉行（永井尚志、岩瀬忠震、川路聖謨）

⑨側用人（柳沢吉保、間部詮房、田沼意次）

★大老は幕府最高の職で、非常の際に設置された（1人）。老中は常置の最高職で、月番制により政務を総括し、譜代大名から5〜6名が選ばれた。

2.　幕府のエリートコース

奏者番　→　寺社奉行　→　大坂城代・京都所司代　→　老中

● 御三家・御三卿を除く親藩＝御家門　　● 御三家の分家＝御連枝

★奏者番は、定員の定めは特にないが20名から30名とされた。大名や旗本が徳川将軍に拝謁する際、来歴や献上品の目録等を読み上げ、円滑な儀礼進行を司る役職であった。徳川将軍家および御三家の法要において、将軍が参列できない場合の代参を行うこともあった。

3.　参勤交代の変遷

①1635年、徳川家光の時代に「武家諸法度」改定され、制度化された。

②1722年、徳川吉宗の時代に「上米」により、江戸在府期間を半年とした。

③1862年、文久の改革により、参勤交代の頻度を3年に1回（100日）とした。

④1867年、大政奉還とともに参勤交代は廃止となった。

◆**武家諸法度**　1615年徳川家康が金地院崇伝に起草させ、伏見城で徳川秀忠の名で公布した大名統制法。徳川家光のとき、参勤交代の制と500石以上の大船建造の禁止などが規定された。

◆**幕藩体制**　全国の統治権を有する将軍（幕府）と将軍によって一定の領域（石高1万石以上）支配を認められた大名（藩）とが、全国の土地と人民を支配する体制を幕藩体制という。

2. 大名の統制

大名とは将軍から1万石以上の知行を与えられたもので、もっとも重視されたのは、親藩・譜代・外様という将軍との関係による区別であった。
●原則、武家諸法度は将軍の代替りに発布される。

1. 武家諸法度

①武家諸法度は将軍の代替りに発布される。（ただし徳川家継と徳川慶喜は除く）

元和令	寛永令
1615	1635
徳川秀忠	徳川家光
金地院崇伝 （こんちいんのすうでん）	林羅山 （はやしらざん）
●文武の奨励 ●居城補修・新造の禁止 ●大名などの私婚の禁止	●参勤交代の義務化 ●大船建造の禁止
全13条	全19条

②武家諸法度（元和令、寛永令）
「文武弓馬の道、専ら相嗜むべき事」
③武家諸法度（天和令、徳川綱吉）
「文武忠孝を励し、礼儀を正すべき事」

★幕府は大名を統制するため、1615年に武家諸法度を出した。2代将軍徳川秀忠の名で出された武家諸法度は、13の条文からなり、その内容は第1条で「武芸と学問に励むこと」としている他、衣服の取り決めや倹約の奨励などかなり厳しいものであった。

2. 改易処分

①小早川秀秋（跡継なし）　　②松平忠輝（大坂夏の陣、不参加）
③福島正則（居城無断修理）　④本多正純（居城無断修理）
⑤松平忠直（藩政の乱れ）　　⑥加藤忠広（民心離反）
⑦松倉勝家（島原・天草一揆の責任、重税を課す）

（歴代将軍による大名の改易数）

将軍	徳川家綱	徳川綱吉	家宣・家継	徳川吉宗
大名の改易数	26	46	5	12

★幕藩体制の安定期の大名改易数は、綱吉の時の46家が最も多く、そのうち譜代大名が過半数の29家を占めている。

3. 寺請制度

キリスト教の禁圧に伴って、すべての庶民をどこかの寺院の檀家とさせる寺請制度を強制した。旅行・婚姻・奉公などによる移動には、寺請証文を義務づけた。

●影響力をもった僧侶

1. 寺社の統制

①寺院法度（1601〜16）、諸宗諸本山法度、宗派別
②諸宗寺院法度（1665）各宗共通、集大成、徳川家綱
③諸社禰宜神主法度（1665）、吉田家と白川家の繁栄

寺請制度	キリシタンでないことを証明
寺請証文	身分証明書（宗旨手形）
宗門改帳	宗旨人別帳、戸籍の役割
宗門改	信仰調査、宗門改役

2. 幕府が容認した宗派

①神道
②修験道
③仏教
④陰陽道
⑤受不施派（日蓮宗）●ただし、日蓮宗でも「不受不施派」は認めなかった。

3. 江戸期の僧

天海	徳川家康に登用、東照大権現と家康を命名
崇伝	黒衣宰相、禁中公家諸法度
隠元	黄檗宗の開祖、宇治万福寺
沢庵	紫衣事件、大徳寺、東海寺
円空	鉈彫り、「両面宿儺像」「聖観音像」
白隠	臨済宗中興の祖、禅病を治す治療法の考案
隆光	護持院、生類憐みの令の発案
鉄眼	黄檗宗の禅僧、『大蔵経』を刊行する発願
契沖	真言宗の僧、『万葉代匠記』（徳川光圀の依頼）
良寛	曹洞宗の僧、万葉調の歌風で童心にあふれる
亮賢	真言宗の僧、護国寺の開山（徳川綱吉の命）

4. 農民の統制

村は農民支配の基本的な行政単位で、村政を運営する村役人が置かれた。村役人には名主（庄屋）・組頭・百姓代があり、これを村方（地方）三役といった。

●最古の農書と言われるのが『清良記』である。

1. 江戸時代の村落 （村の数17世紀末6万3000）
①相給（あいきゅう）（2人以上の大名により支配されている村）
②村切り（むらぎり）（支配するために村の境界を定め区域を確定）
③村請制（むらうけ）（年貢・諸役は農民個人別でなく一括して村に賦課され村の責任で上納）
④隠田（いんでん（おんでん））（隠して耕作し、年貢を納めない田）
⑤諸国山川掟（しょこくさんせんのおきて）（1666）（洪水の被害が頻発したため、行き過ぎた開発を禁止した）
⑥結・もやい（ゆい）（田植え、稲刈り、結＝交換労働を求める）

★隠田は通常人の目に着きにくい山間や谷間に開墾された。太閤検地などを通じて摘発されたが、江戸時代になっても新たに隠田が開かれ、一部は地租改正まで残存した。

2. 農書
① 『清良記』（せいりょうき）（最古の農書といわれる。伊予国の土豪土居清良の一代記を中心とした軍記物。第7巻に家臣の松浦宗案の農書がある。1564年の成立というが不詳。）
② 『百姓伝記』（三河・遠江の東海地方）17世紀後半
③ 『会津農書』（佐瀬与次右衛門）（よじえもん）（1684）
④ 『耕稼春秋』（こうかしゅんじゅう）（加賀大庄屋・土屋又三郎）（1707）

★ 『農業全書』（宮崎安貞、福岡藩の元武士）（1697）『農政全書』（徐光啓）（じょこうけい）を参考とした。各地の実施調査をもとに刊行された日本初の体系的農書。輸入超過の状況を問題視し、栽培法の普及による国産化の必要性を主張した。

3. 本百姓の維持と統制
①田畑永代売買の禁止令の制定（1643）富農への土地集中と本百姓の没落防止。
②田畑勝手作の禁（本田畑での商品作物の栽培を禁止）、1871年に廃止。
③分地制限令（田畑の細分化を防ぐために分割相続を制限）
1673年に発令。名主は20石以上、一般百姓は10石以上の所持で分地を認めた。百姓の零細化防止の政策。

◆村請制 年貢・諸役は農民個人別ではなく、一括して村に賦課され村の責任で上納した。未進百姓や夜逃げ百姓があった場合、村中の責任で納入した。

5. 琉球と日本

江戸時代の琉球は、日本と中国の両属関係のもとに置かれた。

● 「絵踏」は絵を踏むという行為であり、それに対して「踏絵」は聖画像そのものをさす。

1. 鎖国の完成（ケンペル『日本誌』←志筑忠雄『鎖国論』と訳す（1801））

  （1612）幕府の直轄地、禁教令
  （1613）全国、禁教令
  （1616）入港地、平戸・長崎に限定
  （1622）元和の大殉教（宣教師信徒55名処刑）
  （1623）イギリス、平戸商館を閉鎖、退去
  （1624）イスパニア（スペイン）船の来航禁止
  （1633）奉書船以外の海外渡航禁止（寛永10年令）
  （1634）長崎に出島を築く
  （1635）日本人の海外渡航および帰国を全面禁止（寛永12年令）
  （1637）島原・天草一揆（島原の乱）
  （1639）ポルトガル船の来航禁止（寛永16年令）
  （1641）オランダ人を出島に移す（平戸から）
  ①鎖国の意義（キリスト教禁止の徹底・貿易の利益を幕府が独占）
  ②通商国（国交なし、貿易のみ、オランダ・中国）
  ③キリシタンの追放（1614）→ 元キリシタン大名高山右近ら300人余りが
    徳川家康によって、マニラ・マカオに追放された。なお、高山右近に棄
    教を説得した武将は黒田孝高である。
  ④（1688）唐人屋敷設置（長崎郊外）人口約5000人、密貿易防止、清船年
    70隻

2. 琉球と日本

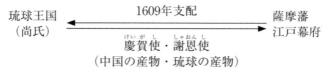

琉球王国
（尚氏）
1609年支配
薩摩藩
江戸幕府
慶賀使・謝恩使
（中国の産物・琉球の産物）

3. 朝鮮と日本（朝鮮通信使は300人〜500人）

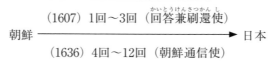

朝鮮
（1607）1回〜3回（回答兼刷還使）
日本
（1636）4回〜12回（朝鮮通信使）

6. 島原・天草一揆（島原の乱）

島原・天草一揆を機に禁教はいっそう厳しくなり、鎖国政策が促進されることとなった。

●**以前は島原の乱といったが、今は島原・天草一揆と呼ぶことが一般的。**

1. **島原・天草一揆（1637〜1638）（島原の乱）**
   （背景）
   ①煙草・なすのような小物成はもとより、子供が生まれても税金、葬式にも税金を課した。
   ②こうした島原藩主松倉重政・勝家父子の重税、禁教政策が厳しいものであり、16歳のキリシタン天草四郎時貞を首領とした3万8000人といわれる島原と天草の農民は原城にたてこもった。

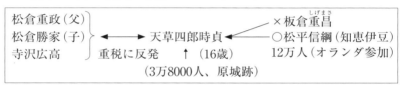

   ★幕府は初め板倉重昌を派遣したが1638年重昌は敗死し、老中松平信綱の派遣、オランダ商船からの海上砲撃などにより、陥落した。幕府はこの乱を機会にキリシタン弾圧を強化し、1639年ポルトガルとの通商を断ち、鎖国に入った。

   （結果）
   この乱は基本的には百姓一揆であったが、これに宗教一揆の要素が結合したものと考えられる。キリシタンの組織力と抵抗力に恐怖した幕府は1640年に直轄領に宗門改役を置き、宗門改の強化を寺請制度によって実現し、キリシタンの摘発に努めた。

2. **老中松平信綱について**
   ①明暦の大火の際には、信綱は老中首座の権限を強行して1人で松平光長（越後高田藩主）ら17人の大名の参勤を免除した。
   ②信綱は、柳生宗矩、春日局（家光の乳母）とともに徳川家光を支えた1人。
   ③島原・天草一揆では、領主であった松倉勝家・寺沢堅高両名も一揆を招いた責任ありとして処罰を言い渡した。

（功績）	●島原・天草一揆
	●由井正雪の乱
	●明暦の大火

7. 由井正雪の乱（慶安の変）から文治政治の転換

1651年、徳川家光が死ぬと幼少の徳川家綱が4代将軍となった。家光の死の直後、由井正雪・丸橋忠弥らの牢人が幕府転覆を企てる慶安の変が起こった。

●このとき、牢人は約40万人にのぼるとされた。

1. 慶安の変（1651）
①牢人の倒幕計画事件で、由井正雪の乱ともいう。
②由井は駿河で自殺、丸橋忠弥は死刑となった。

2. 承応の変（1652）
①牢人の戸次（別木）庄左衛門の老中暗殺計画
②増上寺で決行予定、密告され失敗

★1651年に起こった牢人の倒幕計画事件を由井正雪の乱といった。しかし、事件は事前にもれ、丸橋は死刑、正雪は駿府で自殺した。静岡市の菩提樹院境内には、正雪の墓と伝えられる石塔がある。翌年には、牢人戸次（別木）庄左衛門が老中を暗殺しようとした承応の変があった。

3. 寛文の治（4代将軍徳川家綱）
保科正之・酒井忠清・松平信綱・阿部忠秋（補佐）
①末期養子の禁緩和（17歳〜50歳の大名に許可）
②殉死の禁止
③領地宛行状の発給（幕府が大名に対して発給した領知の確認文書）
④大名証人制の廃止（有力大名の子を人質にとることの廃止）
⑤諸宗寺院法度（各宗共通）、諸社禰宜神主法度（吉田家の支配強まる）

◆牢人　奉公する主家のない武士。約40万人の牢人が発生した。後世は「浪人」と書いた。「牢人」は牛とか午とか、文字が卑しいとしたからだという説もある。
◆由井正雪　軍学者。駿河国由比の染め物屋の子とされる。正雪の死後、その罪に連座して両親、妻、兄弟までも処刑された。
◆保科正之　会津藩主。2代将軍徳川秀忠の4男として生まれる。高遠藩（長野県）3万石の保科正光の養子に出された。『家訓十五箇条』は、会津藩の基本法として維新期まで存続した。
◆文治政治　儒教的な徳治主義でのぞむもので、儒学をはじめとする学問の尊重。
◆末期養子の禁を緩和　17歳〜50歳の大名には末期養子を認めた。
◆殉死の禁止　「殉死」とは、主人が死んだ時、家臣があとを追って自殺し、死後も主人に奉仕する意味である。古代よりあったが、武家社会になり忠義のために当然とされた。徳川家綱が1663年厳禁してから、ようやく廃絶するようになった。

8. 幕府の財政窮乏

明暦の大火、金銀の産出量の減少、金銀の海外流出、消費生活の華美
による支出の増大などによって、徳川綱吉の晩年になると幕府財政は
窮乏することとなった。

●**明暦の大火で林羅山はショック死した。**

1. 江戸の三大火事

①明暦の大火（振袖火事）
②目黒行人坂の大火（明和の大火）
③芝の大火

★明暦の大火（1657）により、広小路（幅の広い街路）・火除地（避難所）・回
向院の設立・両国橋の架橋・定火消（幕府）・俸禄制（←地方知行制）など
が実現した。林羅山は『本朝編年録』などが焼失し、ショックのあまり4日
後死亡した。

★幕府は耐火建築として土蔵造や瓦葺き屋根を奨励したが、その後も板葺き板
壁の町屋は多く残り、「火事と喧嘩は江戸の華」と言われるとおり、江戸は
その後もしばしば火災に見舞われた。

2. 金成分比の推移

（幕末の万延小判は、形状も小さく、金の含有量も少なかった）

1601	慶長小判	84.3%	（金貨の含有量15g）
1695	元禄小判	57.4%	（金貨の含有量10g）
1710	宝永小判	84.3%	（金貨の含有量7g）
1714	正徳小判	84.3%	（金貨の含有量15g）
1716	享保小判	86.8%	（金貨の含有量16g）
1736	元文小判	65.7%	（金貨の含有量9g）
1819	文政小判	56.4%	（金貨の含有量7g）
1837	天保小判	56.8%	（金貨の含有量6g）
1859	安政小判	56.8%	（金貨の含有量5g）
1860	万延小判	56.8%	（金貨の含有量2g）

◆**明暦の大火（振袖火事）**　1657年（明暦3年）1月18日出火。言い伝えによると事3年前。
商家の娘おきくが偶然見染めた若衆に恋こがれるが恋は叶わず、1655年（明暦元年）
1月16日、16歳で亡くなった。彼女の紫ちりめんの振袖は質屋、古着屋を介して2人の
娘に渡るが、いずれも1月16日に亡くなってしまう。供養を頼まれた本妙寺では、わ
ざわざ因縁の16日を外して18日に供養すべく振袖に火をつけたが、突然吹いた強風に
より空に舞い、本堂に飛び込み、火が広がってしまった。それが江戸中を焼く尽くす
大火の原因となったという。

9. 元禄期の政治（5代将軍徳川綱吉の政治）

富士山が大噴火し、宝永山が出現したのは、徳川綱吉悪政の証拠の一つとされた。

●文治政治は形式に流れ、元禄時代と称される華美な時代を現出した。

【徳川綱吉の政治】

1. 天和の治「文武忠孝を励まし、礼儀を正すべき事」

堀田正俊（大老）
牧野成貞（側用人）
①安井算哲（天文方）、貞享暦
②服忌令（服喪・忌引の日数を定める）

2. 元禄の治

「儒学を仏教から分離」、柳沢吉保（側用人）

①生類憐みの令（桂昌院、隆光の勧め）

②大嘗祭の再興（霊元天皇の復活、221年ぶり）

③北村季吟（歌学方）『源氏物語湖月抄』『枕草子春曙抄』

④湯島聖堂（1690）←弘文館（林羅山の私塾）

⑤林信篤（鳳岡）、大学頭に任ず。

⑥赤穂事件（1702）、浅野内匠頭長矩の家臣、吉良上野介義央に対する復讐劇。

⑦富士山の大噴火（1707）、諸国高役金49万両

◆柳沢吉保　館林藩士。藩主徳川綱吉が将軍になると、側用人となり権勢をふるう。最盛時には、甲府十五万石を与えられ、老中にまで累進した。晩年は、江戸駒込の六義園で悠々自適の隠居生活を送った。

◆生類憐みの令　一つ成文法ではなく、諸法令の総体であり、保護する対象は、捨て子や病人、高齢者そして動物である。犬を保護したとされることが多く、綱吉が「犬公方」と呼ばれる一因となった。また、綱吉は丙戌年生まれのためともされる。この法令により、犬を食用する習慣がなくなったとも言われる。

◆賀茂葵祭　葵祭は、石清水祭、春日祭とともに三勅祭の一つであり、庶民の祭りである祇園祭に対して、賀茂氏と朝廷の行事として行っていたのを貴族たちが見物に訪れる、貴族の祭りとなった。京都市の観光資源としては、京都三大祭り（葵祭（5月）、祇園祭（7月）、時代祭（10月））の一つである。

◆赤穂事件　江戸城松之廊下で、高家の吉良上野介義央を斬りつけたとして、播磨藩主である浅野内匠頭長矩が切腹に処せられた事件。その後、元禄15年12月14日(旧暦)、1703年1月30日、亡き主君の浅野長矩に代わり、家臣の大石内蔵助良雄以下47人が本所両国の吉良邸に討ち入り吉良義央らを討った事件を指すものである。引き上げの最中には、47人のうち1人（寺坂吉右衛門）がどこかに消えているが、その理由は謎である。寺坂を除いた46人は、吉良邸討ち入りを幕府に報告し、幕府の指示に従って全員切腹した。港区泉岳寺に46人が埋葬されている。

10. 正徳の治（新井白石の政治）

新井白石は、貨幣改鋳を行って良質の乾字金、ついで正徳金銀を発行して、貨幣の信用を取り戻し、**物価騰貴**を押さえようとしたが、あまり効果はなかった。

●**新井白石は、邪馬台国の位置を初めて本格的に論じた。**

【新井白石の政治】

1. 徳川家宣（1709～12）の時代
　　①生類憐みの令廃止（1709）
　　②閑院宮家の創設（伏見、京極、有栖川）
　　③宝永金銀（乾字金）重量が半分しかない
　　④朝鮮通信使の待遇改善（「日本国大君」から「日本国王」へ）

2. 徳川家継（1713～16）の時代
　　①正徳金銀（1714）金含有量86.8%
　　②海舶互市新例（1715）、長崎貿易での金銀の流出防止、抜荷（密貿易）禁止

3. 海舶互市新例（長崎新令、正徳新令）
　　①1604年　糸割符制（ポルトガル商人の生糸独占排除）
　　②1655年　糸割符制の廃止（相対自由貿易）
　　③1684年　糸割符制の復活
　　④1685年　オランダ船・清船の貿易額定める（定高仕法）
　　⑤1715年　海舶互市新例（長崎貿易の制限令）

　　（目的）長崎貿易での金・銀の流出防止、抜荷（密貿易）の防止。

	船舶数	貿易額
清	年30隻	銀6000貫
オランダ	年2隻	銀3000貫

　　⑥1763年　支払いに銅・俵物（海産物）をあてる。

★1715年、金銀の海外流出を防ぐため、新井白石の貿易制限案をもとに出されたのが海舶互市新例。中国船に対しては密貿易を防ぐため信牌（貿易許可書）を発行し、その持参を義務づけた。

4. 新井白石の著書
　　①『読史余論』（九変五変論）徳川家宣への進講、②『東雅』（国語語源辞典）
　　③『古史通』（日本書紀の合理的解釈）、④『折たく柴の記』（自叙伝）
　　⑤『西洋紀聞』・『采覧異言』（地理書）➡（シドッチ、屋久島潜入、尋問）

11. 商業の発達

大名や武士は、年貢米や諸物産を換金しなければならなかった。また、産業の発達によって商品生産が活発となり、商業が発達した。

●江戸時代、両替商に預金しても利息はつかなかった。また、両替により手数料を取った。

1. 貨幣の単位

> 金1両＝4分、1分＝4朱、（4進法）
> 銀1貫＝1000匁
> 銭1貫＝1000文
> 【金・銀・銭の交換比率】
> （1609）金1両＝銀50匁＝銭4000文
> （1700）金1両＝銀60匁＝銭4000文
> （1844）金1両＝銀65匁＝銭10000文

①1匁＝3.75ｇ（5円硬貨の重さ）、1貫＝3.75ｋｇ。

金貨	銀貨	銭貨
計数貨幣 （小判・一分金・ 　一朱金）	秤量貨幣 （丁銀・豆板銀） 計数銀貨 （一分銀・二朱銀）	計数貨幣 （寛永通宝、 　一文銭・四文銭）
単位（両・分・朱）	単位 （貫・匁・分・厘・毛）	単位（貫・文）
東日本（金遣い）	西日本（銀遣い）	全国で流通

②商店では店に小さな秤を置き、秤量貨の銀の目方をはかって使用した。

③江戸時代には、金（小判、一分判、大判）、銀（丁銀、豆板銀）、および銭（寛永通宝など）の3種類の基本貨幣が流通する三貨制度があった。

④三貨幣の中で最も価値が高いのは、金の大判であった。これは通貨というより、おもに贈り物や報酬、または高額の借金に使われた。

2. 両替商

本両替	蔵元・掛屋兼任が多い。 （大坂）天王寺屋・平野屋・鴻池、（江戸）三井・三谷・鹿島屋など ●公金出納、預金・為替・貸付
銭両替	金貨・銀貨・銭貨の両替

12. 農業・手工業・諸産業の発達

江戸時代における農業・手工業・諸産業の発達は、農村の社会構造に
どのような影響・変化を及ぼしたか。

●絹織物に対して、綿織物や麻織物を「太物」と称した。

１．四木・三草
　　①四木の楮・桑・漆・茶のうち、和紙の原料となったのは楮。
　　②三草の麻・藍・紅花のうち、衣料用の繊維原料となったのは麻。

★五穀についで諸藩が栽培を奨励した植物が四木・三草であった。三草のうち
　藍と紅花はともに染料として使われたが、藍の産地はとくに阿波（徳島）が
　知られた。

２．綿織物（太物）と絹織物（呉服）の産地
　　①麻織物＝奈良晒、越後（新潟）縮、近江（滋賀）蚊帳
　　②綿織物＝久留米絣、小倉織、有松絞（名古屋）
　　③絹織物＝西陣織、丹後縮緬、上田紬

３．各地の産業

陶磁器	有田焼（伊万里焼）・九谷焼・京焼（清水焼）・瀬戸焼・備前焼
漆器	春慶塗（能代、飛騨高山）・輪島塗・会津塗・南部塗
製紙	越前（鳥ノ子紙・奉書紙）・杉原紙・美濃紙
醸造	酒（灘・伊丹・池田・伏見）、 醤油（湯浅＝和歌山県・龍野・野田・銚子）
水産業	鰯（九十九里浜）・鰹（土佐）・鯨（紀伊、土佐、肥前・ 鮪（肥前五島）昆布・鰊・俵物（蝦夷地）、製塩業（瀬戸内）
林業	檜（木曽）、杉（吉野・秋田・飛騨）
鉱業	金（佐渡相川・伊豆）、銀（石見大森・但馬生野・院内）、 銅（足尾・別子・阿仁）、鉄（出雲・釜石）

４．諸藩の国産品

仙台（宮城）	塩、漆
米沢（山形）	織物
松江（島根）	鉄、銅、朝鮮人参
阿波（徳島）	藍、塩
土佐（高知）	紙
薩摩（鹿児島）	黒砂糖、樟脳（香料・防虫剤・医薬品）

13. 朱子学

君臣・主従の別を明らかにする大義名分論と、上下の秩序・礼節を重んじる道徳を中心理論とする朱子学は、封建秩序を維持する上で支配者にとって好都合であった。
●新井白石と雨森芳洲とはライバル関係にあった。

1. 朱子学

（京学派）藤原惺窩（相国寺の僧、還俗）

①林羅山（道春）→ 子 林鵞峰（春斎）→ 子 林鳳岡（信篤）→ 柴野栗山

＝『本朝編年録』、弘文館　　＝『本朝通鑑』　　　　＝初代大学頭

②石川丈山（詩仙堂）　●弘文館（上野忍ヶ岡）

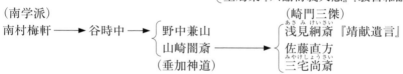

③松永尺五　　　　木下順庵　　　　┌新井白石
　（講習堂）───→（綱吉の侍講）───→┤雨森芳洲（新井白石のライバル）
　　　　　　　　　　　　　　　　　└室鳩巣『六諭衍義大意』『駿台雑話』

（南学派）　　　　　　　　　　　　　　　（崎門三傑）

南村梅軒───→谷時中───→┌野中兼山　　　　　┌浅見絅斎『靖献遺言』
　　　　　　　　　　　　　　│山崎闇斎───→┤佐藤直方
　　　　　　　　　　　　　　（垂加神道）　　　└三宅尚斎

2. 古学（直接原典にあたることを主張）

①聖学派（山鹿素行）『聖教要録』（朱子学批判）『中朝事実』『武家事紀』

②堀川学派（伊藤仁斎 → 伊藤東涯）、●伊藤東涯『制度通』→（弟子）青木昆陽

③古文辞学派（荻生徂徠『政談』『弁道』）→ ┌太宰春台『経済録』
　　　　　　　　　　　　　　　　　　　　　└服部南郭（詩文に優れる）

3. 陽明学（朱子学の主知主義に対し、知行合一という主体的実践重視）

中江藤樹　　　　　弟子　　　　　熊沢蕃山

（近江聖人、『翁問答』）　　『大学或問』『集義和書』
孝を万事万物の道理として重視　　下総の古河に幽閉・病死

◆**陽明学**　明の王陽明が創始し、朱子学に対立し、知行合一を説き実戦を重視した。

◆**古学**　孔子・孟子の原典に基づいて儒学の真意をきわめようとした。その実証的研究方法は国学・蘭学の成立にも影響をあたえた。山鹿素行にはじまり、伊藤仁斎・東涯、荻生徂徠によって高められる。

◆**垂加神道**　山崎闇斎は谷時中に朱子学を学んだのち、会津藩主保科正之に招かれて侍講として政治をたすけた。江戸・京都でも多数の門人をもち、その数6000人といわれる。京都の吉川惟足に神道を学び、神儒一致を唱えて垂加神道を創始した。天皇尊崇の念が強く、幕末の尊王攘夷運動に影響を与えた。「垂加」とは闇斎の号である。

14. 享保～天保の政治

幕藩体制が動揺してゆくなかにあって、享保～天保の政治はどう展開したか。

●目安箱は、武士の投書は許さなかった。（享保の改革）

1．享保の改革（1716～45）

徳川吉宗＝米公方（8代将軍）

①相対済し令（1719）（金銭貸借に関する訴訟の停止、評定所では取り扱わない）

②漢訳洋書輸入の禁緩和（1720）（キリスト教関係以外の許可）

③商品作物の栽培奨励（甘藷（さつまいも）・甘蔗（さとうきび）・櫨・朝鮮人参）

④目安箱（1721）評定所前に設置（現在の東京駅北口）武士の投書は許さず ➡ 小石川養生所（町医者小川笙船の投書）・いろは四十七組の実現、自ら開封した。

⑤上米（1722）1万石につき100石上納、参勤交代在府期間を半年とする

⑥質流し禁令（1722）質地騒動（出羽長瀞、越後高田）

⑦足高の制（1723）在職中だけその役職に見合った俸禄を与える制度。

⑧元文金銀（文字金銀）65.7%（1736）← 享保金銀86.8%（1716）

⑨買米令（米価引上げのため、大名・商人に米の買上げを命じた法令）

⑩公事方御定書（1742）（老中松平乗邑、縁坐・連座・拷問の緩和、公布されず。）

⑪定免法（←検見法）1744年180万石　●1石＝150kg≒8万1000円

2．幕政改革（享保・寛政・天保）

享保の改革		寛政の改革	大御所時代	天保の改革
1716	1745	1787　　　1793	1841	1843

享保の改革	寛政の改革	天保の改革
1716～1745	1787～1793	1841～1843
将軍徳川吉宗	老中松平定信	老中水野忠邦

3．天保の改革（1841～43）

水野忠邦（浜松藩主）、享保・寛政の政治を目標

①倹約令（ぜいたくな菓子・衣服・初物の禁止）

②三方領知替の中止（領地替反対一揆のため中止）

③株仲間の解散（物価を下げるため）

④天保の薪水給与令（←アヘン戦争）
⑤人返しの法（強制的な農村帰村策）
⑥日光社参（将軍の全国統治者としての勢威誇示）
⑦上知令（財政安定と対外防備の強化のため）
　　あげちれい

4．江戸幕府の歴代将軍

初代　徳川家康 享年75 （在職1603〜1605）	①駿府から江戸に移る ②（1603）征夷大将軍に任命（江戸幕府開設） ③（1607）家康、駿府に隠居（大御所） ④（1615）一国一城令の発令 ⑤（1616）死去、のち日光東照大権現として神となる
2代　徳川秀忠 享年54 （在職1605〜1623）	①家康の3男、1600年の関ヶ原の戦いに遅刻した人物 ②（1614）大坂冬の陣 ③（1615）大坂夏の陣、武家諸法度（元和令）、禁中 　並公家諸法度の制定。 ④鎖国体制の開始。 ⑤（1623）引退し、大御所として家光を後見した。
3代　徳川家光 享年48 （在職1623〜1651）	①（1635）武家諸法度（寛永令）参勤交代の制度化 ②（1636）寛永通宝などの流通 ③（1637）島原・天草一揆 ④（1639）ポルトガル人の来航禁止 ⑤（1641）オランダ人を出島に移す ⑥鎖国完成し、宗教と貿易統制を強化
4代　徳川家綱 享年40 （在職1651〜1680）	①11歳で将軍となる。病身のため実際の政治は保科 　正之・松平信綱・阿部忠秋・酒井忠清らが行う ②武断政治から文治政治の変換 ③（1651）由井正雪の乱（慶安の変） ④（1657）明暦の大火（振袖火事）
5代　徳川綱吉 享年64 （在職1680〜1709）	①上野国（群馬）館林藩主から、4代家綱の養子となる ②大老堀田正俊の補佐により文治政治を推進 ③側用人柳沢吉保を重 ④（1683）武家諸法度（天和令）忠孝・礼儀 ⑤（1685）最初の生類憐み令 ⑥（1695）元禄小判（57.3％） ⑦（1702）赤穂浪士の討ち入り
6代　徳川家宣 　　　　いえのぶ 享年51 （在職1709〜1712）	①叔父綱吉の養子、側用人間部詮房・侍講新井白石 　登用 ②（1709）生類憐みの令の廃止 ③（1710）閑院宮家の創設 ④（1711）朝鮮通信使の待遇簡素化

7代　徳川家継 享年8 (在職1713〜1716)	①4歳で将軍となり、8歳で死去 ②（1714）正徳金銀発行（86.8％） ③海舶互市新例（長崎新令）制定
8代　徳川吉宗 享年68 (在職1716〜1745)	①享保の改革（1716〜1745） ②徳川家康を理想に幕政改革を30年にわたり推進 ③（1719）相対済し令の制定 ④（1721）目安箱（評定所の前） ⑤（1722）上米の制（〜1731廃止） ⑥（1723）足高の制 ⑦（1742）公事方御定書（裁判の基準）
9代　徳川家重 享年51 (在職1745〜1760)	①病弱なうえに言語不明瞭で、側用人大岡忠光が補佐 ②将棋・能楽に関心を寄せる ③（1758）宝暦事件（竹内式部、京都から追放）
10代　徳川家治 享年50 (在職1760〜1786)	①実権は田沼意次が握り、田沼時代と呼ばれた ②商業重視の政策に移行 ③（1767）明和事件（山県大弐の死刑） ④（1772）南鐐二朱銀の発行 ⑤（1782）天明の大飢饉（〜1787） ⑥（1783）浅間山の噴火
11代　徳川家斉 享年69 (在職1787〜1837)	①隠居後、大御所として実権を掌握 ②一橋家から将軍家治の養子となる ③（1789）棄捐令、囲米 ④（1792）ロシア使節ラックスマン、根室に来航 ⑤（1808）フェートン号事件 ⑥（1825）異国船打払令 ⑦（1833）天保の飢饉（〜1839） ⑧（1837）大塩平八郎の乱
12代　徳川家慶 享年61 (在職1837〜1853)	①水野忠邦に天保の改革を命じる。 ②（1841）株仲間解散令 ③（1843）人返しの法、上知令 ④（1853）ペリー、浦賀に来航 ⑤ペリー来航の19日後に死去。
13代　徳川家定 享年35 (在職1824〜1858)	①病弱のため老中阿部正弘が補佐 ②子がなく、晩年には将軍継嗣問題が生じた ③（1854）日米和親条約（林韑） ④（1855）堀田正睦、老中首座に就任 ⑤（1858）日米修好通商条約（岩瀬忠震、井上清直） ⑥将軍継嗣を徳川慶福（のちの家茂）に決定

14代　徳川家茂 いえもち 享年21 （在職1858〜1866）	①公武合体政策により孝明天皇の妹和宮と結婚 ②　（1858）安政の大獄 ③　（1862）文久の改革実施 ④　（1863）八月十八日の政変 ⑤　（1864）禁門（蛤御門）の変 ⑥　（1866）薩長同盟、大坂城で死去
15代　徳川慶喜 よしのぶ 享年77 （在職1866〜1867）	①水戸藩主徳川斉昭の7男 ②京都守護職・禁裏御守衛総督などの要職を務める ③禁門の変で自ら指揮し、長州藩軍を攻撃。 ④　（1867）明治天皇即位（1月践祚）、大政奉還（10＝14）、王政復古の大号令（12＝9）、小御所会議 ⑤大正2年（1913）、感冒のため死去

◆**上米**　幕府財政の窮乏打開策。1722年開始、1730年廃止となった。諸大名に石高1万石につき米100石を幕府に上納させる代償として、参勤交代江戸滞在期間を半減するもの。

◆**相対済し令**　1719年に発令。武士・町人間の貸借について、評定所への訴訟を受理せず、当事者で解決することを定めた法令。この結果、経済界の混乱と札差・金融業者の反対で、1729年に廃止となった。

◆**足高制**　財政難のもとでの人材登用・経費節減策。1723年に施行。役職によって禄高を定め、それ以下の家禄の者がその役職につく場合、不足分を在職期間のみ加増する制度。

◆**重商主義**　国家が積極的に産業を保護・育成し、輸出を増やして国を富ませようとする経済思想。

◆**寛政異学の禁**　朱子学者の柴野栗山の建議を入れ、1790年に松平定信が発令したもの。儒学の中で朱子学を正学とし、陽明学・古学・折衷学などの学派を異学と定めた。これに伴い、役人の登用は、正学を学んだものに限られた。

◆**人返しの法**　1843年、妻子を持っている者以外の帰農を奨励し、新たに農村から江戸へ移住することを禁止した。農村の労働力確保と江戸市中の貧民の増大防止が目的であった。

◆**上知令**　1843年、幕府は江戸・大坂の周辺地域を幕府直轄領とすることを命じた。幕府内部に対立が生じ、命令は撤回され、水野忠邦失脚の契機となった。

三大改革に共通の政策には、寛政・天保期の「棄捐令」きえんれい、寛政（旧里帰農令）・天保（人返しの法）などがある。

15. 田沼の政治

天明の大飢饉の影響による都市の米価暴騰から、江戸・大坂・京都などに米騒動の打ちこわしがおこり、百姓一揆とともに幕藩領主支配の根底をゆさぶるほどになった。

●**田沼意次は大規模な新田開発と蝦夷地開発を試みた。**

1. 田沼意次の政策（1767～1786）徳川家治の治世

①株仲間の大幅許可（運上金・冥加金の増収）
②専売制（人参座（1763）・銅座（1766）再興・真鍮座（1780）・鉄座（1780））
③新田開発（下総の印旛沼・手賀沼）
④海外貿易の拡大（銅70％、俵物30％の輸出奨励。工藤平助『赤蝦夷風説考』（ロシア貿易と蝦夷地の開拓）、最上徳内（得撫島まで達す））
⑤赤子養育法（1767）在方の生産人口減少防止、間引の禁止
⑥繰綿延売買会所（1760）＝繰綿の先物取引を仲介する機関←摂津・和泉の農民の反対
⑦絹糸改会所（1781）＝取引される絹糸に改料を徴収←上州絹一揆により廃止

2. 計数貨幣の発行（従来、銀貨は秤量貨幣だった）

明和五匁銀（1765）	最初の計数銀貨。五匁銀12枚で金1両に相当。
南鐐二朱銀（1772）	二朱金と等価であることを表記した最初の銀貨。「南鐐8斤をもって小判1両と換える」と表記し、大坂の銀貨経済圏に流通させ、江戸の金貨経済圏との一体化をはかった。「南鐐」とは良質の銀の別称。

3. 田沼意知（意次の子）の暗殺（1784）

（原因）田沼意知に貸していた系図や家宝を横取りされた犯行といわれる。
田沼意知（若年寄）×◀━━━━━▶○佐野政言（旗本）
（世直し大明神）
徳川家治の死、田沼意次の罷免（1786）

◆**南鐐二朱銀**　1772年、田沼意次が発行した銀貨。大坂の銀貨経済圏と江戸の金貨経済圏との一体化をめざした計数銀貨。8枚で金1両に相当する。
◆**在郷商人**　在方商人ともいう。農村に生まれた新興商人。

田沼時代には、商品経済の発展に対応した政策が試みられたが、都市と農村では住民の階層分化が進み、幕府から負担を強いられた民衆の不満と反発は強まった。

16. 百姓一揆の形態

幕藩体制動揺期になると、幕藩領主の収奪が厳しくなり、農民の階層
分化の激しくなったので、一揆は惣百姓の村ぐるみの団結で強訴する
惣百姓一揆となった。

●代表越訴型一揆は、代官・郡奉行を通さなかった。

1. 代表越訴型一揆（17世紀）
　①年貢の減免・悪政告訴・代官など通さず
　②佐倉惣五郎・多田嘉助・礒茂左衛門

村役人 ⎫　　　年貢の減免　　　　　　　　⎰ 将軍
本百姓 ⎭　　代官・郡奉行を通さず　⟶　⎱ 領主

2. 惣百姓一揆（17世紀末〜18世紀）
　①新税撤回・専売制の反対・助郷役の軽減
　②嘉助騒動（信濃）・元文一揆（磐城平）

3. 世直し一揆（幕末）
　①土地の再配分・専売制廃止・物価引下げ
　②甲斐郡内騒動・三河加茂一揆

4. 村方騒動（村内での抗争）
　村役人の不正要求・村政への参加要求

5. 国訴（19世紀）合法的訴訟のため件数は多い
　①株仲間の流通独占に反対
　②綿・菜種などの自由販売を求める
　③1823年の摂津・河内の国訴が有名

6. 打ちこわし
　①都市部の下層民が中心
　②米価引下げ

◆越訴　正規の手続きによらず順序を超えて上訴することで、厳禁された。しかし、下
　総佐倉藩の名主佐倉惣五郎が、藩主堀田氏の悪政を将軍に直訴したと伝えられるよう
　に、各地に義民伝説がのこされている。
◆助郷役　宿駅で常備している人馬が不足する場合に、補助的に人馬を近隣の村から提
　供させること。人馬を負担する村は固定されていたので、定助郷と呼ばれた。

> 江戸時代の一揆は、17世紀の代表越訴型、18世紀の惣百姓型、19世紀の
> 世直し型の3つ分類される。

17. 寛政改革

寛政改革では、凶作にそなえて、補助金を出して直轄領各地の社倉・義倉を設け貯蓄をすすめ、大名・旗本の知行地には、石高1万石につき籾50石の割で、5か年間貯蔵させる囲米の制をたてた。

●松平定信の祖父は、徳川吉宗であった。

1. 松平定信の政治（1787～1793）田安宗武の子、白河楽翁

①棄捐令（1789）蔵宿＝札差、6年以前の借金帳消し。ただし、札差には幕府が救済融資した。

②囲米（大名には1万石につき50石の籾米の貯蔵を命ず、5年間）

③備荒貯蓄の制

　　常平倉（国家や領主の財力をもって穀物を貯蔵）

　　社倉（住民が経済力に応じて穀物を出しあうもの）

　　義倉（富裕者からの寄付または徴収によって穀物を貯蔵）

　　郷倉（農村における穀物貯蔵）

④人足寄場（1790）石川島、浮浪者や無宿者収容。長谷川平蔵（建議者）

　火付盗賊改・中沢道二（講師）

⑤旧里帰農令（1790）（農村の人口回復、治安の乱れ防止、旅費の支給）

⑥七分金積立（七分積金）（1791）70％江戸町会所・20％地主所得・10％各町内の積立

⑦勘定所御用達（1788）10名の豪商（米価の調節、江戸町会所の運営）

⑧寛政異学の禁（1790）柴野栗山の建議、聖堂学問所

林信敬（当時、大学頭）
林述斎（推進、大学頭）
←→
柴野栗山（昌平坂の教授）
尾藤二洲（昌平坂の教授）
岡田寒泉（→古賀精里）

⑨学問吟味（15歳以上の者を対象にした試験制度、19回実施）

⑩塙保己一（和学講談所への援助）

⑪医学館（幕府直轄の官医養成）

2. 言論・出版統制 ➡ 出版統制令（1790）、私娼の禁止、男女混浴禁止

①林子平『三国通覧図説』（地理書）（1785）、『海国兵談』（海防論）（1786）

②山東京伝『仕掛文庫』（手鎖50日）、『通言総籬』

③蔦屋重三郎（出版元）山東京伝の作品を出版して、身上半減闕所処分（財産半分没収）となった。江戸新吉原に本屋耕書堂を開業した。

④喜多川歌麿「太閤五妻洛東遊観図」（手鎖50日）、家斉を風刺したため処罰

⑤恋川春町「鸚鵡返文武二道」（平安時代を舞台に政治の行き過ぎを揶揄したため、幕府からにらまれ出頭を命じられた）

18. 大御所時代

老中松平定信が引退した後、将軍徳川家斉が実権を握った。大御所時代と呼ばれた家斉の時代は、国内的危機と対外的危機が進行した時期であった。

●昌平坂学問所の跡地は、そのほとんどが現在の東京医科歯科大学（東京科学大学）となっている。

1. 大御所政治（徳川家斉）

①松平信明（老中）➡ 三河国吉田藩主、寛政の遺老。緊縮財政。
②水野忠成（老中首座）➡ 徳川家斉の意のまま。放漫な財政政策

★松平定信のあと幕閣の中心になったのが、老中松平信明であった。彼は寛政の改革の精神をうけついだので、質素・倹約の財政政策が実施された。しかし、信明の死後、11代将軍徳川家斉の政権のもとで政治を担ったのは、側用人出身の水野忠成であった。貨幣改鋳をくり返すことで出目を財源として放漫政策を展開した。

2. 大御所時代（1793〜1841）

①昌平坂学問所（1797）官立となる。
②関東取締出役（八州廻り）（1805）、手付・手代から8名任命、2人1組
③文政金銀（1818）の改鋳、56.1％（差益金である出目が目的）
④下部組織＝寄場組合（改革組合村）（1827）、治安維持と秩序回復

```
                          下部組織
    関東取締出役 ─────────────➡ 寄場組合
    （勘定奉行の支配下）          （近隣5〜6カ村を小組合とし、その
                                  10前後を合わして大組合とした）
```

★1805年、勘定奉行の下に置かれ警察権を行使し関東の治安維持にあたったのが関東取締出役で、代官の手代から任命され、関八州を巡回することから八州廻りとも呼ばれた。

◆**関東取締出役** 八州廻りともいう。1805年関東地方の治安維持を目的として幕府代官の手付・手代から8名任命された。2人1組で活動した。
◆**寄場組合** ほぼ45カ村を大組合、5〜6カ村を小組合に結成し、大組合の中の村高の大きい村が寄場、その名主が寄場役人となって関東取締出役の支配下に入り、大惣代、小惣代を指揮して無宿者・博徒の取り締まり、強訴・徒党の禁止や風俗矯正などの警察的取り締まりに当たらせたもの。

19. 大塩平八郎の乱

大塩平八郎の乱はわずか数時間の戦闘で鎮圧されたが、兵火によって大坂市中の5分の1が焼けた。

● **大塩平八郎の謀議は事前にもれ、半日で鎮圧された。**

1. 天保の大飢饉 (1833～1836)

●郡内騒動 (甲斐) (1836)	●大塩の乱 (大坂) (1837)、 大塩平八郎	●三上山騒動 (近江) (1842)
米価高に苦しむ生産農民が蜂起、指導者犬目村兵助は逃亡した。	大坂東町奉行の元与力・陽明学者、洗心洞、「出汐引汐奸賊聞集記」。	幕府の再検地に反対、「検地十万日日延べ」との証文書かせ勝利した
●三河加茂一揆 (1836)	●生田万の乱 (越後) (1837)	●三閉伊一揆 (岩手) (1853)
松平辰蔵を指導者として強訴、『鴨の騒立』。	大塩門弟、国学者、柏崎代官所、桜園塾。	御用金賦課に反対、三浦命助の指導。

2. 飢饉の背景

①養和の大飢饉 (1181) ＝平氏政権への打撃
②寛喜の大飢饉 (1230～31) ＝社会不安と訴訟の増加⇒御成敗式目の背景の一つ
③正嘉の大飢饉 (1258) ＝日蓮の『立正安国論』もこの社会不安を機に書かれた。
④応永の大飢饉 (1420) ＝徳政を要求する徳政一揆が起こる。
⑤寛永の大飢饉 (1641～42) ＝田畑永代売買の禁令などが出される契機となる。
⑥享保の大飢饉 (1732) ＝冷夏とウンカにより西日本を中心に凶作、米価騰貴。
⑦天明の大飢饉 (1783) ＝おもに東北地方の太平洋側で冷害による不作、餓死者。
⑧天保の大飢饉 (1832～36) ＝東北地方を中心に続いた冷害による凶作。

3. 大塩平八郎の乱 (1837)

①大塩平八郎は、「救民」を掲げて民衆とともに蜂起した。
③大塩平八郎は、大坂東町奉行の元与力で陽明学者であった。
③私塾は洗心洞で、著書に『洗心洞箚記』があった。
④謀議が事前にもれ、半日で鎮圧された。

20. 農村の状況

商品経済の発展の中で農村部より都市部への人口移動は進み、天保の大飢饉で農民の離村・江戸などへの人口流入は増大した。

●**商品生産が進んだ農村では、豪農や在郷商人が問屋商人やマニュファクチュアの経営者の役割をはたした。**

【手工業の発達】

農村家内工業	商業資本	農民の副業、個人で製品を作る	一貫生産
問屋制家内工業	商業資本	農民の副業、商人が資金前貸	一貫生産
マニュファクチュア	産業資本	工場、労働者集める	分業・協業
工場制機械工業	産業資本	工場、労働者集める	分業・協業

★マニュファクチュアは、分業と協業によって各自の役割に精通することで、製品の生産量・品質の向上をはかった。高機と呼ばれる織機は両足で操作するので複雑な織りが可能になった。

酒造業	伊丹・池田・灘
絹織物業	西陣・桐生・足利
綿織物業	尾張・摂津・河内

1. 農村家内工業（副業）

原料・道具を自己で用意する

問屋（商人）◀――――――――― 農民の副業

2. 問屋制家内工業（18世紀末〜）

賃金・原料・道具の前貸し

問屋 ――――――――▶ 農民・職人

製品納入

3. マニュファクチュア＝工場制手工業（19世紀頃、酒造業では17世紀頃）

●家内工業（分業と協業）

賃金支払

地主・豪農 ◀―――▶ 労働者（分業）工場 ◀―――― 貧農・奉公人
問屋（商人）　　　　　（協業）　　　　　　　　（労働力）

製品

21. 株仲間の解散

物価高騰の原因を株仲間による流通統制にあると考えた水野忠邦は、株仲間解散令を出し、すべての問屋仲間の組織を解散させた。

●**商品が株仲間の手を経ず、江戸に直送されることが多かったので、物価引下げにつながらなかった。**

1. 株仲間の解散

（物価騰貴の原因）

　　生産地から大坂市場への商品の流通量の減少によるものであったため、株仲間の解散によって、ますます商品流通量も少なくなり物価はさらに高騰した。

（物価の下がらなかった理由）

①在郷市場の形成（江戸に直送されず）
②諸藩の専売
③脇売買（大坂に送られてくる商品が途中で売買される）

2. 幕府から公認された同業組合＝株仲間の変遷

江戸初期	禁止	戦国期の楽市令を踏襲
元禄時代	黙認	商品流通統制に利用
享保の改革	公認	物価統制などから公認
田沼時代	奨励	運上金・冥加金の徴収を目的に公認・奨励
天保の改革	解散	物価高騰の一因であるとし解散
1851年（嘉永）	再興	在郷商人を含めた新しい株仲間を組織
1872年（明治維新）	廃止	封建的諸制度の排除

●運上金（幕府や藩が営業従事者に納付させた租税）
●冥加金（株仲間などに上納する献金）
★二十四組問屋（1784）株仲間として公認、十組問屋（1813）株仲間として公認。

南海路

二十四組問屋 ——————————→ 十組問屋

（大坂）　　　　　　菱垣廻船 → 樽廻船　　　（江戸）

1840年代に入ると、西洋諸国からの接触が目前にせまり、各地の諸藩も独自の藩政改革に取り組むようになった。

●出雲松江藩主松平治郷は、茶人として知られ、和菓子（山川・若草など）も今なお有名である。

1. （天明期～寛政期）藩政改革

熊本藩	細川重賢	櫨の栽培、蠟の専売、時習館
松江藩	松平治郷	朝鮮人参、陶器、鉄、蠟、明教館 ➡ 修道館
米沢藩	上杉治憲	米沢織、養蚕の奨励、興譲館、細井平洲を招く
秋田藩	佐竹義和	養蚕、織物、銅山、明道館 ➡ 明徳館

（天明期～寛政期）

水戸藩	徳川斉昭	銃砲鋳造、石川島造船所（1853）、弘道館
土佐藩	山内豊信	おこぜ組、紙、木材、吉田東洋、後藤象二郎
長州藩	毛利敬親	村田清風、越荷方（高利貸）、専売制の緩和、明倫館
佐賀藩	鍋島直正	陶磁器、均田制（農民土地所有均分化）、大砲製造所、弘道館
薩摩藩	島津重豪	調所広郷、500万両（250年賦処理）、砂糖、造士館

★薩摩藩の下級武士であった調所広郷は、藩債500万両を250年賦処理・無利子返済という条件で踏み倒し、煙草・硫黄などの国産品の開発と、黒砂糖の専売や密貿易によって、藩財政の再建に努力した。

◆密貿易　法を犯してひそかに行う貿易。貿易体制を犯して、外国商人と直接取引する密貿易を「抜荷」といった。

◆防長大一揆　1831年、長州藩は産物会所を設け厳重な経済統制を行ったが、商品流通の自由などを求めて百姓一揆が勃発し、藩は専売制の廃止を余儀なくされた。

◆越荷方　長州藩の村田清風が下関に設置した藩営の商社。下関海峡を通る船に対して、積荷を担保に高利貸などもした。

◆反射炉　薪や木炭などを燃料とし、高熱を反射させて鉄鋼をつくる炉で、肥前藩で最初に設立され、大砲がつくられた。ついで薩摩藩が設置し、幕府も伊豆韮山に設置した。そのほか、水戸、長州、鳥取などの諸藩でも設置された。

23. 寛永文化・元禄文化と化政文化

化政期には、武士をはじめ町人の生活が華美となり、町人の間では
「通」とか「粋」が尊ばれ、表面は質素にし、裏面に華美をこらす生活
がもてはやされるなど、退廃的、享楽的な傾向が強まった。

● 『おくのほそ道』の終着点は、美濃大垣である。

1. 寛永文化(江戸時代初期、17世紀前半の文化、豪華で装飾性に富んだ文化)

①日光東照宮(権現造、徳川家光の造営)
②桂離宮(茶室風の数寄屋造、八条宮智仁親王の別邸)
③修学院離宮(数寄屋造、比叡山を借景、後水尾天皇の山荘)
④俵屋宗達(京都町衆)「風神雷神図屏風」
⑤酒井田柿衛門「色絵花鳥文深鉢」(有田焼、上絵付法、赤絵)
⑥本阿弥光悦「舟橋蒔絵硯箱」(芸術村、京都洛北、鷹ヶ峰)
⑦狩野探幽「大徳寺方丈襖絵」
⑧久隅守景「夕顔棚納涼図屏風」

『本朝通鑑』	林羅山・林鵞峰、漢文編年体、神武〜後陽成天皇
『大日本史』	1657年から1906年、全397巻の紀伝体史書、徳川光圀
『塵劫記』	1627年、吉田光由、掛け算・割り算

2. 元禄文化 (大坂・京都など上方を中心にした文化)

井原西鶴	好色物	好色一代男 好色五人女
	町人物	日本永代蔵 世間胸算用
	武家物	武道伝来記 武家義理物語
松尾芭蕉	紀行文	おくのほそ道 野ざらし紀行 更科紀行
	句集	猿蓑、曠野
近松門左衛門	時代物	国姓爺合戦
	世話物	曽根崎心中 冥途の飛脚 心中天の網島

①住吉具慶「洛中洛外図巻」
②尾形光琳「紅白梅図屏風」「燕子花図屏風」
③尾形乾山「色絵槍梅文茶壺」

④菱川師宣「見返り美人図」
⑤野々村仁清（京焼の祖）「色絵藤花文茶壺」「色絵月梅文茶壺」
⑥宮崎友禅（友禅染、花鳥文様、物語絵）
⑦円空（鉈彫り、2000体以上、「護法神像」「両面宿儺像」）

3. 化政文化

（江戸を中心に中・下層の町人らを担い手として、享楽的な町人文化）

①山東京伝（洒落本）『仕懸文庫』『江戸生艶気樺焼』
②恋川春町（黄表紙）『金々先生栄華夢』
③式亭三馬（滑稽本）『浮世風呂』「浮世床」
④十返舎一九（滑稽本）『東海道中膝栗毛』
⑤上田秋成（読本）『雨月物語』
⑥曲亭馬琴（読本）『南総里見八犬伝』『椿説弓張月』
⑦与謝蕪村（俳諧）『蕪村七部集』「夜色楼台図」
⑧小林一茶（俳諧）『おらが春』
⑨横井也有（俳文）『鶉衣』
⑩柄井川柳（川柳）『誹風柳多留』
⑪太田南畝（狂歌）蜀山人、『万載狂歌集』
⑫鈴木牧之（地誌）『北越雪譜』
⑬鶴屋南北（歌舞伎）『東海道四谷怪談』
⑭鈴木春信（錦絵）「弾琴美人」「雨夜の宮詣」
⑮喜多川歌麿（美人画）「婦女人相十品」
⑯東洲斎写楽（役者絵）「市川鰕蔵」
⑰葛飾北斎（風景画）「富嶽三十六景」（神奈川沖浪裏）
⑱歌川広重（風景画）「東海道五十三次」（庄野、蒲原）
⑲渡辺崋山（文人画）「鷹見泉石像」「一掃百態」
⑳円山応挙（写生画）「雪松図屏風」「保津川図屏風」

4. 浮世絵のまとめ

1700年頃	1750年	1800年	1850年
元禄	明和	化政	天保
菱川師宣「見返り美人図」	鈴木春信「弾琴美人」	喜多川歌麿 東洲斎写楽	葛飾北斎 歌川広重
版画浮世絵	錦絵	大首絵	風景版画

★18世紀の半ばに、鈴木春信によって多色刷りの錦絵が創始され、浮世絵の黄
金時代の幕を開いた。

24. 江戸期の学問と教育

江戸時代における学問と教育が発達した。民間の庶民教育機関として寺子屋が広く普及した。

●**岡山の花畠教場は藩校ではなく、私塾である。**

1. 私塾

中江藤樹	藤樹書院	近江
伊藤仁斎	古義堂	京都
荻生徂徠	蘐園塾	江戸
中井竹山	懐徳堂	大坂
広瀬淡窓	咸宜園	豊後日田
大塩平八郎	洗心洞	大坂
玉木文之進	松下村塾	萩
大槻玄沢	芝蘭堂	江戸
シーボルト	鳴滝塾	長崎
緒方洪庵	適塾	大坂
本居宣長	鈴屋	松坂
熊沢蕃山	花畠教場	岡山

2. 藩校

伊達吉村	養賢堂	仙台
上杉綱憲	興譲館	米沢
松平容頌	日新館	会津
徳川斉昭	弘道館	水戸
徳川宗勝	明倫堂	名古屋
毛利吉元	明倫館	山口
黒田斉隆	修猷館	福岡
細川重賢	時習館	熊本
島津重豪	造士館	鹿児島

3. 国学（四大人）

享保	宝暦	寛政	天保
荷田春満	賀茂真淵	本居宣長 『古事記伝』	伴信友 『比古婆衣』
『創学校啓』	『国意考』 『万葉考』	塙保己一 『群書類従』	平田篤胤 『古史徴』

●本居宣長『秘本玉くしげ』（紀伊藩主徳川治貞へ提出した政治経済論）

●平田篤胤（惟神の道＝古代の純粋な信仰に帰ること）
★真言宗の僧契沖にやや遅れて出た荷田春満は古道を主張し、政治的に国
　学の振興をはかった。春満の弟子賀茂真淵は古道を、人為を超えた自然
　の道とし、真淵の弟子本居宣長にいたって国学は大成された。神道的側
　面を継承し宣長以後の国学の主流をつくったのは平田篤胤で、復古神道
　を唱えて幕末思想に大きな影響を与えた。

4．尊王論の展開

山鹿素行 （やまがそこう）	会津（福島）	『中朝事実』	古代天皇政治に政治の理想をみる。
浅見絅斎 （あさみけいさい）	近江（滋賀）	『靖献遺言』 （せいけんいげん）	中国の忠臣義士の行状を記した書。
山県大弐 （やまがただいに）	甲斐（山梨）	『柳子新論』 （りゅうししんろん）	役人の腐敗と庶民の困窮を指摘。
頼山陽	安芸（広島） （あき）	『日本外史』	松平定信に献呈。南朝正統論に立つ。
会沢安 （あいざわやすし）	水戸（茨城）	『新論』	水戸藩主に献上した尊王攘夷論の書。
高山彦九郎 （こうずけ）	上野（群馬）	日記を残す	1793年、筑後国久留米で自刃。
蒲生君平 （がもうくんぺい）	下野（栃木） （しもつけ）	『山陵志』	近畿の92の陵墓を踏査。

★水戸藩の藤田東湖（徳川斉昭の側用人、著書『弘道館記述義』）は、安
　政の江戸大地震で圧死した。その四男である藤田小五郎は天狗党の乱の指
　導者として非業の最期を遂げた。また、藤田幽谷に学び、彰考館の総裁と
　なった会沢安（正志斎）は、主著『新論』で尊攘論をとなえた。

◆寺子屋　読み・書き・そろばんを教えた庶民の教育機関。中世の僧侶による庶民教育
　からおこり、江戸時代、町人階級の台頭、農村への商品経済の浸透などで普及した。
　牢人・神官・医者・僧侶などが教師役で、寺子（児童）は6～13歳ごろまで通常20～
　30人。教科書には『庭訓往来』『実語教』『童子教』などが使用された。

寺子（児童）の対象は、6～13歳ごろまでであった。

25．洋学への弾圧

幕府は洋学を奨励しつつ、しかも洋学者をしばしば弾圧するという矛盾に陥った。

● 幕府天文方の蛮書和解御用では『厚生新編』（百科全書）を翻訳した。

1．統制

①幕府、蛮書和解御用を設置（高橋景保の建議）

> 蛮書和解御用（1811）→洋学所（1855）→蕃書調所（1856）→洋書調所（1862）→開成所（1863）

②シーボルト事件（1828）
シーボルトは国外追放、天文方高橋景保は獄死

③蛮社の獄（1839）
モリソン号事件で幕府を批判〔高野長英『戊戌夢物語』 ／渡辺崋山『慎機論』〕 →処罰

2．列強のアジアの進出

★産業革命により商品の大量生産が可能になり、欧米列強は原料の供給地と商品の市場獲得をめざしてアジアに進出するようになった。

シャバリン（1778）厚岸	
	最上徳内（1786）得撫島まで達す、『蝦夷草紙』
ラックスマン（1792）根室	
	近藤重蔵（1798）「大日本恵登呂府」の標柱
レザノフ（1804）長崎	
	間宮林蔵（1808）『東韃紀行』、黒龍江（河川）
ゴローニン（1811）国後島	
	高田屋嘉兵衛（1812）択捉航路を開く

● ハンペンゴロウ事件（1771）ハンガリー軍人、オランダ商館長に書状でロシアの南下を警告

● ラックスマン、大黒屋光太夫を伴う。漂流記『北槎聞略』（桂川甫周が著す）

● レザノフ、津太夫を伴う。漂流記『還海異聞』（大槻玄沢が著す）

3．幕府の蝦夷地直轄

東蝦夷、直轄地（1799）	

	蝦夷奉行（1802）
	箱館奉行（1802）
西蝦夷、直轄地（1807）	松前奉行（1807）
蝦夷地、松前藩に返還（1821）	ゴローニン事件をきっかけに日露関係が安定したので返還した
箱館・全蝦夷地を上知（1855）	日露和親条約の締結により
蝦夷地を北海道に改称（1869）	開拓使を設置（1869）

★戦国時代に松前地方南端の福山に築城した武田氏が松前氏と改称し、江戸幕府に藩を認知させた。折からロシアとの接触も深まったので、最上徳内・近藤重蔵・間宮林蔵らの探検も行われた。この間、1799年には東蝦夷地を、さらに1807年には西蝦夷地もあわせて全島を直轄化して物産開発・警備強化につとめたが、1821年再び松前氏に全蝦夷地は還付され、箱館開港どきに至った。

◆**鳴滝塾**　1824、シーボルトが長崎郊外の鳴滝につくった診療所兼学塾。日本全国から集まった門下生から高野長英・伊藤玄朴らを輩出した。
◆**適塾**　緒方洪庵が大坂につくった私塾。大村益次郎・福沢諭吉・橋本左内・大鳥圭介らを輩出した。

洋学は科学思想をもち、幕政批判に流れやすかった。

26. 心学と経世論

享保年間にでた石田梅岩は、心学を創始して庶民教育に貢献した。
● 『都鄙問答』は松下幸之助が座右の書とし、福沢諭吉や渋沢栄一に
も大きな影響を与えた。

1. 史料の出典（化政期）

都鄙問答	1739	石田梅岩	心学の考え方を説く	身分制度の最下位に置かれた商人の重要性
海国兵談	1791	林子平	林子平の海防の重要性	江戸湾防備の強化
玉勝間	1812	本居宣長	国学の発達	「漢意」（儒学）を捨てる
蘭学事始	1815	杉田玄白	83歳の高齢杉田玄白の回顧録	『ターヘル＝アナトミア』に向かった気持ち

2. 経世論＝世を治め、民を救う政治経済論

①安藤昌益（八戸医者）『自然真営道』（万人直耕）、『統道真伝』（平等社会を主張）
②三浦梅園（豊後の儒医）『玄語』（哲学原理）『価源』（物価論）『敢語』（道徳論）
③海保青陵（丹後宮津の人）『稽古談』（専売制による富国策、武士商業行為是認）
④本多利明（越後の人）『西域物語』『経世秘策』（金銀鉱山の採掘、海外貿易）
⑤佐藤信淵（出羽の人）『農政本論』『経済要録』『宇内混同秘策』
⑥司馬江漢（江戸の人）『春波楼筆記』（合理的精神を尊重し、身分制への批判）

● 『農政本論』（農業の困窮救済のための心得）
● 『経済要録』（産業の国営化による富国論、海外進出）
● 『宇内混同秘策』（満州から中国、中国から世界全土征服）

★商品経済が発展すると、商業蔑視の考え方を批判し、藩営商業によって幕藩体制を建て直そうとする経世論がさかんになり、身分制を否定する思想もめばえた。

◆石田梅岩　心学の祖。神・仏・儒を折衷し、町人道徳を平易に説いた。著書に『都鄙問答』があり、人間的平等を強調、商業活動の正統性を訴えた。
◆中沢道二　心学者。手島堵庵の門下。江戸に下向し、平易な事例をもって道話を講じ、関東で心学を普及させた。人足寄場の立案者でもある。

心学は、身分秩序や封建道徳は肯定・尊重し、女子の聴講を認めたが、男女の席は厳しく分けられた。

27. 開国

アメリカが日本を開国させたのはなぜか。1853（嘉永6）年6月、アメリカ東インド艦隊司令長官ペリーは4隻の軍艦を率いて浦賀に来航した。
●ペリー上陸地である神奈川県横須賀市久里浜の「ペリー公園」には「上陸記念碑」と「ペリー記念館」が建てられている。

1．ペリーの来航（1853）嘉永6年、6月3日

①アメリカのノーフォークから出発
②サスケハナ号
③アメリカ大統領フィルモアの国書
④『日本遠征記』

★1853年6月、ペリーは軍艦4隻（ペリーの船サスケハナ号）を率いて浦賀に来航し、強硬にアメリカ大統領フィルモアの国書の受理と開国を要求した。中国貿易の拠点、捕鯨の基地として日本の開国をせまった。

2．開国

①ウィルレム2世（1844）オランダ国王の開国勧告←幕府、祖法として拒絶
②ビッドル（1846）米大統領ポークの親書、軍艦2隻（浦賀）
③ペリー（1853）米大統領フィルモアの国書（久里浜上陸）
④プチャーチン（1853）、ロシア、長崎、北方の国境画定と通商

3．安政の改革（1853〜57）阿部正弘（老中）

（背景）1853年のペリーの来航

台場	江川坦庵の築造、なまこ型、8つの台場建設
大船建造の禁を解く	武家諸法度（寛永令）、大船建造の禁止令（1635）〜（1853）、500石以上の大船
講武所	江戸築地、武芸訓練、1857年に軍艦操練所を併設。
海軍伝習所	長崎、オランダの援助、卒業生（勝海舟、五代友厚、榎本武揚）
蕃書調所	幕府の洋学教授・翻訳所。現在の九段下靖国神社の前に設置
人材登用	徳川斉昭（海防参与）、松平慶永、伊達宗城、島津斉彬、永井尚志、井上清直、岩瀬忠震、川路聖謨

◆ペリー　アメリカ東インド艦隊司令長官。1853年サスケハナ号など4隻の軍艦を率いて浦賀に入港した。久里浜に上陸し、フィルモア大統領の国書を提出し、開国を要求した。

28. 日米修好通商条約

日米修好通商条約についで、オランダ・ロシア・イギリス・フランス
とも同様の条約を結んだ。

●**兵庫の開港の遅れは、兵庫（神戸）が天皇の住む京都御所に近かっ
たのが理由であった。**

1. **日米和親条約（1854）**

   （全権）林韑、ペリー

   ①下田・箱館の開港

   ②アメリカ船への薪水・食料などの供給

   ③領事駐在の承認

   ④難破船員の救助

   ⑤アメリカに片務的最恵国待遇を与える

2. **日米修好通商条約（1858）**

   （全権）井上清直・岩瀬忠震、ハリス

   ①神奈川・長崎・新潟・兵庫の開港、大坂・江戸の開市。

   ②通商は自由貿易とする。

   ③開港場に居留地をさだめ、一般外国人の居住営業は認めるが、国内旅行
   は禁止。

   ④領事裁判権を認める（第6条）

   ⑤関税は相互で決定する協定関税（第4条）

3. **開港状況**

   （1859）横浜、長崎、箱館

   （1867）神戸

   （1868）新潟

   ★協定関税制により、日本に関税の自主的決定権がなく、条約の第4条にある
   「別冊」の貿易章程によって、輸出関税は一律5％、輸入関税は生活必需品
   5％、酒類35％、その他20％と定められた。

◆**新潟**　新潟は、水深が浅いということから、開港が見送られた。整備されてから、
1868年に開港した。

◆**兵庫**　兵庫は京都に近く、天皇の京都御所があり攘夷運動が激化するなか孝明天皇の
反対が強く、なかなか開港に至らなかった。しかし、孝明天皇の死後、1867年によう
やく開港の勅許を得たが、実際には兵庫ではなく現在の神戸となった。

安政の5ヵ国条約は、治外法権を認め、関税自主権がない（協定関税）不
平等条約であった

29. 一橋派と南紀派の対立

この時期幕府の内部では、病弱で子もなかった13代将軍徳川家定の継嗣問題がおこった。

● 条約の無勅許調印と貿易の開始による経済混乱は、尊王攘夷運動を激化させた。

1. 将軍継嗣問題（老中堀田正睦）徳川家定

南紀派	一橋派
徳川慶福（12歳）、家斉の孫	一橋慶喜（21歳）
井伊直弼	徳川斉昭
譜代大名	島津斉彬（なりあきら）
将軍側近の家臣	松平慶永（よしなが）
大奥	山内豊信（とよしげ）
九条尚忠（ひさただ）（関白）	伊達宗城（むねなり）

★1858年無勅許（将軍の継嗣問題がからんだため）で日米修好通商条約調印。
★徳川慶福を14代将軍と決定（→徳川家茂）。

2. 安政の大獄（1858～59）老中間部詮勝

井伊直弼による幕府の独断専行を非難した一橋派や尊王攘夷派の人々に対して大弾圧（100名以上）。
①徳川斉昭（永蟄居）
②松平慶永（隠居、謹慎）
③山内豊信（　々　）
④梅田雲浜（うんぴん）（獄死）
⑤橋本佐内（はしもとさない）（死罪）
⑥吉田松陰（死罪）
⑦頼三樹三郎（らいみきさぶろう）（死罪）
⑧西郷隆盛（島流し）

橋本や吉田松陰らが、将軍継嗣問題に口出したり、条約の違勅調印に反対したとして処刑された。

3. 桜田門外の変（1860）3 = 3（上巳）→井伊直弼の暗殺

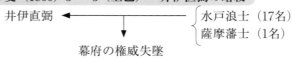

井伊直弼 ← ｛水戸浪士（17名）
　　　　　　薩摩藩士（1名）

↓

幕府の権威失墜

◆ **松平慶永** 越前福井藩主。将軍継嗣問題で一橋派の中心となり、安政の大獄で隠居した。1862年政事総裁職に返り咲き、王政復古で議定となる。
◆ **島津斉彬（なりあきら）** 薩摩藩主。殖産興業・海防強化を推進し、反射炉や洋式紡績工場を設置し、将軍継嗣問題では一橋派に属した。

30. 開港が日本経済に与えた影響

輸出が急速に拡大したため生糸・茶など主な輸出品は品不足から価格が急騰し、値上がりは米や大豆など輸出に関係のない商品にも及んだ。
●**従量税になると、高価格の品物の輸入が有利に働く。**

1. 改税約書（1866）

★イギリス・アメリカ・フランス・オランダ＝輸入関税が20％から5％に引下げられ、諸外国に有利となった（従量税＝商品の一定量を基準として課税）。輸入関税は、日本が国内産業保護のため課したもの。

水野忠精（老中）　　　　　　　　パークス（英）
（水野忠邦の長男）　　←→　　●アーネスト＝サトウ（通訳官）

●貿易章程（1858）＝輸入関税平均20％（従価税＝商品価格の一定の割合を課税）

	1858年	1866年
輸入関税	20％	5％
課税	従価税	従量税

★輸入関税の引き下げの理由は、兵庫開港の遅れの代償であったが、兵庫は天皇の居住である京都御所に近かったため開港が遅れた。

2. 貿易品目の割合の変化

★日清戦争前の輸入品は綿糸・砂糖・毛織物などの加工品が多く、輸出品は生糸・茶・水産物・銅など日本特産の食料や原料品が多かった。

★日清戦争後になると、輸入品では綿花などの原料品が目立つようになり、輸出品では綿糸が生糸についで第2位となるなど加工品が増えており、日本の近代工業化が進んだ。

★輸出の主な相手国は、アメリカが第1位で、第2位は清国であった。

	1865 （幕末）			1882 （松方財政）			1897 （日清戦争後）		
輸出品	生糸	茶	蚕卵紙	生糸	緑茶	水産物	生糸	綿糸	絹織物
輸入品	毛織物	綿織物	武器	綿糸	砂糖	綿織物	綿花	砂糖	米

◆**横浜**　日米修好通商条約で開港場に指定した神奈川は、東海道の宿駅で海陸交通の要地であり、幕府は外国人との接触を避けるため、横浜村を代替地とした。

◆**居留地**　境界を限って外人に居住・営業などを許可した地域をいう。横浜の山手地区や東京の築地地区などがある。居留地には日本の主権がおよばず、自治機関による居留地行政や領事裁判が行われた。

31. イギリスと薩摩・長州

イギリス公使パークスは、開国政策をとるようになった薩摩・長州などの雄藩に近づいた。一方フランスは幕府に600万ドルの借款、横須賀製鉄所の建設などを行った。

●**薩英戦争で薩摩藩はイギリスへと接近、四国艦隊下関砲撃事件で長州藩はイギリスに接近していった。**

1. イギリスへの接近

①生麦事件（1862）8 = 21
②薩英戦争（1863）7 = 2 ➡ 薩摩藩、イギリスへと接近
③長州藩の攘夷決行日（1863）5 = 10
★1863年、将軍徳川家茂の上洛に際し、朝廷から攘夷の決行をせまられ、こころならず1863年5月10日をその開始の日とした。しかし、もともと幕府には攘夷の意思はなかった。
④四国艦隊下関砲撃事件（1864）8 = 5 ➡ 長州藩、イギリスへと接近

2. 武力討幕運動（尊攘派の挙兵）

①天誅組の変（1863）8 = 17（吉村寅太郎、中山忠光、伴林光平）
②八月十八日の政変（1863）8 = 18、尊攘派が一掃される。
会津・薩摩両藩が長州藩の勢力を京都から追放。七卿落（三条実美、沢宣嘉）
③生野の変（1863）10 = 11（沢宣義、平野国臣）
④天狗党の乱（1864）3 = 27（藤田小四郎、武田耕雲斎）

3. 幕末の動向

尊王攘夷論 ━━━━━━➤	討幕（武力討幕）論
幕府の独裁と開国政策批判	幕府を倒し朝廷による新しい体制
水戸藩 長州藩	長州藩 薩摩藩
	（1866）薩長連合 （1867）討幕の密勅

公武合体論 ━━━━━━➤	公議政体論
朝廷（公）と幕府（武）の協力	朝廷のもとで将軍を盟主とする雄藩連合政権を企図
幕府 薩摩藩	幕府 土佐藩
（1861）和宮降嫁	（1867）大政奉還

32. 第1次長州征討と第2次長州征討

第1次長州征討では、長州側の敗北に終わったが、幕府軍は交戦をしないまま撤退した。

●奇兵隊は、第1次長州征討や鳥羽伏見の戦いなどで活躍した。

【幕末の動向】

八月十八日の政変	1863、8月	長州藩などの急進的攘夷派が、薩摩藩・会津藩らの公武合体派により京都から追放される。
池田屋事件	1864、6月	長州藩士らが新選組に襲撃され、多数が殺される。
禁門(蛤御門)の変	1864、7月	長州藩の急進派が上京し、薩摩藩・会津藩・桑名藩などと戦い、敗退する。
第1次長州征討	1864、7月	禁門の変を理由に幕府軍が出兵。長州藩では俗論派が権力を握り、家老切腹・藩主謹慎を受け入れ屈服する。➡恭順
四国艦隊下関砲撃事件	1864、8月	前年5月の下関海峡での外国船砲撃の報復として、四国艦隊が下関を攻撃して占拠する。
高杉晋作らの挙兵	1864、12月	高杉に呼応した奇兵隊などが挙兵し、翌年2月、藩論を討幕へと変える。
薩長同盟の成立	1866、1月	坂本龍馬らの斡旋で、薩摩藩・長州藩の同盟が成り、長州復権と相互援助を約す。
第2次長州征討	1866、6月	討幕派が実権を握った長州藩に、幕府が再出兵。薩摩藩は出兵拒否。長州軍が各地で幕府軍を破る。

◆**禁門の変** 公武合体派のまきかえしに敗れた尊攘派は、その勢力挽回の機会をねらって画策をしていたが、1864年京都池田屋で会合中、新選組に襲われて多くが殺傷または逮捕された。長州藩はこれに対し、藩主および七卿の処分撤回を朝廷に嘆願する名目で大兵を京都に派遣した。1864年7月京都御所をはさんで、その警備にあたっていた幕府側の会津・桑名・薩摩の藩兵と衝突し、激戦の末敗走した。ここに尊攘派は大きな打撃を受けることになった。これを禁門(蛤御門)の変という。

◆**四国艦隊下関砲撃事件** 1863年、文久の打払令によって長州藩が下関海峡通過中のアメリカ・フランス・オランダ船を砲撃したので、翌1864年イギリスを加えた四国連合艦隊は下関砲台を攻撃し、長州藩を屈伏させた。これにより長州藩は攘夷の不可能を認識し、以後イギリスに接近した。

2章　明治時代

33. 五箇条の誓文

1868年3月、天皇が神に誓うという形で五箇条にわたる方針を定めた（五箇条の誓文）。これは、公議世論の尊重と開国和親などをうたった。

●会津藩には、女性だけの参加する軍隊があった。それが娘子軍（婦女隊）であった。

1. 王政復古大号令（1867）12＝9

①徳川慶喜の政権返上と将軍職の辞退

②摂政・関白・将軍・京都守護職・京都所司代の廃止

③三職（総裁・議定・参与）の設置

●総裁（有栖川宮熾仁親王）

●議定（徳川慶勝・松平慶永・浅野長勲・山内豊信・島津忠義など10名）

●参与（大久保利通・西郷隆盛・後藤象二郎・木戸孝允・広沢真臣・大隈重信など）

★政治の根本を神武創業のはじめに復古し、朝臣らが身分の別なく至当の公議をつくす（天皇親政）。

★討幕派は大政奉還によって武力討幕の名分を失い、また大政奉還後の政情も討幕派にははなはだ不利であった。そこで、討幕派の岩倉具視・大久保利通・西郷隆盛らは、1867年12月9日クーデターを敢行し、王政復古の大号令を発した。

2. 戊辰戦争（1868）1月〜（1869）5月、外国の姿勢＝局外中立

①鳥羽伏見の戦い（徳川慶喜、松平容保らと大坂湾脱出し江戸に逃亡）

②偽官軍事件（赤報隊＝相楽総三 ➡ 年貢半減令、下諏訪で処刑）

③江戸無血開城（西郷隆盛 ◀──▶ 勝海舟）

④奥羽越列藩同盟（東北25藩、北越6藩）

⑤彰義隊の戦い（幕府渋沢誠一郎 ◀──▶ 大村益次郎）

⑥会津戦争（会津若松城、白虎隊16〜17歳＝16人の自決、娘子隊）

⑦五稜郭の戦い（榎本武揚・土方歳三 ◀──▶ 黒田清隆）
（最初の洋式城郭、武田斐三郎）

★五稜郭が星形なのは、五稜郭の中心に置かれていた箱館奉行所を守るため。

★1868年1月赤報隊の相楽総三は、東山道を進撃し年貢半減令を布告したが、偽官軍として捕えられ、3月長野下諏訪にて処刑された。

★1868年1月、政府は戊辰戦争開始直後、列国に開国和親の方針を布告し、旧幕府が締結した条約はかたく守ることを通告した。また、各国公使に兵器・船舶の旧幕府側への販売・貸与の禁止を求めたのに応じ、各国公使は

54

局外中立を宣言した。

3. 五箇条の誓文（1868）3＝14（京都御所紫宸殿）

由利公正 → 福岡孝弟 → 木戸孝允
（起草）　　（修正）　　（加筆修正）

①公議世論の尊重（万機公論）
②古代天皇制の復活
③開国和親（列強の支持を得るため）→知識を海外に求める
④国際法の尊重

◆**五榜の掲示**　人民の心得を示した5枚の御札。五か条の誓文と同時に太政官が民政方針を発表したもの。（第1札）五倫道徳の遵守、（第2札）徒党・強訴・逃散の禁止、（第3札）キリスト教の禁止、（第4札）外国人への暴行の禁止、（第5札）郷村からの脱走禁止など、旧幕府の民衆統制を継承している。

キリスト教が解禁となるのは、1873年のことである。

34. 版籍奉還・廃藩置県

国内政治の安定のためには藩を廃止し、中央集権の強化をはかる必要があった。

●**廃藩置県により、全国は府県の行政単位に統一され、旧藩知事はすべて華族に列し、東京移住を命じられた。**

1. 中央集権体制の確立

①五箇条の誓文（1868）3＝14（公議世論の尊重・開国和親・国際法の尊重）
②五榜の掲示（1868）3＝15（五箇条の誓文と同時に太政官が民政方針を発表）
③政体書（1868）閏4＝21（アメリカ政治組織を参考）府藩県三治制
④版籍奉還（1869）（旧藩主 ➡ 知藩事、石高の1割を家禄として支給）
⑤廃藩置県（1871）（藩債の肩代り・俸禄の支給・強力な軍事力）261藩の廃止

2. 版籍奉還（1869）

旧藩主 ――――――――――――――➤ 知藩事（3府26県262藩）

（結果）

旧藩主を知藩事として、藩士には旧俸禄同様の家禄を与えたため、藩体制はそのまま維持された。まだまだ不徹底であった。

3. 廃藩置県（1871）

●1万人（薩長土3藩）の御親兵が背景 ➡ 近衛兵 ➡ 近衛師団（1891）
●（1871）7月＝3府302県 ➡ （1871）11月＝3府72県 ➡ （1888）3府43県
★廃藩置県後、政府は、政府年収の約2倍にものぼる多額の藩債を引き継いだ。
★政府は、廃藩置県の直後に官制の大改革を行い、太政官に正院・左院・右院を設け、正院の下に8省を置いて集権化をはかった。

◆**版籍奉還** 1869年藩主が土地・人民を天皇に返上する形で、封建的割拠体制を打破した政策である。薩長土肥4藩主が、版（土地）・籍（人民）の奉還を願い出て他藩もならったが、中央集権の実は上がらなかった。
◆**御親兵** 天皇の直属。近衛兵の前身で、1871年薩長土3藩の兵約1万人で御親兵を組織した。廃藩置県遂行にあたり諸藩を威圧する意図があった。
◆**3府302県** 1871年7月3府302県が置かれたが、1871年11月には3府72県に統合され、1888年には3府43県となった。
◆**家禄** 封建社会において、武士が主人より受けた給与。高禄者は知行取（領地給与）、中・下級武士は蔵米取（米穀支給）であった。1876年廃止。

35. 地租改正

地租改正により土地制度を改革し、財政収入を安定させ、資本主義の
保護育成によって産業の発展を企図した。

●**明治初期から大蔵省や民部省では、新しい税制である地租の導入が
検討されていた。**

1．地租改正（1873）
　　①従来の入会地は大半が国有地とされ、農民は入会地を失った。
　　②地価は定額であったため、デフレは農民に実質的な増税となった。
　　③地価の1％は地方税であり、地価3％に加えて農民の負担は地価4％で
　　　あった。
　　④小作料は依然として現物納のままであった。

　　　　　　　地価3％　　　　　　　　　　小作料約68％
　　　政府◀────────── 地主 ◀────────── 小作人
　　　　地価1％（民費）

項目	改正前	改正後
課税対象	収穫高	地価
税率	一定せず	地価の3％
納税法	現物納	金納
納税者	土地耕作者	土地所有者

2．中心人物（地租改正条例制定）
　　①神田孝平『税法改革の議』（『田租改革建議』）
　　②大久保利通（大蔵卿）　「収税法施設の議」（正院に提出）
　　③井上馨（大蔵大輔）

3．封建制度の撤廃
　　①田畑勝手作りの禁（1871）　解禁
　　②田畑永代売買の禁（1872）

4．地租改正反対一揆 ➡ 真壁騒動（茨城）、伊勢暴動（三重）
　　★「旧歳入を減じないとの方針であったことや所有者の明確でない入会地が
　　　国有地に編入されるなど農民の不満を増大させ、茨城県の真壁騒動や三重
　　　県の伊勢暴動など各地に地租改正反対一揆を引き起こした。

36. 西南戦争の影響

西南戦争により、武力的反抗から言論による自由民権運動へと変わり、政府が巨額の軍費を政府紙幣の形で放出した結果、戦後にインフレがおこり経済界に大きな影響を与えた。

●**西南戦争により、武力反抗から言論的反抗へ転換し、戦争のため紙幣を乱発し、インフレを招いた。**

1. 明治六年の政変 (1873)

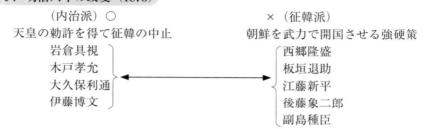

（内治派）○		× （征韓派）
天皇の勅許を得て征韓の中止		朝鮮を武力で開国させる強硬策

（内治派）側：岩倉具視、木戸孝允、大久保利通、伊藤博文
（征韓派）側：西郷隆盛、板垣退助、江藤新平、後藤象二郎、副島種臣

2. 士族の反乱

佐賀の乱	1874	江藤新平、1万2000人が県庁襲撃。
神風連の乱	1876	太田黒伴雄、廃刀令などに反発。
秋月の乱	1876	宮崎車之助、国権拡張を主張。
萩の乱	1876	前原一誠、神風連・秋月の乱に呼応。
西南戦争	1877	西郷隆盛・私学校、征韓論に不満、西郷は城山にて自刃。

3. 西南戦争

　　征韓論にやぶれ下野した西郷隆盛は鹿児島に私学校を設立した。私学校の生徒におされた西郷隆盛は、1877年2月、1万3000の兵をひきいて鹿児島を出発した。各地の不平士族を加え3万余となった西郷軍は熊本鎮台を攻めたが、徴兵令による常備軍に守られた熊本城を落とせなかった。政府の征討軍が到着すると攻守は逆転し、西郷軍は各地でやぶれ、わずか300余名が鹿児島に帰って城山にたてこもったが、9月、総攻撃をうけて西郷が切腹し、戦いは終わった。

1877年1月29日～9月24日　（熊本、宮崎、大分、鹿児島）	
政府軍	私学校党
山県有朋	西郷隆盛
黒田清隆	篠原国幹
大山巌	村田新八
谷干城など	河野主一郎など

58

37. 松方財政（デフレ政策）

1881年、大蔵卿となった松方正義は紙幣整理に着手し、軍事費以外の歳出の節減、新税の設置、増税などの徹底した緊縮政策をとった。

●増税することにより、通貨を収縮させ物価を下げる。

1. 松方正義の財政（1881〜1891）（←佐野常民←大隈重信）

①歳出緊縮（官営事業払下げ）

②増税（地方税、間接税）

③不換紙幣の整理

●日本銀行の設立（1882）＝銀兌換銀行券発行（1885）

④農作物価格の下落 ➡ 不況 ➡ 農民階層分化 ➡ 寄生地主

⑤官営企業の払下 ➡ 政商・財閥の発展 ➡ 資本主義の発達

●税収入

新税	醤油税・菓子税
増税	酒造税・煙草税

★1877年には西南戦争が勃発し、さらに大量の不換紙幣が発行されインフレを招いた。そこで、1881年大蔵卿に就任した松方正義は不換紙幣の整理と通貨の安定をはかり、近代的な信用制度を確立するため中央銀行である日本銀行を創設するとともに、増税と大幅な緊縮財政により、財政の健全化をはかった。

★松方財政のもとで、物価が安定し金利が低下すると株式取引が活発になって産業界が活気づいた。貿易は輸出超過に転じ私鉄や紡績などを中心に会社設立ブームが起こった。そして新興の企業の手で機械技術の輸入がなされ、日本の産業革命が始まった。

2. 官営企業払下げ（軍需・鉄道以外）

三菱	高島炭坑（長崎）・佐渡金山・生野銀山・長崎造船所
三井	三池炭坑・新町紡績所・富岡製糸場
古河	院内銀山・阿仁銅山・足尾銅山
田中長兵衛	釜石鉄山
川崎正蔵	兵庫造船所
浅野総一郎	深川セメント製造所
篠田直方	愛知紡績所
西村勝三	品川硝子製造所

★1880年の工場払下概則に始まった官営企業の払下げは、軍事工場を除く大部分を低価格、年賦形式などの優遇措置によって政商に払下げ、産業資本の転化をはかった。

38. 自由民権運動

自由民権運動は、藩閥専制政府に対する広範な国民の民主主義を求める運動であった。

●秩父事件では、軍隊まで出動し鎮圧した。

1. 激化事件（自由党員の指導する一揆）

福島事件	1882	福島県令三島通庸の圧政に対し、河野広中ら自由党員と農民反抗したもの。道路開発工事を強行など。
高田事件	1883	自由党員赤井景韶らが政府高官暗殺計画の嫌疑で逮捕され処罰。
群馬事件	1884	自由党員が専制政府打倒を計画し、農民3000名を率いて妙義山で蜂起、高利貸、警察署を襲う。
加波山事件	1884	自由党員が栃木県令を兼任した三島通庸暗殺と政府転覆を企てて失敗、加波山にたてこもったが鎮圧された。
秩父事件	1884	借金党・困民党（田代栄助）を組織した困窮農民が蜂起したが、軍隊が出動して鎮圧された。
飯田事件	1884	秩父事件に呼応。租税軽減・徴兵令廃止を求めだが、事前に発覚した。
大阪事件	1885	旧自由党員の大井憲太郎、景山英子、磯山清兵衛らが、朝鮮内政改革を企図したが、事前に発覚した。
静岡事件	1886	政府高官暗殺と徳川慶喜擁立計画。政府は強盗事件として処理。最後の激化事件。

2. 大同団結運動（1886）野党の結成（小異を捨てて大同につく）、

提唱者（星亨）――――――――――→展開（後藤象二郎）

3. 三大事件建白運動（1887）→元老院に提出（保安条例で弾圧）

①言論の自由
②地租の軽減
③外交失策の挽回

4. 大同団結運動の分裂

①大隈重信（第1次伊藤博文内閣の外相）
②後藤象二郎（黒田清隆内閣の逓信大臣）

◆**福島事件**　最初の激化事件。福島県令三島通庸の道路工事に反対する県会議長河野広中ら自由党員と農民代表約2000人が一斉に検挙された。

39. 明治十四年の政変

北海道開拓使官有物払下げ事件が起こると民権運動は高揚し、政府は伊藤博文を中心に官有物の払下げを中止し、政府内部の反対派の大隈重信を罷免した。

●国会開設の勅諭で1890年までの国会開設を確約する。

1. 北海道開拓使官有物払下げ事件（1881）

　　黒田清隆（長官） ――――――――→ 五代友厚（関西貿易社）

2. 明治十四年の政変（1881）

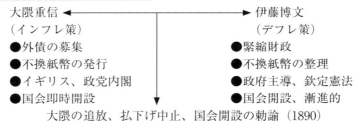

　　大隈重信 ←――――――――→ 伊藤博文
　　（インフレ策）　　　　　　　　　（デフレ策）
　　●外債の募集　　　　　　　　　　●緊縮財政
　　●不換紙幣の発行　　　　　　　　●不換紙幣の整理
　　●イギリス、政党内閣　　　　　　●政府主導、欽定憲法
　　●国会即時開設　　　　　　　　　●国会開設、漸進的
　　　　大隈の追放、払下げ中止、国会開設の勅諭（1890）

　★1881年に発せられた国会開設の勅諭は、欽定憲法の方針と1890年の国会開設とを明示し、急進主義を封じた。さらに、筆頭参議大隈重信の同調者と見られた若手官僚が政府から追われ、政府の官制改革も行われた。

3. 薩長藩閥政権の確立（明治十四年の政変後の役職）

参議	伊藤博文（長州） 山県有朋（長州） 黒田清隆（薩摩）
外務卿	井上馨（長州）
内務卿	山田顕義（長州）
大蔵卿	松方正義（長州）
陸軍卿	大山巌（薩摩）
海軍卿	川村純義（薩摩）
司法卿	大木喬任（肥前）
文部卿	福岡孝弟（土佐）

◆明治十四年の政変　1881年、政府の伊藤博文らが大隈重信を追放して、薩長藩閥政府を確立した政変。その結果、1890（明治23）年をもって国会開設を約束し（国会開設の勅諭）、民権派の攻撃をかわした。

40. 初期議会

初期議会における民党のスローガンは、「政費節減・民力休養」であったが、具体的にはどのような要求をさしたか、また、第1議会ではこの要求がどのような結果に終わったか。

● 政府支持の政党を「吏党」（りとう）といい、政府反対の政党を「民党」と呼んだ。

1. 初期議会（1890〜94）日清戦争直前

（第1議会）民力休養・政費節減で政府と対決 ➡ 土佐派の一部買収、予算案可決

（第2議会）民党が予算案に反対。樺山資紀（かばやますけのり）海軍大臣の蛮勇演説。最初の衆議院解散 ➡ 選挙大干渉・第2回総選挙（内務大臣品川弥二郎）➡ 民党の絶対多数

（第3議会）民党が軍事予算削減を要求 ➡ 松方正義内閣の総辞職

（第4議会）民党が軍艦建造予算の削減を要求 ➡ 天皇の詔勅で民党妥協

（第5議会）民党（対外硬派連合（たいがいこうは））による条約改正交渉への攻撃、現行条約励行

（第6議会）内閣上奏案の可決。衆議院の解散 ➡ 日清戦争へ突入

★第1議会における山県有朋の「主権線」と「利益線」の演説について。山県有朋首相は、一国の独立を守るには「主権線」（国境、領土）だけでなく、「利益線」である朝鮮半島を防御しなければならないのだから、それに対応できる軍備拡大が必要だと力説した。

（第1議会）山県有朋

「経費節減・民力休養」

民党 ⟵━━━━━━━━━━━━━➡ 政府（山県）

主権線（領土）と利益線（朝鮮半島）
（軍備拡張の必要性）

2. 初期議会における勢力分野

（第1議会）（1890〜91）「吏党」（政府側）＝大成会と国民自由党

立憲自由党	立憲改進党	大成会	国民自由党	無所属
130	41	79	5	45

（第3議会）（1892）「吏党」（りとう）（政府側）＝中央交渉部と無所属

自由党	立憲改進党	独立倶楽部	中央交渉部	無所属
94	38	31	95	42

41. 条約改正

日本は1894年にイギリスとの間で治外法権の撤廃・関税自主権の部分回復に成功し、その後1911年には関税自主権の獲得に成功した。
●陸奥宗光の外相時代の回顧録『蹇蹇録（けんけんろく）』に交渉記録が述べられている。

1. 条約改正への重要事件

★治外法権と関税自主権喪失は、さまざまな弊害を生んだ。アヘン密輸事件とは1877年イギリス人ハートレーが横浜でアヘンを密輸入しようとして税関で押さえられたが、イギリスの領事裁判で無罪となった事件である。また、1892年瀬戸内海で日本軍艦千島が、イギリス商船ラベンナ号と衝突して沈没した。日本政府が訴訟当事者として外国の法廷に出廷した最初の事件であり、領事裁判権の撤廃問題と絡んで、日本国内外を巻き込む政治問題に発展した。

アヘン密輸事件 （ハートレー事件）	1877	寺島宗則外務卿、星亨横浜税関長。イギリス人ハートレーの横浜でのアヘン密輸事件。無罪となる。
ノルマントン号事件	1886	日本人23名全員水死 ➡ 井上馨外相
大津事件（湖南事件）	1891	司法権の独立を守る ➡ 青木周蔵外相
千島艦事件	1892	瀬戸内海で日本軍艦千島がイギリスの商船と衝突して沈没。

2. 条約改正の経過

岩倉具視	1871〜73	最初の交渉、米欧12か国歴訪
寺島宗則	1873〜79	税権回復、ハートレー事件（1878）
井上馨	1879〜87	内地雑居と外国人判事の任用を前提
大隈重信	1888〜89	外人判事を大審院に限定
青木周蔵	1891	大津事件（湖南事件）（1891）
榎本武揚	1891〜92	ポルトガルとの間に、領事裁判権を撤廃
陸奥宗光	1892〜96	治外法権の撤廃（日英通商航海条約）（1894）
青木周蔵	1899	日英通商航海条約の実施（1899）
小村寿太郎	1908〜11	関税自主権の完全回復（1911）

◆鹿鳴館に代表される欧化政策　制度や生活様式を欧米化する政策。条約改正交渉促進のため井上馨が推進。鹿鳴館の舞踏会や園遊会を開催した。
◆蹇蹇録　甲午農民戦争、日英通商航海条約の改正、三国干渉、下関条約などについて詳細に記録されている。

42. 大日本帝国憲法

天皇は大日本帝国憲法において天皇権の行使に関わる大権を規定されていた。

●戒厳令は、日比谷焼打ち事件、関東大震災、二・二六事件に際して発令した。

1. 大日本帝国憲法（1889）2＝11

黒田清隆内閣（7章76条）、欽定憲法

第1条	大日本帝国憲法ハ万世一系ノ天皇之ヲ統治ス
第3条	天皇ハ神聖ニシテ侵スヘカラス
第4条	天皇ハ国ノ元首ニシテ統治権ヲ総攬シ此ノ憲法ノ条規ニ依リ之ヲ行フ
第5条	天皇ハ帝国議会ノ協賛ヲ以テ立法権ヲ行フ
第11条	天皇ハ陸海軍ヲ統帥ス
第55条	国務各大臣ハ天皇ヲ輔弼シ天皇ニ対シテ責任ヲ持ツ

2. 大権事項（天皇大権）

①立法に関する大権

法律の裁可・公布、法案への拒否権（第6条）
緊急勅令・独立命令・執行命令（第8条、第9条）

②官制及び任官大権（第10条）
③軍編成の大権（第12条）
④外交大権（第13条）
⑤戒厳宣告の大権（第14条）
⑥統帥権（第11条）
⑦栄典授与の大権（第15条）

★2院制・責任内閣制・司法権の独立などを規定し、一応近代的な体裁をとったが、神聖不可侵の天皇が統治権を総攬するという天皇主権が基本原則であり、議会制の機能は制約されていた。

◆統帥権　天皇大権の1つで、軍隊の最高指揮権をいう。天皇は大元帥として陸海軍を統帥し、陸軍は参謀本部、海軍は軍令部が陸海軍省から独立して、天皇の統帥権発動を補佐した。1882年、山県有朋が西周らに起草させた「軍人勅諭」で、天皇が軍隊を統帥することを明示し、天皇への絶対的服従を説いた。

天皇は、国務大臣および官吏の任命権、陸海軍の統帥権、宣戦・講和・条約締結権など「天皇大権」をもった。

43. 民法典論争

民法もボアソナードの指導で編纂がすすめられ、1890年に公布された。ところがこの民法をめぐって「民法典論争」がおき、結局、施行は延期された。

●ドイツ流の新民法は、家父長制的な家制度を重視する内容のものであった。

1．民法典論争

　×断行派＝梅謙次郎（フランス法系）➡ "家長権は封建の遺物"
　○反対派＝穂積八束（ドイツ法系）➡ "民法出でて忠孝亡ぶ"
　★この結果、1892年の第3議会において商法とともに、フランス流民法は修正を前提に施行延期となった。家の制度が存続された新民法が、1896年（1〜3編）と1898年（4・5編）に、大幅修正され公布された。

2．法典の整備

　①刑法（1880）（ボアソナード、大逆罪・不敬罪・内乱罪・姦通罪）
　②治罪法（1880）（ボアソナード、刑事裁判の公開、弁護人制度）（➡1890年刑事訴訟法施行により廃止）
　★フランス人ボアソナードを顧問として罪刑法定主義（法律に規定がなければ罰しない）が採用されたが、1890年には治罪法を廃止して裁判所構成法・刑事訴訟法を交付した。治罪法では、拷問の禁止・証拠法の規定などがみられた。

3．近代法典

	公布年	内容
新律綱領	1870	身分により刑罰に差がある。明・清の律・公事方御定書などを基本にして作成された刑法。暴力刑の廃止。
改定律例	1873	江藤新平司法卿の起草。身分により刑罰に差がある。残虐刑の緩和。ナポレオン法典参考。
刑法	1880	罪刑法定主義。ボアソナードの起草。大逆罪・不敬罪・内乱罪・姦通罪の規定。
治罪法	1880	ボアソナードが起草した近代的刑事訴訟法。拷問の禁止・裁判の公開・弁護人制度の導入。
皇室典範	1889	皇室の継承・即位などを規定した皇室関係の法規。
刑事訴訟法	1890	治罪法を改定して公布・施行。
民事訴訟法	1890	ドイツを模範として公布・施行。
民法	1890	ボアソナードの起草。民法典論争で施行延期。1898年に修正して、ドイツ流の戸主権重視の新民法施行。

44. 日清戦争の影響

日清戦争の軍事的勝利と三国干渉のにがい経験は、思想界にも大きな影響を与え、国家主義や軍国主義の風潮を高めた。

●横浜正金銀行は、戦後東京銀行と改称し、現在は三菱ＵＦＪ銀行と流れている。

1. 特殊銀行

横浜正金銀行	1880	貿易金融目的。1946年東京銀行と改称し、現在は三菱UFJ銀行。
日本勧業銀行	1897	農工業の育成産業のための長期貸付が目的。現在みずほ銀行。
農工銀行	1898	地方の農工業発展のための長期貸付が目的。各府県に1行ずつ設置され、のち日本勧業銀行に合併された。現在みずほ銀行。
台湾銀行	1899	台湾の産業開発、紙幣発行権。
日本興業銀行	1902	産業資本の長期融資機関。外国資本の導入・資本輸出・軍事融資に貢献。1952年長期信用銀行に転換。現在みずほ銀行。
朝鮮銀行	1911	韓国銀行が改名。殖産興業・満蒙開拓に貢献。
産業組合中央金庫	1923	小規模農業経営への資金貸付が目的。1943年農林中央金庫と改称した。

2. 中国の分割

ロシア	旅順・大連の租借（25年）、東清鉄道敷設権
イギリス	威海衛租借（25年）、九竜半島（99年）
ドイツ	膠州湾の租借（99年）、山東省青島勢力範囲
フランス	広州湾の租借（99年）
日本	福建省の不割譲の承認（台湾防衛のため）
アメリカ	モンロー主義（相互不干渉の提唱）放棄、国務長官ジョン＝ヘイの三原則（門戸開放・領土保全・商業上の機会均等）、中国分割反対

◆**金本位制の確立**　金貨を本位貨幣とする制度。日清戦争の賠償金で、日本は1897年に貨幣法（純金2分＝0.75ｇを1円とした）を制定し、金本位制を確立した。1930年の金解禁によって金本位制に復帰したが、翌年に金輸出再禁止となり、崩壊した。

◆**日本勧業銀行**　1897年、農工業の改良発達を目的として設立された特殊銀行。戦後は第一銀行と合併して第一勧業銀行となった。

45. 日韓併合

ポーツマス条約で韓国に対する日本の指導権が確認され、1905年第2次日韓協約で韓国の外交権を接収し、京城に韓国統監府を設置して内政に関与した。

● 朝鮮の植民地化により、1910年から45年は「日帝36年の支配」といわれた。

1. 韓国併合

①第1次日韓協約（1904）＝日本政府の推薦する財政・外交顧問

②第2次日韓協約（1905）＝乙巳保護条約。ポーツマス条約締結の2ヶ月後、韓国の外交権を接収。統監府を設置。

③第3次日韓協約（1907）＝韓国の内政権接収。韓国軍隊解散。

④日韓併合条約（1910）＝植民地化、朝鮮総督府の設置。寺内正毅と李完用。

2. 統監府

①伊藤博文　②曽禰荒助　③寺内正毅

統監府 —————————————————→ 朝鮮総督府

（改組）（同じ建物）

3. 朝鮮総督府

①寺内正毅	②長谷川好道	③斎藤実	④山梨半造	⑤斎藤実
⑥宇垣一成	⑦南次郎	⑧小磯国昭	⑨阿部信行	

★伊藤博文暗殺後、第2次桂太郎内閣は韓国併合を進め、1910年陸軍大臣で韓国統監を兼任した寺内正毅が日韓併合条約に調印して、韓国を植民地にした。

◆義兵運動　第3次日韓協約に対する韓国の武装反乱。韓国軍隊が解散させられると、軍人を中心として全国的な反日反乱が起こった。

◆朝鮮総督府　1910年韓国併合で京城に置かれた統治機関。初代総督は、寺内正毅。総督は天皇に直属し、政務・兵権を握り、陸海軍の大将から任命された。1919年三・一独立運動ののち、これまでの武断政治を改め、文化政治に転換した。憲兵警察制度の廃止や総督任用の文官までの拡大などの改革が行われた。ただし、実際には文官の総督任用はなかった。

日本は第2次日韓協約で韓国の外交権を、第3次日韓協約で内政権をそれぞれ掌握した。

46. ポーツマス条約

日露戦争は、日露両国が決定的な勝利をえないままにアメリカ大統領の仲介で講和となった。両国が講和に応ぜざるをえなかった理由、決定的な勝利ではなかったことを示すポーツマス条約の特徴とは何か。

●ポーツマスは、ワシントン郊外、アメリカ北東の軍港である。

1. 日露戦争（1904）

①仁川沖、旅順港の攻撃（1904） 2＝8
②宣戦布告（1904） 2＝10
③旅順港攻撃（203高地）、乃木希典（1905） 1＝1
④奉天会戦（大山巌）（1905） 3＝1
⑤日本海海戦（軍艦三笠、東郷平八郎、秋山真之）（1905） 5＝27

2. ポーツマス条約（1905）

小村寿太郎・高平小五郎、ウィッテ・ローゼン
①日本の韓国に対する一切の指導権
②旅順・大連の租借権、及び長春以南の東清鉄道とその付属の利権を日本に与える。
③樺太の北緯50度以南を日本に割譲する。
④沿海州とカムチャッカ方面の漁業権を日本に与える。

3. 1905年、ポーツマス条約締結の年

桂・タフト協定	米のフィリピン支配、日本の韓国への優越的支配を相互承認
第2次日英同盟協約調印	同盟の適用範囲をインドまで拡大
ポーツマス条約	賠償金とれず → 日比谷焼打ち事件
桂・ハリマン協定	南満州鉄道への米資本参加を承認 ← 小村寿太郎外相の反対で取り消し
第2次日韓協約 （乙巳保護条約）	外交権の掌握、統監府の設置 （伊藤博文）

◆**血の日曜日事件** 第1次ロシア革命の発端をなす労働者虐殺事件。1905年1月22日の日曜日、ロシア正教の司祭ガポンの率いる15万人の市民・労働者が生活苦と平和を皇帝に請願しようとペテルブルク冬宮前広場でデモをおこない、軍隊に射撃され多数の死傷者を出した。

◆**戒厳令** 非常事態の際に、軍隊に統治の権限を委任する明治憲法の天皇大権の1つ。日比谷焼打ち事件、関東大震災、二・二六事件で出された。

47. 日露戦争後の国際関係

日露戦争後、日本は日英同盟を維持しながら日露協約を締結し、南満州の権益を強化したが、門戸開放・機会均等を主張するアメリカは反対し日米関係は悪化した。

●**日清・日露戦争の勝利は、白人の間に黄色人種に対する恐怖と警戒の念を強めた。**

1. **ロシア関係の親密化（ロシアはドイツ・オーストリアへ対処する必要性）**
   ①第1次日露協約（1907）＝満州と朝鮮の相互権益尊重
   ②第2次日露協約（1910）＝米国の満鉄共同案に対抗、満州の現状維持を約束。
   ③第3次日露協約（1912）＝内蒙古を東西に分割することを相互承認。
   ④第4次日露協約（1916）＝中国の第三国支配を防止するため、相互に軍事援助を行う。
   ★日露戦争後、日本は南満州の経営、ロシアはバルカン進出のために日本とロシアは提携を望むようになった。
   ★朝鮮の支配をめざす日本は、ロシアとの協調をはかる必要があり、日露戦争後の1907年から第一次世界大戦にかけて、4次にわたり日露協約を結んだ。

2. **日米関係の悪化**
   ①桂・ハリマン覚書（1905）満鉄の日米共同経営←小村寿太郎外相の反対
   ②サンフランシスコ学童排斥事件（1906）黄禍論
   ③日米紳士協定（1907）日本人の旅券発給の停止
   ④高平・レート協定（1908）太平洋地域の勢力の現状維持
   ⑤満鉄、ノックス中立案（1909）←小村寿太郎外相拒否
   ⑥排日移民法（1924）日本人移民の入国禁止
   ★「黄禍論」とは、白色人種の文化が黄色人種の台頭で危機に陥るという非合理化的な人種主義の主張である。これをうけて、アメリカでは日本人移民排斥運動が起こった。

3. **日清戦争と日露戦争との比較（『日本史総覧』）**

日清戦争	日露戦争
（戦費）2億48万円	（戦費）15億2331万円
（艦隊）52隻	（艦隊）76隻
（兵力）24万人	（兵力）109万人
（戦死者）1万3000人	（戦死者）11万8000人

48. 軍部大臣現役武官制

陸海軍は、内閣からの統制を阻む独特の制度によって、政治的にも保護された。第2次山県有朋内閣は軍部大臣現役武官制を定めて、陸海軍大臣・次官を現役将官からのみ任用する制度に改め、内閣・議会に対する軍部の自立性を明確にした。

●軍部大臣現役武官は、1945年の敗戦により軍部大臣が消滅するまで続いた。

1. 軍部大臣現役武官制

① (1900) 山県有朋内閣制定
② (1913) 山本権兵衛内閣廃止
③ (1936) 広田弘毅内閣復活

★陸・海軍大臣を現役の大将・中将から任用する制度。従来は法律上、予備役の武官でもよかった。

★軍部大臣現役武官制は1913年山本権兵衛内閣のとき廃止されたが、1936年二・二六事件後の広田弘毅内閣によって復活した。

2. 文官任用令 (文官＝高級官僚)

① (1893) 伊藤博文内閣制定
② (1899) 山県有朋内閣改正
③ (1913) 山本権兵衛内閣改正

★山県有朋内閣は、政党員が官僚に進出するのを防ぐため、特別任用以外の勅任官を文官高等試験合格の奏任官より任用する試験任用に拡大した。

3. 第2次山県有朋内閣の政策

①地租増徴案成立 (2.5％→3.3％)、軍備拡張費調達のため
②北海道旧土人保護法 (1899)、農業の強制、アイヌの固有文化や生活の破壊
③文官任用令改正 (1899)、自由任用制から試験任用制へ拡大
④軍部大臣現役武官制 (1900) 政党から陸海軍大臣を任命できない
⑤衆議院議員選挙法改正、男子25歳以上、直接国税10円以上、大選挙区制
⑥治安警察法 (1900)、社会・労働運動の弾圧
⑦文官分限令 (1899)、官吏は刑の宣言、懲戒処分などによらなければ免官されず
⑧文官懲戒令 (1899)、文官に対する懲戒規定、官吏の身分保障の強化

49. 日本の産業革命

日清戦争後に軽工業部門で進展し、日露戦争後には重工業部門も成長して、第1次世界大戦期における日本の工業が飛躍的に発展する土台を形成した。

●日露戦争後、日本の産業界は飛躍的な発展をとげた。

1．製糸・紡績業の発展

①1890年　綿糸の生産量＞綿糸の輸入量
②1894年　器械製糸の生産量＞座繰製糸
③1897年　綿糸の輸出量＞綿糸の輸入量
④1907年　綿布の輸出量＞綿布の輸入量
⑤1909年　世界第1位の生糸輸出国（中国を抜く）

★綿工業は、外国製の大型力織機や豊田佐吉が発明した国産力織機が普及して、生産が増大し、韓国・満州市場で外国の綿製品を圧倒した。製糸業もアメリカ向けの生糸輸出の伸びにより、1909年に輸出量が中国を抜いて世界1位となった。

2．鉄道の進展

①日本鉄道会社（1881）
日本最初の民間鉄道、第十五国立銀行の出資、上野〜青森間全通（1891）
②民営鉄道建設ブーム（1886〜）
北海道炭礦鉄道（1889）・山陽鉄道（1901）・九州鉄道（1991）

★1881年、華族らの金禄公債を資金としてでき日本鉄道会社がしだいに業績をあげると。民間の鉄道会社の操業も活発となった。1891年には日本鉄道会社によって東京・青森間が、1901年には山陽鉄道会社によって神戸・下関間が開通した。

3．大阪紡績会社（1882）、渋沢栄一・藤田伝三郎

日本最初の紡績会社。蒸気力を利用した1万500錘の最新・最大近代的紡績工場。
①労働時間＝1日2交代制
②深夜業に電灯整備
③安価な中国綿花使用
④ミュール紡績機からリング紡績機への変換
⑤蒸気力の導入

★1882年渋沢栄一の提唱で設立されたのが、大阪紡績会社であった。蒸気力を利用し1883年操業を開始した。イギリスのミュール紡績機を模範と

した日本最初の民間大規模機械紡績工場である。1914年三重紡績と合同して東洋紡績会社と改称した。

４．生糸の輸出先（『日本経済統計総観』）

	アメリカ	フランス	イギリス
1899	63.8（％）	30.6（％）	0.5（％）
1909	69.3	19.4	0.1
1919	95.8	2.4	0.6

★器械製糸が発展すると均一、高品質な生糸が大量生産されるようになり、輸出の中心もアメリカへ移った。ドレスやストッキングなど高級品の素材として重宝された。

５．主な御雇い外国人の月給（参考）

フルベッキ	アメリカ	大学南校、英学	月給600円
モース	アメリカ	大森貝塚、種の起源	月給350円
コンドル	イギリス	鹿鳴館、ニコライ堂	月給333円
ベルツ	ドイツ	医師、ベルツの日記	月給338年
ロエスレル	ドイツ	法学者、憲法の起草	月給600円
クラーク	アメリカ	札幌農学校	月給600円
フェノロサ	アメリカ	東京美術学校	月給300円

●当時の太政大臣の月給800円

◆**八幡製鉄所**　1897年、福岡県八幡に設置された、日本最初の本格的官営製鉄所。明治政府の富国強兵政策、とくに日清戦争後の軍部の重工業に対する強い関心により日清戦争の賠償金などをもとに1897年に着工し、中国湖北省の大冶鉄山の鉄鉱を原料とし、1901年操業を開始した。

◆**ガラ紡**　臥雲辰致が発明した綿紡績機。水力を動力とし、回転の騒音からガラ紡と呼ばれた。1880年代の終わりには洋式機械におされて衰える。

◆**大阪紡績会社**　渋沢栄一・藤田伝三郎らが設立した洋式機械の紡績会社。華族の出資によりイギリスから紡績機械を輸入、1883年に開業した。動力は蒸気力。1914年には三重紡績を合併して東洋紡績となる。

◆**座繰製糸**　幕末から行われた製糸製造方法で、従来の手挽きや胴繰りの方法に改良を加え、糸枠に巻き取る工程で、座とよぶ歯車で糸枠の回転を早めた。

50. ストライキの発生

日清戦争後になると、紡績業と軍需工業が飛躍的に発展するとともに労働者数が激増したうえ、物価の騰貴による生活難が深刻化するなどの事情が重なって、1896年後半以降、ストライキが各地におこった。

●**労働組合の代表的なものが、鉄工組合・日本鉄道矯正会・活版工組合である。**

1. 最初の労働団体

　　職工義友会（1897）4月 ─────▶ 労働組合期成会（1897）7月

　　　　　　　　　　　　　　　　　＝最初の労働団体（高野房太郎・片山潜）

★高野房太郎の弟は高野岩三郎で、日本に大統領制の導入を唱えた人物。

★高野房太郎らは、1897年4月職工義友会をつくって労働者に団結を呼びかけたが7月に片山潜らが参加して労働組合期成会が結成された。組合による労働者の団結と教育、工場法の制定による労働条件の改善、普通選挙の要求などを目的として、機関誌『労働世界』を出して活動した。鉄工組合・日本鉄道矯正会・活版工組合などを配下に置いたが、治安警察法の制定で衰退した。

2. 労働争議

日露戦争後	①足尾銅山・別子銅山争議（1907） ②東京市電争議（1911）
第1次世界大戦後	①八幡製鉄所争議（1920） ②神戸の三菱・川崎両造船所の争議（1921） 　3万5000人の参加
昭和恐慌前後 ➡ 労働争議（1931） 最高2456件	①野田醤油争議（1927） ②鐘ヶ淵紡績争議（1930） ③東京市電スト・東洋モスリン争議（1930）

★第1次世界大戦の好況に対して、戦後は一転して不況となり、1920年には戦後恐慌にみまわれた。工業面では恐慌を契機として労働組合の結成が増加した。戦後恐慌は農村にも波及して、1921年には小作争議が激増した。1930年世界恐慌が日本にも波及し、労働争議・小作争議ともに再び増加を示すこととなった。

3. 最初の労働者保護法（工場法）

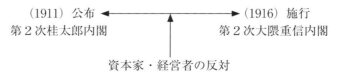

　　　　（1911）公布 ◀───────────▶ （1916）施行
　　　　第2次桂太郎内閣　　　　　　　　　　第2次大隈重信内閣

　　　　　　　　　　　　　資本家・経営者の反対

①12歳未満の就業禁止。

②15歳未満および女子は、1日12時間以内とし深夜業禁止、毎月2日の休日。

③製糸業などは、14時間労働。

④女子の深夜業禁止は、大日本紡績連合会の反対で削除。

⑤15人未満の工場には適用されず。

★資本家や経営者の反対によって実施まで5年の歳月が流れた。

★1947年の労働基準法公布により廃止となった。

4．労働者の実態

（1900）繊維産業工場労働者の88％が女子

日本之下層社会	1899	毎日新聞記者、横山源之助
職工事情	1903	工場法立案の基礎資料、農商務省
富岡日記	1909	和田英（富岡から松代六工社の製糸場に移る）
女工哀史	1925	細井和喜蔵、紡績工場の女工記録
あゝ野麦峠	1968	山本茂実、製糸工場の女工記録

5．桂園時代（1901〜12）

①桂太郎（1次）→日露戦争・日比谷焼き打ち事件・ポーツマス条約

②西園寺公望（1次）→鉄道国有法・満鉄設立・日本社会党

③桂太郎（2次）→戊申詔書・地方改良運動・大逆事件・韓国併合条約・工場法

④西園寺公望（2次）→辛亥革命・明治天皇死去・陸軍2個師団増設問題

⑤桂太郎（3次）第1次護憲運動・大正政変で倒閣（1913）

6．弾圧立法

法律	制定	廃止	事項
新聞紙条例	1875	1909	『明六雑誌』の廃刊。1909年新聞紙法へ継承する。
讒謗律	1875	1880	現行刑法の「名誉毀損罪」の原型をなす
集会条例	1880	1890	政治結社や集会の届制制、「集会及政社法」に引き継がれ、のち治安警察法に発展する。
保安条例	1887	1898	三大事件（言論の自由・外交の挽回・地租の軽減）建白運動に対する弾圧立法。
治安警察法	1900	1945	労働組合期成会・社会民主党の解散。
治安維持法	1925	1945	共産主義活動の抑圧など、思想弾圧の手段として濫用された。

51. 製糸業

都市実業家は生糸製糸業への参入に対して消極的であった。

●幕末、ヨーロッパでは蚕が微粒子病のため打撃をうけ日本の生糸が輸出された。まさに現代のヨーロッパのファション界の素地をつくったと言える。

1. 製糸業

蚕から絹織物の原材料となる生糸を生産する産業
①弥生時代、大陸から絹作りが伝来
②江戸時代、養蚕業と製糸（東北地方、信濃、上野、甲斐）
③幕末（生糸がさかんに輸出←ヨーロッパの蚕が微粒子病による打撃をうける）
④投機商の出現（甲斐国の甲州屋忠右衛門・川手五郎右衛門）
⑤明治時代（長野県、山梨県、岐阜県でさかん）
⑥生糸売込商（殖産興業の主力、原善三郎、茂木惣兵衛）
⑦1872年、群馬県の富岡製糸場（官営製糸場）
⑧日本産生糸の輸出先（フランス→アメリカへ）
⑨『あ、野麦峠』（山本茂実）（劣悪な労働環境で働く製糸女工の存在）
★生糸と絹製品は、緑茶とともに日本の外貨獲得にとって重要な商品産業であった。このため、製糸業といえば主に「生糸の製造業」のことを指して使われるようになった。なお、綿や羊毛から糸を紡ぐ作業を「紡績」という。

2. 富岡製糸場（1872）、群馬県富岡市富岡

①1872年、フランスの技術を導入して設立された官営模範工場
②日本最初の本格的な機械製糸工場
③初期の建造物群が国宝および重要文化財
④フランスのブリューナは製糸場の設計のために横須賀製鉄所のお雇い外国人だったバスチャンに依頼し、設計図を作成させた。

◆奢侈品産業　必需品以外の物、ぜいたく品。生糸でつくる絹のネクタイや絹のストッキングなどをさす。生糸は、アメリカでネクタイ・ストッキングなどに使用され、アメリカの景況に左右された。

◆器械製糸生産量が座繰製糸を超える　製糸業は重要な輸出産業として発展し、外貨の獲得という点で貢献した。1894年には器械製糸による生産高が、在来の座繰製糸の生産高を上まわった。

生糸は、アメリカでネクタイ・ストッキングなどに使用され、アメリカの景況に左右された。

52. 大正政変

「閥族打破・憲政擁護」をあげる野党勢力や都市民衆などから桂内閣はどのように批判されたか。第2次西園寺公望内閣の後任の人選は難航したが、元老によって桂太郎が首相に選ばれた。桂は当時、内大臣兼侍従長として宮中に入っていた。

●新党は桂太郎の死後、1913年12月、立憲同志会（総裁加藤高明）の名で結成された。

1．第2次西園寺公望内閣（立憲政友会）

①明治天皇の崩御（1912年7月30日）
②陸軍2個師団増設問題（西園寺内閣の拒否）

2．第一次護憲運動（1912〜13）

尾崎行雄（立憲政友会）
犬養毅（立憲国民党）
交詢社(三田系社交クラブ)

憲政擁護・閥族打破 ──────→ 桂太郎

政党政治の確立・官僚政治に反対 （立憲同志会）

↓

内閣不信任決議案の提出
（この時、尾崎行雄の弾劾演説）

↓

桂太郎内閣、53日で退陣

★内大臣兼侍従長桂太郎が第3次内閣を組織すると、立憲政友会、立憲国民党を中心に憲政擁護運動が起こり、桂内閣反対の世論が高まった。これに対し桂首相は、新党を組織して議会を乗り切ろうとしたが、高揚した民衆運動によって、ついに内閣は総辞職した（大正政変）。

3．第1次護憲運動およびその後の政治

桂太郎内閣（3次）	1912 1913	第1次護憲運動 大正政変
山本権兵衛内閣（1次）	1913 1914	軍部大臣現役武官制廃止 文官任用令改正 シーメンス事件
大隈重信内閣（2次）	1914 1915	第1次世界大戦 二十一か条要求
寺内正毅内閣	1917 1918	石井・ランシング協定 シベリア出兵 米騒動

53. 日本が第1次世界大戦に参戦した理由

日本は第1次世界大戦勃発によりヨーロッパ勢力がアジアから退潮したのに乗じ、中国大陸への進出をはかった。

●日英同盟は、1921年の四カ国条約で廃棄された。

1．第1次世界大戦（1914〜1918）

　①ドイツとイギリスの帝国主義的対立

　②3B（ベルリン・バグダッド・ビザンチウム）政策と3C（カイロ・カルカッタ・ケープタウン）政策との対立

三国同盟	三国協商
ドイツ	イギリス ◀―――― 日英同盟
オーストリア	フランス
イタリア	ロシア

（発端）

サラエボ事件（ボスニアの首都）

親露派のセルビアの青年が、オーストリア皇太子夫妻を殺害（1914）6月

2．日英同盟（1902）全権（林董、ランスダウン）

　①イギリスが清国にもつ利益を相互承認

　②日本が清国・韓国にもつ利益を相互承認（日本が韓国を保護国とすること）

　③日英の一方が戦争をする時、他の締約国は厳正中立

　④日英の一方が2カ国以上と戦争をした時は、他の締約国は共同戦闘

　⑤有効期限5年（範囲は極東に限られた）

第1次 （締結）	1902	仮想敵国ロシア
第2次 （改定）	1905	ロシア・ドイツがインドに侵略するに伴い、インドまで適用範囲拡大。イギリスはインド、日本は韓国支配を相互に承認。
第3次 （改定）	1911	アメリカ・イギリスの接近に伴い、アメリカは適用外。
廃棄	1921	四カ国条約締結で廃棄

　★イギリスは当時、三国同盟（ドイツ・オーストリア・イタリア）と露仏同盟の局外に立っていたが、ロシアの南下政策に対して中国における利権を守る必要から、名誉ある孤立をすてて日本を利用しその南下を阻止しようとした。日本も韓国にロシアが進出している事実から、これに対抗するため日英同盟を結んだ。

産業構造が変化し、工業生産額が農業生産額を上回った。
● **1919年には工業58.8％、農業35.1％となり、地位が逆転した。ただし、軽工業が中心であった。**

1．大戦景気（1915〜1918）

①海運国で世界第3位（英→米→日本）、建造汽船トン数は戦前の12倍
②船成金（内田信也、山下亀三郎）
③八幡製鉄所拡張→日本製鉄会社（1934）
④鞍山製鉄所（1918）、満鉄の経営
⑤薬品・染料・肥料←ドイツからの輸入途絶
⑥送電の完成（猪苗代水力発電所の完成）
⑦電灯の普及（蒸気力から電力への転換）
⑧在華紡（紡績資本の中国進出）→五・三〇事件（1925）上海・青島

2．結果

①債務国11億から27億の債権国へ
②工業生産額＞農業生産額（1919）
③男子労働者数150万人
④インフレ進行（物価指数100→200）
⑤寄生地主の確立
⑥財閥発展（八大財閥）三井・三菱・住友・安田・浅野・大倉・古河・川崎

3．財閥

★日露戦争後の恐慌を機に生産と資本の集中を進めた財閥は、三井合名会社などの特殊会社を設立し、コンツェルン形態を整えていった。

三菱合資会社	1893	岩崎弥太郎、岩崎弥之助
三井合名会社	1909	益田孝、中上川彦次郎（福沢諭吉の甥）
安田保善社	1912	安田善次郎
住友合資会社	1921	住友吉左衛門（別子銅山）

● 三井・三菱・住友・安田（持株会社が中心）
● 古河・浅野・川崎・大倉（産業資本が中心）

◆ **船成金** 将棋の弱卒歩兵が敵陣に成りこんで金に生まれ変わるごとく、にわかに金持ちになった人々をやや軽蔑的に成金とよんだ。船１隻を元手に、１年で船16隻を運航する大会社の経営者となった内田信也らが好例である。
◆ **在華紡** 日本の紡績資本が、中国各地に建設した紡績工場。第1次世界大戦を機に、上海・青島・天津などの建設し、大正末年には15社を数えた。

55. 労働運動・社会運動の展開

1918年の米騒動後、普選運動・労働運動・農民運動など大正デモクラシーの潮流を背景とした社会運動が急速に拡大した。

●**鈴木文治はクリスチャンであり、キリスト教的友愛の精神に立脚した。**

1.「1922年」結成

①全国水平社（3＝3）、西光万吉（起草）・阪本清一郎（綱領）、「人の世に熱あれ　人間に光あれ」

②日本農民組合（4＝9）神戸、賀川豊彦『死線を越えて』・杉山元治郎

③日本共産党（7＝15）、堺利彦・山川均・荒畑寒村

2. 婦人解放運動

①青鞜社（1911～1916）、ブルーストッキング（イギリスの解放意義にめざめた女性を冷やかした言葉）、市川房枝・岡本かの子・神近市子、「女の手による女の文芸雑誌」（雑誌『青鞜』）

②新婦人協会（1920）市川房枝・平塚雷鳥、治安警察法第5条の撤廃運動

③婦人参政権獲得期成同盟会（1924）市川房枝

④婦選獲得同盟（1925）、改称

3. 労働団体

①友愛会（1912）鈴木文治、労資協調的姿勢・労働者の地位向上・労働組合結成

②大日本労働総同盟友愛会（1919）、8時間労働制、第1回メーデー支援

③日本労働総同盟（1921）、階級闘争主義へと転換、機関誌『労働』

➡ ⎰日本労働組合評議会（1925）左派　　●友愛会婦人部（1918）
　 ⎱日本労働総同盟（1926）右派

◆**友愛会**　1912年、鈴木文治を中心に15名で結成された労働団体。労資協調的姿勢、労働者の地位向上、労働組合の結成などをかかげ、1919年には大日本労働総同盟友愛会と改称した。

◆**日本農民組合**　農民組合の最初の全国組織。1922年に賀川豊彦・杉山元治郎らが創立。各地の小作争議を指導した。左右の対立から分裂が続いたが、1928年に再統一して全国農民組合を結成した。

◆**治安維持法**　1925年、普通選挙法と日ソ国交回復に先立って社会運動抑圧のため制定された治安立法。国体を変革し私有財産制度の否認を目的とする結社・運動を禁止した。1945年、占領軍の命令で廃止。

◆**普通選挙法**　納税資格は撤廃され、満25歳以上の男子は衆議院議員の選挙権、満30歳以上の男子は被選挙権を得ることとなり、選挙権の有権者数は従来の4倍に増加した。

56. 二十一カ条要求

大隈重信内閣は、1915年、中華民国大総統袁世凱につきつけた。この二十一カ条要求に対する中国や欧米諸国の反響は、それぞれどのようなものであったか。

● 「二十一カ条要求」などの言い方は、正式名称ではなく、通称である。正式な名称は存在しない。

1. 二十一カ条要求（1915）加藤高明外相 → 袁世凱

① 山東省内のドイツ利権の日本継承
② 旅順・大連の租借期限99ヵ年延長
③ 南満州・東部内蒙古での租借権・鉱山採掘権などの許与
④ 漢冶萍公司の共同経営
⑤ 中国の沿岸の港湾と島を他国へ割譲または貸与しない
⑥ 中国政府内での日本人の政治・財政・軍事顧問の採用 → 削除

★ ⑥を削除し16か条を承認させたのが、1915年5月9日（国恥記念日）であった。
★ 二十一か条の要求により獲得した利権について、日本政府は列国の承認を得るために努力した。ロシアとの間には、1916年に第4次日露協約を結び、極東における両国権益を承認した。また、アメリカとの間には、1917年に石井・ランシング協定を結んで、アメリカの中国に対する門戸開放と領土保全の原則と、日本の中国における特殊権益の承認を相互に確認した。

2. 朝鮮民族の独立（武断政治から文化政治）

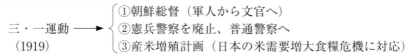

三・一運動 ——→ ① 朝鮮総督（軍人から文官へ）
（1919）   ② 憲兵警察を廃止、普通警察へ
            ③ 産米増殖計画（日本の米需要増大食糧危機に対応）

3. 反日・反帝国主義の中国民衆運動

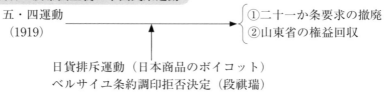

五・四運動 ————————————→ ① 二十一か条要求の撤廃
（1919）   ② 山東省の権益回収

日貨排斥運動（日本商品のボイコット）
ベルサイユ条約調印拒否決定（段祺瑞）

◆五・四運動　1919年5月4日、北京の学生らによって始められた日本帝国主義反対運動。パリ講和会議は二十一か条要求の取り消しと山東省権益の返還の要求を認めなかったことを契機に、急速に全国に拡がった。その後の反帝国主義・反封建運動の出発点となった。

57. 米騒動

1918年8月、富山県西水橋町の漁村主婦らの行動が「越中の女一揆」として新聞に報じられると、米騒動は全国に広まった。

●米騒動の鎮圧に、9万2000人の軍隊まで出動させた。

1．シベリア出兵（1918）戦費10億、死者3000人

ロシア革命への干渉
英・仏・日本・米 ──────────→ ソビエト
シベリアへの勢力拡大

① （チェコ軍の救助名目）継続（1920）原敬→撤兵（1922）加藤友三郎
②尼港事件(1920) ニコライエフスク、抗日パルチザン(抗日武装ロシア人)に包囲され、日本人将兵・居留民ら約700人が殺害された。

2．米騒動（1918）

（原因）

①第1次世界大戦の好景気に伴う物価騰貴、とくに米価急騰。

②都市部の人口増加に伴う、米の需要増大。

③シベリア出兵による米の投機を見込んだ米屋の売り惜しみ買占め。

1918	7月上旬	富山県東水橋町
	7＝23	魚津町
	8＝3	西水橋町「女一揆」
	9＝12	熊本県万田炭鉱の暴動、鎮圧

越中女一揆（70万人参加）──────────→ 軍隊（9万2000人）

●最初の本格的政党内閣を成立させ、その後の組合結成・普選運動などの社会運動の発生につながった。

寺内正毅（軍隊出動の責任を追及）────────→ 原敬

3．寺内正毅について

①周防国吉敷郡（のちの山口県山口市）に生まれる。

②1864年に奇兵隊の中では、武士が中心として組織された多治比隊に入隊した。

③寺内の頭の形がビリケン人形そっくりだったことから、これに超然内閣の「非立憲」をかけて、「ビリケン内閣」と呼んだ。

◆シベリア出兵　ロシア革命の進展を嫌った日本・アメリカ・イギリス・フランスは、革命干渉を企て、1918年シベリアに出兵した。名目はチェコ軍救援とした。干渉は失敗に終わり、日本を除き1920年に撤兵した。日本は1922年になって撤兵。

58. ワシントン会議

1921年から翌年にかけて開かれたワシントン会議で日本の外交政策は大きく転換した。

●ワシントン会議の目的には、東アジア世界での日本の大陸進出政策を阻止する必要があった。

1. ワシントン会議（1921～22）ハーディング大統領の提唱

（全権）加藤友三郎（海相）、幣原喜重郎（駐米大使）、徳川家達（貴族院議長）

四カ国条約	（1921）12＝13	太平洋諸島の現状維持、日英同盟廃棄
山東懸案解決条約	（1922）2＝4	山東省における旧ドイツ権益返還
海軍軍縮条約	（1922）2＝6	主力艦の保有トン数5（米・英）：3（日本）：1.67（仏・伊）。今後10年間主力艦建造禁止
九カ国条約	（1922）2＝6	中国の主権尊重・門戸開放・機会均等、石井・ランシング協定廃棄

2. ロンドン海軍軍縮条約（1930）英・米・日本・仏・伊

英・米・日本の補助艦保有量の制限（補助艦＝巡洋艦、駆逐艦、潜水艦）

若槻礼次郎（元首相）
財部彪（海相）
松平恒雄（駐英大使）
永井松三（駐ベルギー大使）
　　　　　　　　　　　　10：6.975
　　　　　　　　　　　（英米）（日本）

①主力艦建造禁止をさらに5か年延長すること。

②米・英・日本の補助艦の保有比率は、全体で10（英）：10（米）：7（日本）とし、大型巡洋艦は10（英）：10（米）：6（日本）とすること。

1919	パリ講和会議	西園寺公望	原敬（内閣）
1921	ワシントン会議	加藤友三郎	高橋是清
1927	ジュネーブ会議	斎藤実	田中義一
1928	パリ不戦条約	内田康哉	田中義一
1930	ロンドン海軍軍縮条約	若槻礼次郎	浜口雄幸

◆ワシントン会議　第1次世界大戦中の日本の東アジアなどへの膨張は、アメリカの対日警戒心を強めた。1921年11月より翌年3月にかけて、アメリカ大統領ハーディングの提唱によって、ワシントン会議が開催され、海軍大将加藤友三郎を首席全権として派遣した。この会議では、主力艦を制限する海軍軍縮条約、中国に関する九ヵ国条約、太平洋諸島に関する四ヵ国条約が締結され、日英同盟と石井・ランシング協定は破棄された。主力艦の保有量の比率を、米・英5：日本3：仏・伊1.67とし、10年間主力艦建造を中止した。

59. 原敬内閣

原敬が普選運動の実施を時期尚早だと考えた理由として、無産運動・革命運動などにむらがることをあげている。

●**首相経験者で爵位をもたなかったのは、原敬のほかに浜口雄幸・犬養毅などがいる。**

1. 原敬内閣（本格的政党内閣）

田中義一陸相、加藤友三郎海相、内田康哉外相以外は、すべて立憲政友会で構成。蔵相高橋是清は2度目。

①大学令（1918）高等教育の拡充、公私立大学・単科大学認める

②選挙法改正（直接国税3円以上、小選挙区制、有権者5.5％）

③社会主義への弾圧（森戸辰男「クロポトキンの社会思想の研究」発禁）

④八・八艦隊建造予算公布（戦艦8隻、巡洋戦艦8隻）

⑤三・一運動（1919）朝鮮総督の任用範囲を文官に拡大

⑥ベルサイユ条約（1919）

⑦四大政策（積極政策）

教育奨励	帝大のみ大学であった
交通機関整備	我田引鉄、鉄道省
産業貿易振興	港湾の修築、河川の改修
国防充実	軍事費49％←36％

★無産運動・革命運動などにむらがることが、普通選挙反対の理由であった。

2. 衆議院議員

	1889	1900	1919	1925	1945	2015
有権（%）	1.1	2.2	5.5	20.8	50.4	84.8
有権者数	45万人	98万人	307万人	1241万人	3688万人	1億620万人
定員	300	369	464	466	468	475
内閣	黒田清隆	山県有朋	原敬	加藤高明	幣原喜重郎	安倍晋三

★2015年6月、改正公職選挙法が成立し、国政選挙と地方選挙の選挙権年齢が満20歳以上から満18歳以上に引き下げられた。

60. 民本主義

東京帝国大学教授吉野作造が、雑誌『中央公論』1916年1月号に論文「憲政の本義を説いて其有終の美を済すの途を論ず」を発表し、民本主義を唱えた。

●大日本帝国憲法には主権者の規定がなかった。

1. 民本主義

「憲政の本義を説いて其有終の美を済すの途を論ず」(『中央公論』1916年)

①政権運用の目的は特権階級ではなく、人民一般の福利にある。

②政策決定は民意に基づくべき。

	民主主義	民本主義
主権	国民	問わない
人権	永久の権利	永久の権利

吉野作造 ← → 政治の目的＝民衆の福利
政策の決定＝民衆の意向

政党内閣制、普通選挙の実現

★吉野作造があえて、「民主主義」といわなかったのは、大日本帝国憲法が国民主権の象徴天皇制ではなく、立憲君主制をとっていたためである。

2. 吉野作造について

①宮城県古川町(現、宮城県大崎市古川十日町)の出身。

②東京帝国大学では、社会政策学会の小野塚喜平次の影響をうける。

③軍備縮小論やシベリア出兵批判、武断的な植民地支配の攻撃や朝鮮・中国民族のナショナリズムに深い理解を示す。

④弟の吉野信次は、「重要産業統制法」を立案した人物である。

⑤吉野と友愛会の鈴木文治とは、同郷の先輩(吉野)と後輩の仲であり、親交が深かった。

3. 国際連盟と国際連合の比較

国際連盟	国際連合
ウィルソン米大統領の提唱	ルーズベルト米大統領の尽力
(1920) スイスのジュネーブ	(1945) アメリカのニューヨーク
(1926) 常任理事国(英・仏・伊・日本・独)、ただし大国の拒否権なし	五大国(米・英・仏・ソ・中)に拒否権を認める。
全会一致、武力制裁なし、経済封鎖	多数決制、武力制裁も可能
日本、国連事務次長・新渡戸稲造	日本、11回の安保理非常任理事国

61. 天皇機関説

東京帝国大学教授の美濃部達吉は、明治末年に「統治権は法人としての国家に属し、天皇は憲法に基づいて統治権を行使する国家の最高の機関である」という天皇機関説を唱えた。

●**日本国家は法律上はひとつの法人であり、その結果として、天皇は法人たる日本国家の機関である。**

1. 天皇機関説（国家法人説）（1912）

①国家は、一つの団体で法律上の人格を持つ。

②統治権は、法人たる国家に属する権利である。

③国家は機関によって行動し、日本の場合、その最高機関は天皇である。

④統治権を行う最高決定権たる主権は、天皇に属する。

天皇機関説　　　天皇主権説

	天皇機関説	天皇主権説
統治権	法人としての国家	天皇
天皇大権の行使	国務大臣の輔弼が不可欠	国務大臣の輔弼を要件としない
国務大臣	議会の信任を失えば辞職	天皇に対してのみ責任を負う

★天皇は最高の統治機関であり、政治に直接関わらないとの解釈

美濃部達吉
一木喜徳郎（いちき きとくろう）
金森徳次郎
　　　国家法人説
　　　（天皇機関説）
　　　　　　　　　国家＝統治権
　　　　　　　　　天皇＝国家の最高機関

2. 天皇機関説問題（1935）

（天皇主権説）

上杉慎吉（東大教授）
菊池武夫（陸軍軍人、貴族院議員）
　　　　　　　天皇機関説は反国体的
　　　　　　　岡田内閣、国体明徴（こくたいめいちょう）声明

★日露戦争後、大正末年までの時期に強まった政治・社会・文化の諸方面における民主主義的潮流を大正デモクラシーと呼ぶ。その潮流は、第1次世界大戦期までは都市を中心に展開し、その後は農村にまで広く浸透していった。これを支えた思想として、美濃部達吉の天皇機関説や吉野作造の民本主義が代表的であり、その後の護憲運動や社会運動に大きな影響を与えた。

62. 市民文化

大都市では無声映画が人気を集め、歌謡曲のレコードも売り上げを伸ばし、さらに1925年にはラジオ放送が開始された。

●1冊1円の円本は、現在の価値で4000円程度と推定される。

1．円本ブーム（関東大震災後の不況打開のため）
　　　①『現代日本文学全集』（改造社）
　　　②『世界文学全集』（新潮社）
　　　③『明治大正文学全集』（春陽社）
　　　●三大広告業種（薬品・化粧品・図書）

2．マスコミ
　　　①ラジオ放送（1925）
　　　②トーキー（有声映画）（1931）
　　　●無声映画（活動写真）（1896）活動弁士

民間ラジオ	1951
白黒テレビ	1953
カラーテレビ	1960

3．娯楽雑誌（大衆文学）
　　　①林不忘『丹下左膳』　　　　②野村胡堂『銭形平次捕物控』
　　　③直木三十五『南国太平記』　④中里介山『大菩薩峠』
　　　⑤大佛次郎『鞍馬天狗』『赤穂浪士』
　　　⑥吉川英治『宮本武蔵』

　　　★映画は1903年浅草に常設館ができてから、無声映画ではあったが大衆娯楽の中心となった。1929年にはトーキーが公開され、1931年には日本で最初のトーキー映画「マダムと女房」（松竹映画）が作られた。ラジオ放送は1924年に東京放送局が設立され、1925年から放送が開始された。

◆文化住宅　大正から昭和初期に、都市郊外に建てられた小住宅。ガラス窓・赤い瓦屋根・応接間などのモダンな建築様式が人気を呼んだ。

◆『キング』　1925年1月、大日本雄弁会講談社から発行された雑誌。講談社社長の野間清治は、『キング』を、「雑誌界のキング、雑誌界の国立公園、雑誌界の一大驚異」たらんとし、日本一面白く、日本一為になる、日本一の大部数をもつ大衆雑誌にしようと考えた。

◆円本ブーム　収容量を多くした1冊1円の本。1926年改造社が『現代日本文学全集』60巻を1冊1円の予約で売って大成功してから、各種全集が続出した。

63. 第2次護憲運動

普選運動を中心とする大正デモクラシー潮流の農村部への広がりを背景に、1924年清浦奎吾内閣に対し、第2次護憲運動が起こされた。

●護憲運動の参加をめぐって党内が対立し、床次竹二郎一派が立憲政友会を脱し、政友本党を結成した。

1．第2次護憲運動（1924）

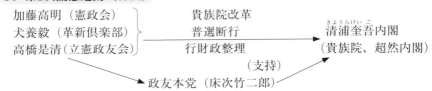

加藤高明（憲政会）
犬養毅（革新倶楽部）
高橋是清（立憲政友会）

貴族院改革
普選断行
行財政整理
（支持）

清浦奎吾内閣
（貴族院、超然内閣）

政友本党（床次竹二郎）

★1920年代前半の普選運動を中心とする大正デモクラシー潮流の農村部への広がりを背景に1924年、清浦奎吾内閣に対し、第2次護憲運動が起こされた。その結果成立した護憲三派内閣（加藤高明内閣）は、普通選挙法と治安維持法を通過させる一方で、ソ連との国交を成立させ、幣原外交を展開し始めた。

2．加藤高明内閣（1924～25）

「憲政の常道」＝衆議院で最多数の議席を占める政党が政権を担当した慣例。
①日ソ基本条約（1925）1＝20、芳沢謙吉・カラハン、北樺太からの撤兵
②治安維持法（1925）3＝19
③普通選挙法（1925）3＝29、25歳以上の男子（20.8％）、1240万人、中選挙区制

3．治安維持法

①第1回適用事件、京都学連事件（野呂栄太郎ら38人起訴、全員有罪）
②治安維持法改正（1928）、「国体の変革を目的」とした結社などに最高刑死刑を課した。
③治安維持法再改正（1941）、予防拘禁制
転向しなかった共産党員などは戦後まで拘束された。

★1928年6月の緊急勅令による治安維持法改正で、国体を変革目的の結社罪のみ最高刑を死刑とし、目的遂行罪の新設により協力者処罰も明記した。また、思想転向者には1936年に思想犯保護観察法を制定し、1941年の治安維持法全面改正で刑期満了者に対する予防拘禁制度も新設した。

◆虎の門事件　1923年12月、無政府主義者の難波大助が摂政（のちの昭和天皇）を暗殺しようとした事件。この事件で山本権兵衛内閣は総辞職した。

64. 金融恐慌

1927年、憲政会の若槻礼次郎内閣のとき、震災手形の整理の際の過失から、一部銀行の不健全な経営内容が暴露され、金融界を中心に経済が混乱した。

●**幣原喜重郎外相は、中国に対しては、内政不干渉と経済的進出に重点を置く柔軟な外交姿勢でのぞんだ（協調外交）。**

1．金融恐慌（1927）

（原因）

戦後恐慌・関東大震災による財界打撃 → 銀行経営不良
震災手形善後処理法案の不手際 → 蔵相片岡直温の失言

①蔵相片岡直温の失言（取り付け騒動、東京渡辺銀行休業）
②台湾銀行の休業（鈴木商店の倒産）
③台湾銀行救済緊急勅令案→枢密院拒絶（若槻内閣の協調外交への不満）
④若槻礼次郎内閣の辞職（1927）　4＝17
⑤台湾銀行休業（1927）　4＝18

2．田中義一内閣（蔵相高橋是清）

①モラトリアム（支払猶予令）3週間、商工業者の手形決済の延期
②日銀非常貸出（22億）
（結果）
①五大銀行の金融支配（三井・三菱・住友・安田・第一）。
②産業界と政党の結託
③企業集中、カルテル結成、資本輸出（在華紡）
★中小銀行は打撃を受け、預金が五大銀行に集中。財閥が金融独占資本をもとに産業界を支配。

◆**震災手形**　関東大震災で企業が被害をうけ、支払い能力を失ったため、決済不能になった手形をいう。中には、不良貸し付けによる手形もかなりふくまれていた。
◆**蔵相片岡直温の失言**　1927年1月、第1次若槻礼次郎内閣は震災手形損失補償公債法案、震災手形善後処理法案を議会に提出したが、立憲政友会の反対で難航した。3月14日、東京の渡辺銀行が大蔵省に休業を報告、同日の予算総会で、片岡直温蔵相は、渡辺銀行が破綻したと述べたため、同銀行と系列の貯蓄銀行も休業した。この報道が伝わると東京や横浜の中小銀行に、取付けのための預金者が殺到した。
◆**鈴木商店**　1877年に創設され、台湾の砂糖・樟脳の取引で急成長をとげ、神戸製鋼など60数社を経営した。鈴木商店の債券は4億5000万円にのぼり、そのうち台湾銀行の債権は3億5000万円に達していた。

65. 井上財政（デフレ政策）

浜口内閣は蔵相に井上準之助を起用し、緊縮財政と産業合理化を掲げ、1930年、金輸出解禁を実施した。

●**金解禁とは、金本位制に復帰すること。**

1．浜口雄幸内閣の政策（デフレ、井上準之助蔵相）

①緊縮財政（均衡予算）、物価引下げ、正貨蓄積、輸出促進

②産業合理化（人員整理、労働強化、生産コストの引下げ）

③金解禁（金の輸出禁止を解くこと）、旧平価（100円＝49.85ドル）円高解禁

（意図）貿易促進、輸出振興、為替相場安定

（実情）世界恐慌→輸出減少、金の流出（7億800万）

（結果）金輸出再禁止（1931）12＝13（犬養毅内閣）

2．昭和恐慌（1930〜31）、ニューヨーク株式大暴落（1929）10月

①輸出不振、正貨流出→金解禁の影響

②生糸輸出激減→繭価の下落

③操短・倒産→産業合理化で失業者増大

（結果）

①農村・中小企業の没落

②財閥支配の進展（三井のドル買い）

③欠食児童、娘の身売り

3．金輸出禁止と解禁の年月

国名	禁止	解禁
アメリカ	（1917）9月	（1919）6月
ドイツ	（1915）11月	（1922）9月
イギリス	（1919）4月	（1925）4月
イタリア	（1914）11月	（1927）12月
フランス	（1915）7月	（1928）6月
日本	（1917）9月	（1930）1月

◆**金解禁** 金の輸出禁止を解くこと。金本位制の復帰。通貨量がその政府が保有する金の量によって決まる。金貨を流通させるのではなく、金保有の枠内で金に代わる紙幣を発行し流通させる。自由な金輸出には為替相場を安定する働きがある。

井上のデフレ政策 ➡ 金解禁・産業合理化・緊縮財政。

66. 高橋財政（インフレ政策）

高橋是清が昭和恐慌脱出のためにとった通貨政策・財政政策とそれぞれの経済的効果とは何か。

●**現在は管理通貨制度となり、通貨量を日本銀行がコントロールしている。**

1. 高橋是清財政（インフレ策）犬養・斎藤・岡田内閣の大蔵大臣

①多額の国債発行（満州事変の勃発による軍事上の計上）
②管理通貨制度（金本位制の停止）
③低為替で輸出増大、低賃金による安値貿易
④時局匡救費（赤字公債財源、8億円公共土木事業）
⑤資本逃避防止法（1932）厳しい為替管理。翌年には廃止。
⑥外国為替管理法（1933）政府が為替相場に介入することを目的、横浜正金銀行金輸出再禁止と金兌換停止に伴う円為替の下落により輸出拡大
（綿織物の輸出世界1位）
　　　　　↑
列強の反発（ソーシャル＝ダンピングとして非難）
　┌ アメリカ➡ニューディール政策（公共事業をおこし失業者を減らす）
　└ 英・仏➡ブロック経済（高関税をかける）

2. 金本位制の推移

金本位制	金輸出禁止	金輸出解禁	金輸出再禁止
1897年	1917年	1930年	1931年
松方正義	寺内正毅	浜口雄幸	犬養毅
貨幣法 （金1円＝0.75g）	武器輸入のため金の流出が激しくなった。	金本位制への復帰、旧平価100円＝49.85ドル	管理通貨制度（日本銀行が通貨量をコントロール）

★日本は第1次世界大戦中の1917年列国にならい、金輸出を停止していた。ところが、金輸出を禁止した欧米先進諸国が戦後つぎつぎに金本位制に復帰したのに対し、日本は関東大震災以後貿易赤字が続き正貨準備がならず、復帰できないでいた ➡ 金本位への復帰（1930年1月11日）、旧平価（円高解禁）。

旧平価解禁論	第一次世界大戦前と同じ為替相場（100円＝49.85ドル）による解禁（実質的には円は切り上げ＝円高 ➡ 法律の改正不要
新平価解禁論	当時の為替レート100円＝46.5ドル前後に合わせる（円を切り下げる）。法律寺改正が必要。少数与党の立憲民政党は消極的。

67. 五・一五事件

満州事変の前後から発生したテロやクーデターは、とどまるところがなかった。犬養毅内閣は、軍部に同調する態度をとりながらも、軍需生産によるインフレ政策で恐慌克服をはかっていた。しかし、犬養首相は官邸で殺害された。

● **愛郷塾は、農本主義者の橘孝三郎によって1931年に茨城県常磐村（現在の水戸市）に設立された私塾。**

1. 五・一五事件（1932）

古賀清志
三上卓　　　　　　　　　海軍青年将校
橘孝三郎（愛郷塾）　　　────────→　犬養毅の暗殺

①海軍青年将校を中心としたクーデター事件で血盟団事件の第二陣として計画。
②海軍中尉古賀清志、三上卓らが中心となって計画を進めた。
③首相官邸、内大臣邸、三菱銀行、日本銀行、政友会本部、警視庁などを襲撃。
④農本主義者橘孝三郎（愛郷塾）、東京市内6か所の変電所を襲撃した。
（影響）
①政党政治の時代に終止符
②軍部の発言権の増大
③右翼団体の続出

2. 政党政治の終わり

三月事件	1931	浜口内閣打倒、橋本欣五郎陸軍中佐（桜会）、大川周明、宇垣一成陸相樹立のクーデター（中止）
十月事件	1931	若槻首相・幣原外相の暗殺、橋本欣五郎陸軍中佐（桜会）、大川周明、北一輝、荒木貞夫中将樹立クーデター（事前発覚、未遂）
血盟団事件	1932	一人一殺主義、井上準之助・団琢磨の暗殺
五・一五事件	1932	犬養毅の暗殺（満州国の不承認）

3. 憲政の常道

衆議院で最多数の議席を占める政党が政権を担当した慣例

憲政の常道	軍部（ファシズム）	政党政治
1924	1932	1946
（護憲三派内閣）	（五・一五事件）	（吉田茂）

68. 国際連盟の脱退

国際連盟では、1933年2月リットン報告書に基づいて総会を開き、42
対1で日本軍撤退と満州国承認の取り消しを求めた。

●新聞は、「総会勧告書を採択し、我が代表堂々退場す」と国連脱退
を伝えた。

1. 国際連盟の規約化（米大統領ウィルソンの提唱14カ条）

①領土の無併合
②無賠償
③民族自決（植民地についての公平な調整）
④軍備縮小
⑤秘密外交の廃止
⑥公海の自由
⑦国際連盟の成立
⑧ポーランドの独立
⑨イタリア国境の再調整
⑩ベルギーの主権回復
⑪バルカン諸国の独立保障など

2. 満州国建国から国連脱退

①満州国建国（1932）長春（新京）「五族協和、王道楽土」
②日満議定書（1932）9＝15、武藤信義、日本軍の満州駐屯。
③平頂山事件（1932）9＝16、報復として関東軍が平頂山住民を多数虐殺。
④国連総会（1933）42：1：1（棄権シャム）
⑤国連脱退通告（1933）内田康哉外相、斎藤実内閣
（焦土外交＝戦争で国土が焼け野原になっても、満州国承認の主張譲らず）

3. リットン報告書（1932）

①日本の軍事行動は不当
②満州国は不承認だが、日本の満州における経済的権益承認
③日中両国間で、新条約の締結を提案
④日本軍は、満州から撤兵すべきである。

◆**国際連盟** アメリカのウィルソン大統領らの提唱で設立された世界平和維持のための
国際機構。42ヵ国の参加で1920年に成立した。アメリカは上院の反対で不参加とな
り、常任理事国は英・仏・伊・日本でのちにドイツ・ソ連も加盟した。

日本の国際連盟脱退は、世界政治に大きな波紋を投じ、ドイツ・イタリ
ア両国も連盟を脱退した。

69. 満州事変

1931年9月18日夜、関東軍の参謀石原莞爾らは奉天北方の柳条湖で満鉄線路を爆破した。

●**関東軍は、1919年に関東都督府が関東庁に改められた際、関東軍として独立したものである。**

（背景）
①金融恐慌・世界恐慌に対応できず、政党政治が国民の信頼を失う。
②幣原協調外交への不満
③世界恐慌の影響で満鉄の業績低下
④関東軍の石原莞爾らは、社会主義国ソ連に対して、軍事的・地理的優位を獲得することを急いだ。

1. 満州事変の誘因

①中村大尉殺害事件（1931）6月、中村震太郎大尉の殺害
②万宝山事件（1931）7月、長春郊外の万宝山で中国人農民と朝鮮人農民とが衝突した事件。

2. 満州事変（1931）9＝18

1931年9月18日夜、奉天郊外柳条湖で満鉄線路を爆破した。関東軍は、中国張学良の仕業として全面的軍事行動を開始した。
①柳条湖事件（長春～奉天）←本庄繁、板垣征四郎大佐、石原莞爾中佐
②上海事変（1932）日本人僧侶の殺害
③熱河占領（1933）
④河北省侵攻（1933）
⑤塘沽停戦協定（1933）5＝31、日中軍事停戦協定

3. 満州について

①中国の東北部を占める遼寧（奉天）・吉林・黒竜江の東北3省をさす旧地名。
②清を建国した女真族が、文殊菩薩（マンジュシリ）を信仰していたからという。
③「文殊菩薩（マンジュシリ）」から「満州」と漢字で派生したと考えられる。

◆満州事変　1931年9月18日、柳条湖事件に始まる日本の中国東北部（満州）侵略戦争。関東軍が始め、政府は追認した。1932年には全満州を占領し、満州国を作り上げた。1933年に塘沽停戦協定を結び満州事変は終結、「満州国」を中国本土から事実上分離した。

満州事変の誘因 ➡ 中村震太郎大尉殺害事件・万宝山事件がある。

70. 満州事変後の経済

満州事変後、日本経済はどのように変わっていったのか。
●新興財閥とは、満州事変前後から軍部と結んで台頭してきた財閥のこと。

1. 新興財閥

日本窒素会社	日本窒素肥料会社	昭和肥料会社	日本曹達	理化学興業
鮎川義介	野口遵	森矗昶	中野友礼	大河内正敏
満州重工業開発会社に改組	朝鮮窒素肥料会社	森興業	26社のコンツェルン	理化学研究所の発明特許工業化
満州の進出	朝鮮に化学工場	昭和電工	1940年解体	理化学興業

★満州事変前後から日中戦争期に急成長した。金融機関・商事会社を持たない。重化学工業に基盤を置き、技術革新に先鞭をつけた。

2. 為替の変遷

1931	金輸出再禁止（金本位制停止）、金兌換停止
1932	資本逃避防止法（通貨価値の下落、政治不安などが予想される場合、自国通貨を通貨価値がより安定している他国の通貨に換えることを防止）
1933	外国為替管理法（外国為替銀行（横浜正金銀行）制度の導入）
1936	大蔵省令により貿易為替管理を開始
1941	外国為替管理法改正（戦時体制へ移行）
1945	GHQの全面管理
1947	民間貿易の一部再開
1949	単一為替レートの設定（1ドル＝360円）
1952	IMF（国際通貨基金）、世界銀行へ加盟
1954	外国為替銀行法の制定に伴い、外国為替銀行を外国為替公認銀行に改正
1964	外国為替予算制度の廃止、IMF8条国へ移行、OECDへの加盟
1971	為替レート変更（1ドル＝308円）
1973	変動相場制へ移行（1971年のドル＝ショックを契機）

◆ブロック経済　相手国に対して高関税をかけて、自国の製品を守ること。世界恐慌の最中の1930年、政府は金解禁を断行したが金の流出が相次ぎ、1931年末には金本位制が停止された。自国の利益を優先する保護貿易や経済ブロック化の風潮が広がり、世界的な経済対立や政治的緊張が強まってきた。

71. 二・二六事件

二・二六事件の背景には陸軍内部の派閥抗争があった。

●この時、岡田啓介首相と誤認された義弟で秘書であった松尾伝蔵海軍大臣が、射殺されている。

1. 二・二六事件（1936）陸軍の内部対立

●統制派＝官僚機構を通じて、国家改造をすすめる。

●皇道派＝天皇自身が政治を行うことで日本の発展を期す。

統制派	皇道派
板垣退助	真崎甚三郎
東条英機	荒木貞夫
林銑十郎	柳川平助
永田鉄山	相沢三郎

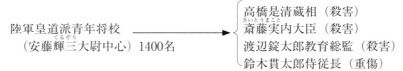

陸軍皇道派青年将校 ⟶
（安藤輝三大尉中心）1400名

高橋是清蔵相（殺害）
斎藤実内大臣（殺害）
渡辺錠太郎教育総監（殺害）
鈴木貫太郎侍従長（重傷）

（1936）2＝27（戒厳令）、2＝29（反乱軍帰順）、死刑（北一輝、西田税、安藤輝三など）

★戒厳令のもとで反乱は３日後には鎮圧された。この結果、岡田啓介内閣が倒れ、広田弘毅内閣が組閣し、挙国一致による国防の強化につとめた。

★粛軍の名目で皇道派が一掃され、統制派による軍部支配が進行し発言力を高めた。

2. 軍部の発言力が強まる

岡田啓介内閣（二・二六事件）

↓

広田弘毅内閣（軍部大臣現役武官制の復活）

↓

林銑十郎内閣
（軍部と財界との提携、結城豊太郎財政（財界から蔵相に、軍部に財界協力））

↓

近衛文麿内閣（国家総動員法の制定）

広田弘毅内閣は、広義国防国家の建設を基本政策とし、陸・海軍大臣現役武官制を復活し、公債と大増税により、軍備拡張計画を推進していった。

●**極東国際軍事裁判で死刑となったのは、文官（官僚）では広田弘毅だけであった。**

1. 広田弘毅内閣(「広義国防国家」建設)、国策の基準(南方進出、対ソ戦略)

①粛軍演説（1936）、斎藤隆夫（立憲民政党）「二・二六事件の批判」

②馬場鍈一財政、軍事費増大43％（約3倍）、赤字公債発行、増税

③軍部大臣現役武官制の復活（1936）

④日独防共協定（1936）、ソ連を仮想敵国

⑤西安事件（1936）張学良が蔣介石監禁 → 抗日民族統一戦線（第2次国共合作）

⑥腹切り問答（1937）、浜田国松（立憲政友会）と陸軍大臣寺内寿一の対立

広田弘毅内閣
●軍部大臣現役武官制の復活
●国策の基準(南方進出、対ソ戦略)
●準戦時体制（戦争準備体制）

2. 軍部批判（斎藤隆夫（立憲民政党））

①粛軍演説（1936）→ 二・二六事件の批判（広田弘毅内閣）

②反軍演説（1940）→ 日中戦争の批判（米内光政内閣）

★兵庫県豊岡市に生まれた斎藤隆夫は、東京専門学校（今の早稲田大学）に入学し、その後はアメリカに留学し、政治学と公法などを学んだ。岡田啓介内閣の施政方針演説に対する質問演説で陸軍パンフレットと軍事偏重を批判し、1936年粛軍演説を行った。戦後は日本進歩党の結成に参加し、1946年第1次吉田茂内閣の国務大臣として入閣した。

3. 五相会議➡国策の基準

内閣総理大臣	広田弘毅
外務大臣	有田八郎
大蔵大臣	馬場鍈一
海軍大臣	永野修身
陸軍大臣	寺内寿一

★**広義国防国家** 陸軍の軍備充実5ヵ年計画、海軍の大建艦計画の軍備拡張とともに、軍需工業の拡張、貿易・電力の国家統制、教育の軍国主義化など戦争準備を想定した国政方針。

73. 日中戦争

日本の華北への進出とともに、日中間の対立が高まった。西安事件で第2次国共合作がなり、1937年の盧溝橋事件を契機に日中全面戦争が始まった。

●盧溝橋（ろこうきょう）は西洋では「マルコポーロの橋」と呼ばれて、橋のたもとには乾隆帝（けんりゅうてい）の筆と伝えられる「盧溝暁月（ろこうぎょうげつ）」の石碑がある。

1. 日中戦争と経済統制

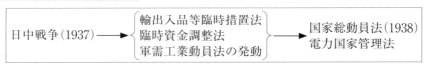

①盧溝橋事件（1937）7＝7、北京郊外で日中衝突
②第2次上海事変（1937）8月、大山勇夫中尉殺害→全土拡大
③第2次国共合作（1937）9月、抗日民族統一戦線
④国民精神総動員運動（1937）10月、挙国一致・尽忠報国（じんちゅうほうこく）・堅忍持久（けんにんじきゅう）→大政翼賛会
⑤日独伊防共協定（1937）11月、
⑥南京事件（1937）12月、国民政府）漢口→重慶

★1937年7月7日、北京郊外の盧溝橋で日中両軍が衝突した（盧溝橋事件）。このときは現地軍の間で停戦協定が成立したが、日本軍が内地から増援軍を派遣して攻撃を開始したため、全面的戦争に突入した。8月上旬には上海にも戦火がひろがった。中国は国共合作によって激しく抵抗したが、1937年12月、日本軍は首都南京を占領した。中国は首都を武漢に移して抵抗したので、戦いは長期戦となった。

2. 近衛声明（1次～3次）

1938年 1 ＝16	第1次近衛声明	「国民政府を対手とせず」
1938年11＝3	第2次近衛声明	戦争目的は「東亜新秩序の建設」
1938年12＝22	第3次近衛声明	「善隣友好、共同防共、経済提携」

◆西安事件　1936年、張学良らが、蒋介石を西安で監禁・説得して、国共内戦停止と抗日を要求した事件。

盧溝橋事件 ➡ 停戦協定の調印 ➡ 10万人派兵 ➡全面戦争突入。

74. 思想の弾圧

日中戦争が始まってから太平洋戦争の開戦にいたる期間に、戦時体制が強化されていった。

●有沢広巳は、戦後の傾斜生産方式の立案者である。

【思想の弾圧】

①滝川事件（1933）

　滝川幸辰の『刑法読本』をマルクス主義的と非難（文相鳩山一郎、斎藤実内閣）、同僚の末川博・佐々木惣一ら京大教授全員辞表提出。

②天皇機関説問題（1935）

　美濃部達吉『憲法撮要』、反国体的として非難される。

●天皇機関説論者

美濃部達吉	東大教授、貴族院議員
一木喜徳郎	枢密院議長、憲法の番人
金森徳次郎	法制局長官、岡田啓介内閣

●天皇主権説

上杉慎吉	東大教授
菊池武夫	陸軍軍人、貴族院議員

③コム・アカデミー事件（1936）、講座派の弾圧事件

　山田盛太郎・平野義太郎らが治安維持法違反容疑で検挙された。

④矢内原忠雄事件（1937）

　『帝国主義下の台湾』『民族と平和』（植民地政策の批判）

⑤人民戦線事件（1937～38）、反ファッショ左翼弾圧事件

第1次弾圧	加藤勘十・山川均・鈴木茂三郎など
第2次弾圧	大内兵衛・有沢広巳・美濃部亮吉など

⑥河合栄次郎事件（1938）

　『ファシズム批判』『社会政策原理』（軍部批判）←東大総長平賀譲（平賀粛学）

⑦津田左右吉事件（1940）

　『神代史の研究』『古事記及び日本書紀の研究』←蓑田胸喜（国粋主義）の非難

◆矢内原忠雄　キリスト教的立場から、政府の植民地政策を批判した。著作に『帝国主義下の台湾』や論文「国家の理想」などがある。

◆人民戦線事件　日中戦争期におきた左翼弾圧事件。コミンテルンの方針に基づいて運動したとして、1937年加藤勘十・山川均・鈴木茂三郎ら400名が検挙され、1938年には労農派の大内兵衛・有沢広巳・美濃部亮吉ら45名が検挙された。

◆河合栄治郎　理想主義的自由主義の立場から、マルクス主義やファシズムに反対した。著作『ファシズム批判』『社会政策原理』などあるが、発売禁止となった。

75. 国家総動員法

1938年第1次近衛文麿内閣は国家総動員法を制定し、戦争目的のために
は、政府が事前に議会の賛成を経ることなく、人的・動的資源を動
員できることにした。

●国家総動員法は、第2次世界大戦期の日本の総力戦体制の根幹と
なった。1945年、廃止。

1. 国家総動員法

↓（第4条の具体化）

①賃金統制令（1939）3月（平沼騏一郎内閣）、業種別に初任給を公定
②国民徴用令（1939）7月（平沼騏一郎内閣）、「白紙召集」
③価格等統制令（1939）10月（阿部信行内閣）、9＝18価格据置

2. 生活統制の強化

①綿糸切符制（1938）最初の切符制
②米穀配給統制法（1939）米の集荷機構を一元化、政府統制下に置く
③砂糖、マッチ、木炭の切符制（1940）
④奢侈品等製造販売制限規則（1940）7＝7施行（七・七禁令）「ぜいたく
は敵だ」
⑤B米の配給制（1941）成人、1日＝2合3勺（330g）
⑥衣料の切符制（1941）
⑦生活必需物資統制令（1941）、ほとんどの生活物資が配給制となる。
⑧食糧管理法（1942）国の管理統制

3. 戦時統制

1938	国家総動員法	電力国家管理法
1939	賃金統制令	米穀配給統制法（米の供出など）公布
	国民徴用令	小作料統制令
	価格等統制令	会社職員給与臨時措置令
	地代家賃統制令	電力調整令

◆**国家総動員法** 1938年、近衛文麿内閣が発布。資本・労力・物資・出版など議会の承
認なしに勅令で行うことができるようにした法律。議会の形骸化をもたらした。
◆**国民徴用令** 1939年公布。国家総動員法に基づき、国民を軍事産業などに強制的に就
労させるための勅令。「白紙召集」と呼ばれた。
◆**価格等統制令** 1939年公布。国家総動員法に基づき、物価上昇抑制と生産増加をはかっ
た勅令。1939年9月18日より物価値上げの禁止、公定価格を設定した。現実には、闇
価格が横行した。

76. 日本とソ連

日独伊三国同盟が締結された翌年には、ドイツとソ連との関係は大きく変化していった。日本は日ソ中立条約で、北方安全を確保した。

●当初はマレー半島上陸と「同時」に真珠湾攻撃の予定であった。実際には真珠湾攻撃が予定より1時間以上遅れた。

1. 戦局の推移

①北部仏印進駐（北ベトナム）（1940）9＝23━━━━━━▶（4日後）日独伊三国同盟

②日ソ中立条約（1941）4＝13━━━━━━▶（3か月後）南部仏印進駐（南ベトナム・ラオス・カンボジア）（1941）7＝28

1941年	4月	日ソ中立条約
	5月	予防拘禁制
	6月	独ソ開戦
	7月	南部仏印進駐
	8月	アメリカ、対日石油禁輸
	9月	帝国国策遂行要領
	10月	ゾルゲ事件
	11月	ハル＝ノート
	12月	マレー半島、真珠湾、香港

★1941年12月8日午前3時19分（日本時間）に、日本海軍は奇襲でハワイのオアフ島真珠湾への攻撃を開始し、陸軍の方は午前2時にイギリス領マレー半島に奇襲上陸を敢行した。

2. 日独伊三国同盟（1940）9月、ベルリン

（全権）来栖三郎（くるすさぶろう）、リッペントロップ（独）、チアノ（伊）

①同盟中の一国が第3国から攻撃をうけた場合、共同防衛にあたる。（アメリカ、イギリスが対象）

②対ソ関係の現状には影響を与えない。（独ソ不可侵条約を考慮）

（意義）
日独伊ファシズム3国の軍事同盟で、米英ら連合国を対象とする。したがって、日米両国の対立激化し衝突は不可避となった。満州国、ハンガリー、ブルガリア、ルーマニア参加。

◆日ソ中立条約 1941年、外相松岡洋右がモスクワで調印した。ソ連は日独の両面攻撃を避けるために必要であり、日本は南方進出のため必要であった。

77. 南進政策

日本はドイツとの提携を強化し、石油・ゴムなどの重要軍需資源を手に入れるため、武力による南進を押し進めた。

● **新体制運動とは、戦争遂行のために国民を一致団結させる体制で、具体的には大政翼賛会・大日本産業報国会・国民学校・米の配給制開始など。**

1. **第2次近衛文麿内閣（1940）7＝22**
   ①北部仏印進駐（1940）9＝23、ハノイ侵攻、援蔣ルート遮断
   ②日独伊三国同盟（1940）9＝27、くず鉄、鉄鋼、ガソリンの対日輸出禁止
   ③新体制運動（1940）、一国一党の国民組織を結成
   ④国民学校令（1941）、小学校の改称、義務教育8年制
   ⑤治安維持法改正（1941）、予防拘禁制
   ⑥日ソ中立条約（1941）、松岡洋右、南進政策のための北方安全確保
   ⑦独ソ戦争の勃発（1941）6＝22、ドイツの攻撃
   ⑧帝国国策要綱（1941）7＝2（御前会議）、ドイツが有利の場合のソ連攻撃方針決定、ドイツ苦戦→関東軍特種演習は演習のみに終わる

2. **第3次近衛文麿内閣（1941）7＝18**
   ①ABCDライン（経済封鎖）、日本の南進政策に対処
   ②南部仏印進駐（1941）7＝28、（在米、日本人資産凍結）、対日石油輸出禁止
   ③帝国国策遂行要領（1941）9＝6（御前会議）、10月上旬までに交渉不成立→開戦へ、10月下旬めどに対英米開戦準備完成。

（ABCD包囲陣）経済封鎖
● アメリカ ┐
● イギリス │
      ├── 資産凍結・石油禁輸 ──→ 日本
● 中国   │
● オランダ ┘

◆ **援蔣ルート**　英・米・ソ連などが中国国民政府援助のため軍需品・物資を輸送する陸上路。仏領インドシナ、ビルマなどのルートがあった。
◆ **北部仏印進駐**　1940年日本は北部仏領インドシナに武力進駐を強行し、援蔣ルートの遮断や南進基地の獲得を急いだ。アメリカは対日屑鉄全面禁輸で対抗した。
◆ **南部仏印進駐**　1941年南方作戦の軍事基地確保のためフランスに強要、承認させた。アメリカ・イギリス・オランダは日本人資産の凍結、アメリカは対日石油輸出の全面禁止で対抗した。

78. 大東亜共栄圏の建設

日本は、戦争の目的を大東亜共栄圏の建設にあるとしたが、実際には、必要物資の獲得が最大の目的となり、占領地は圧政と収奪に苦しめられた。

● 「大東亜」とは、「日満支」と当時称された東アジアに東南アジアなど南方を加えた地域を意味した。

1. 大東亜会議（1943）

東条英機（東京）
- ●共存共栄
- ●独立和親
- ●経済繁栄

大東亜共栄圏の建設 →

- タイ（ワンワイ＝タヤコン）
- フィリピン（ラウレル）
- ビルマ（バー＝モウ）
- 自由インド仮政府
- 中華民国（汪兆銘）
- 満州国（張景恵）

★日本勢下のアジア諸国の結束（大東亜共同宣言の採択）

2. 重要条約（その1）

条約名	西暦	調印場所	日本全権	外国全権
日米和親条約	1854	神奈川	林韑	ペリー
日露和親条約	1854	下田	川路聖謨	プゥチャーチン
日米修好通商条約	1858	江戸	井上清直 岩瀬忠震	ハリス
日清修好条規	1871	天津	伊達宗城	李鴻章
樺太・千島交換条約	1875	ペテルスブルク	榎本武揚	ゴルチャコフ
天津条約	1885	天津	伊藤博文	李鴻章
日英通商航海条約	1894	ロンドン	青木周蔵	キンバレー
下関条約	1895	下関（春帆楼）	伊藤博文 陸奥宗光	李鴻章 李経方
日英同盟	1902	ロンドン	林董	ランスダウン
ポーツマス条約	1905	ポーツマス	小村寿太郎 高平小五郎	ヴィッテ ローゼン
日韓併合条約	1910	漢城府	寺内正毅	李完用

◆大東亜共栄圏　「大東亜共栄圏」という言葉が初めて用いられたのは、1940年8月近衛内閣の松岡洋右外相によってである。松岡は数日前に閣議決定された「基本国策要綱」をもとに「大東亜」とは、日本・中国・満州を中心に、さらに仏印（ベトナム・ラオス・カンボジア）・蘭印（インドネシア）など東南アジアを含み、その地域の繁栄をはかることが、今後の日本の外交方針であると述べた。

79. 開戦

日中戦争開始から太平洋戦争までの期間の日米関係は、どう変化したか。
野村吉三郎駐米大使とハル米国務長官との日米交渉も成功しなかった。
●**チャーチルは選挙に敗れ、アトリーが首相となった。**

1. 戦後処理会談

1943.11	カイロ会談	R・C・蔣	カイロ宣言	日本の領土問題処理
1945.2	ヤルタ会談	R・C・S	ヤルタ協定	ドイツの戦後処理 ソ連の対日参戦
1945.7	ポツダム会談	T・A・S	ポツダム宣言	対日戦争の終結条件

- ●R＝ローズベルト、C＝チャーチル、S＝スターリン、A＝アトリー（英）、蔣＝蔣介石、T＝トルーマン
- ●チャーチルは途中からアトリーに交代する。
- ★ポツダム宣言は、米・英・中の共同宣言として発表した（ソ連は日ソ中立条約を締結のため宣言しなかった）。

2. 主な戦局

① （1941）マレー半島上陸、コタバル上陸（陸軍）（12＝8）
② （1941）真珠湾攻撃（12＝8）連合艦隊司令長官山本五十六の作戦構想
③ （1942）ミッドウェー海戦（主力空母「赤城」や航空機が壊滅的大打撃）
④ （1943）ガダルカナル島撤退（ソロモン諸島）
⑤ （1943）イタリア降伏（9＝8）バドリオ政権が無条件降伏
⑥ （1944）サイパン島陥落（マリアナ諸島）絶対国防圏の崩壊、日本爆撃基地
⑦ （1944）レイテ沖海戦（戦艦武蔵を失う）、神風特攻隊・人間魚雷「回天」
⑧ （1945）硫黄島上陸（米軍、サイパンから東京大空襲を行う中継基地）
⑨ （1945）東京大空襲（3＝10）死者10万人
⑩ （1945）沖縄本島上陸（4＝1）県民10万人死、3＝26米軍は慶良間列島上陸
⑪ （1945）ドイツ降伏（5＝7）、4＝30ベルリンでヒトラーが自殺
⑫ （1945）広島原爆（8＝6）原爆ドーム（旧産業奨励館）（リトルボーイ）
⑬ （1945）ソ連参戦（8＝8）日ソ中立条約の破棄
⑭ （1945）長崎原爆（8＝9）プルトニウム型（ファットマン）

◆野村吉三郎　ローズベルトと親交があり、1941年に駐米特命全権大使として、国務長官ハルと日米交渉にあたる。
◆ハル＝ノート　1941年11月26日、アメリカ国務長官ハルの日米交渉でのアメリカの最後通牒。中国・仏印からの全面撤兵、汪兆銘政権の否認、日独伊三国同盟の廃棄など満州事変以前の状態にもどすことを要求。

80. ヤルタ協定（クリミア半島南端）

ヤルタ協定は秘密協定として結ばれたもので、日ソ中立条約や中国代表（蔣介石想定）が参加していないことが背景にある。

●ヤルタ会談の会場となったリバディア宮殿は、ロシア皇帝ニコライ2世の別荘として建造された。

1. ヤルタ協定（1945年2月4日〜11日、クリミア半島の南端ヤルタ近郊にあるリバディア宮殿で開催された）
    ①ドイツの分割占領
    ②国際連合の設置
    ★（秘密協定＝国民には知らされていない合意あるいは了解、戦後米国が公表）
    　ソ連は、ドイツ降伏の2〜3か月後、次の条件で日本に対する戦争に参加する。
    ③外蒙古の現状維持
    ④サハリン（樺太）南部の返還
    ⑤大連港の国際化とソ連の優先権の承認
    ⑥旅順港のソ連軍港としての租借権の承認
    ⑦南満州鉄道、東支鉄道の中ソ合弁による運営
    ⑧千島列島の引き渡し

2. 重要条約（その2）

二十一か条要求	1915	北京	日置益	陸徴祥
石井・ランシング協定	1917	ワシントン	石井菊次郎	ランシング
ベルサイユ条約	1919	ベルサイユ宮殿	西園寺公望 牧野伸顕	ウィルソン（米） ジョージ（英）
ワシントン会議	1921	ワシントン	加藤友三郎 徳川家達 幣原喜重郎	ヒューズ（米） バルフォア（英） サロー（仏）
山東懸案解決条約	1922	ワシントン	加藤友三郎 幣原喜重郎	ヒューズ（米） バルフォア（英）
日ソ基本条約	1925	北京	芳沢謙吉	カラハン
パリ不戦条約	1928	パリ	内田康哉	ケロッグ（米） ブリアン（仏）
ロンドン海軍軍縮条約	1930	ロンドン	若槻礼次郎 財部彪	マクドナルド（英） スチムソン（米） タルジュ（仏）

81. 戦局の変化

連合軍によるポツダム宣言の発表から、日本政府の受諾までの戦局変化と戦争指導者はどう対応したか。

●1945年8月14日、午後11時に終戦の詔書が出され、翌15日、正午に天皇が朗読したレコードがラジオから流された。

1. ポツダム宣言（1945年7月26日）

　①軍国主義の除去

　②日本国領土の占領

　③カイロ宣言の条項の履行、および本州、北海道、九州、四国および連合国が決定する諸小島への日本の主権制限

　④日本国軍隊の完全な武装解除

　⑤戦争犯罪人に対する厳重な処罰ならび民主主義の確立

　⑥賠償の実施と平和産業の確保

　★日本政府は、ポツダム宣言をいったんは拒否を通告したものの、広島や長崎への原爆投下、ソ連の対日参戦（8月8日）とますます絶望的な状況に追いつかれ、ついに受諾した。8月14日、ポツダム宣言の受諾を決定し、同日の夜、終戦の詔書が発せられた。

2. 重要条約（その3）

日満議定書	1932	新京（長春）	武藤信義	鄭孝胥
日独防共協定	1936	ベルリン	武者小路公共	リッベントロップ
日独伊三国軍事同盟	1940	ベルリン	来栖三郎	リッベントロップ チアノ（伊）
日ソ中立条約	1941	モスクワ	松岡洋右	モロトフ
降伏文書	1945	ミズリー号上	重光葵 梅津美治郎	マッカーサー
サンフランシスコ平和条約	1951	サンフランシスコ	吉田茂 星島二郎	ダレス
日米安全保障条約	1951	サンフランシスコ	吉田茂	アチソン
日米行政協定	1952	東京	岡崎勝男	ラスク
MSA協定	1954	東京	岡崎勝男	アリソン
日ソ共同宣言	1956	モスクワ	鳩山一郎	ブルガーニン
日米相互協力及び安全保障条約	1960	ワシントン	岸信介	アイゼンハウワー

82. 律令国家の租税

律令国家では公民は口分田を支給されるかわりに、**物納の租・庸・調**と**労役として雑徭・仕丁・兵役**など負担する義務が課されていた。

●税制には、中央政府に納めるものと地方財源になるものと2種あった。

1. 租税体系

（中央政府の財源）

庸	布2丈6尺 ≒ 8m ← 歳役10日の代わり、官人の給与、官庁の費用
調	郷土の産物、絹・絁・糸・綿・布、官人の給与、官庁の費用
運脚	食料自弁、布施屋＝行基が運脚夫を救うために造った、お救い小屋
仕丁	50戸につき正丁2を徴発、うち1人は炊事係、3年間

（地方（国衙）の財源）

租	1反＝2束2把、収穫3％、一部は舂米（白米）として京に送る
義倉	飢饉対策として粟の上納
出挙	春に稲を貸し付け、秋に回収する利息つき貸与。公出挙と私出挙あり。
雑徭	年60日の国司への労役

2. 成年男子の負担

	年齢	調	庸	雑徭	兵役
正丁	21〜60	郷土の産物の一種を一定量	布2丈6尺（≒8m）（歳役10日）	60日以下	○
次丁	61〜65	正丁の2分の1	正丁の2分の1	30日以下	×
少丁	17〜20	正丁の4分の1	なし	15日以下	×

◆**運脚**　庸・調を出す戸の正丁があたり、国司など指の指導で都に運んだ。往復の食糧は自弁であったため、帰国の途中で餓死する者もあった。行基はそのため、お救い小屋である布施屋を設け救済にあたった。

◆**雑徭**　国司の命により道路・池堤などの修築にあたるほか、国司の私用に使役されることもあった。正丁（21〜60歳）の場合、年60日。藤原仲麻呂の時の757年に期間が半減された。

◆**出挙**　律令国家の税制。稲を春に戸ごとに貸付け、それを利息とともに秋に回収する制度。「出」は貸出、「挙」は利息を挙げるという意味。

83. 律令国家の地方支配

律令国家の地方支配は、中央から派遣された国司と各地の地方豪族から任命された郡司によって担われた。

●国司の任務は意外に多かった。

1．国司の任務

①国内の治安維持
②戸籍の作成
③計帳の作成
④大帳・正税帳・調帳・朝集帳を中央へ送り届ける（四度使という）
⑤班田収授
⑥租税徴収
⑦兵士徴発
⑧日常おこる普通の犯罪に対する加罰

★大帳とは国ごとに計帳を集計した帳簿のこと。
★国司とは中央から派遣された貴族をさし、諸国の政務を司った。その役所を国衙といい、四等官のほかその下に史生などの職員がいた。

2．郡評論争 ➡ 『日本書紀』所載「改新の詔」の信憑性についての論争

①『日本書紀』の改新の詔では地方行政区画において、「郡」を使用していた。
②しかし、『常陸風土記』など『日本書紀』以外の史料では、646年「評」を使用したとある。
③1967年に発見された「669（己亥）年」と記載する藤原京出土の木簡は、「郡」ではなく、「評」を使用していたことがわかった。
④その結果、大宝令（701）以前は、"郡"ではなく"評"の字を使用した。

（701年大宝令以降）
評 ━━━━━━━━━━━━━━━▶ 郡

★藤原京出土の木簡によって、646年の「改新の詔」の第2条に見える「郡」は、大宝令（701年成立）によって「郡」となったもので、それまでは「評」が使われていたことがわかってきた。

◆**国司** 各国の行政・治安・軍事・警察などを担当した地方官。中央貴族が派遣され、任期は6年のちに4年となった。国司が政務を執った政庁を国衙、その所在地を国府という。
◆**在庁官人** 国衙行政の実務をになった現地の役人。多くは開発領主によって世襲され、国衙に設定された田所や税所といった職を世襲し、在地支配を強めた。

84. 貴族の身分的・経済的特権

大化の改新によって豪族たちは私有地・私有民を失ったが、特定の中央豪族は貴族として身分的・経済的特権を享受することになった。

●貴族には身分的・経済的特権があり安定していた。

1. **五位以上の官人**（貴族）**の特権**

> ①身分的特権（蔭位の制・官位相当の制・減刑の特権）
> ②経済的特権（位階・官職・庸調雑徭の免除

2. **蔭位の制**

三位以上の子・孫、五位以上の子は21歳になると自動的に官位をもらい官職につく。これによって上級官人層の家からは、上級官人が誕生しやすかった。

3. **位階・官職にともなう収入**

	位階		官職	
	正一位	正二位	太政大臣	左・右大臣
位田	80町	60町		
位封	300戸	200戸		
職田			40町	30町
職封			3000戸	2000戸
功封	（摂関家：1万7000戸）			

★官人一般は春秋2回など季禄が支給されたが、とくに三位以上には位封として封戸が、四・五位には位禄として布帛（布や綿）が与えられた。特定の官職には職田・職封も支給された。位封や職封や功封は、それぞれ位階に応じて与える食封・官職に応じた食封・功績に応じた食封をさしたが、食封（給与）とは一定数の戸を支給し支給された者は、戸（封戸）が納める租の半分と調・庸の全部を受けた制度。

◆**封戸** 律令制で、食封の制により、位階・官職・勲功によって朝廷から授けられた課戸。食封とは、三位以上の最上級官人にあたえられる俸禄の一つ。一定数の戸（封戸）を指定し、それらが出す租の半分と庸・調の全部を支給する制度。

85. 遣唐使

7世紀から9世紀にかけて、朝廷は遣隋使や遣唐使を派遣した。この派遣は当時の日本の政治および文化へと多大な影響をもたらした。

●遣唐使の難破率は半分近くもあったという。

【遣唐使、630年〜894年の間に19回任命され、15回渡海した】

出発	使節		留学生（僧）		
630	犬上御田鍬	薬師恵日			
653	吉士長丹	高田根麻呂	道昭		
702	粟田真人		山上憶良	道慈	
717	多治比県守	藤原宇合	阿倍仲麻呂	吉備真備	玄昉
752	藤原清河	吉備真備			
804	藤原葛野麻呂		橘逸勢	空海	最澄
838	藤原常嗣	小野篁	円仁		

①吉備真備は留学生、遣唐副使として2回717年・752年に出発する。『刪定律令』を編纂した。

②一行は4隻500人にも及び、「よつのふね」と呼ばれた。

③渡来僧であった鑑真は、戒律を伝えて聖武上皇・孝謙天皇らに授戒し、唐招提寺を開いた。

④遣唐使の藤原清河や留学生の阿倍仲麻呂は唐の官職につき高官となった。

⑤2004年、西安で、唐で死亡した日本人留学生の墓誌が発見された。墓誌に記された人物の名は井真成といった。彼は717年の第9回遣唐使に伴われて入唐。時の留学生・留学僧には阿倍仲麻呂・吉備真備・玄昉などがいた。

★経路（北路➡南島路➡南路）。遣唐使一行は、4隻の船（四つの船）に分乗し、初期には安全な北路をとったが、新羅との関係が悪化すると、8世紀初頭には琉球諸島を経由する南島路をとるようになり、ついで東シナ海を横断する南路に変わった。

（遣唐使は朝貢形式をとる）

```
                （回賜品）ガラス器・銀器・唐三彩・香木など
        唐 ◀━━━━━━━━━━━━━━━━━━━━▶ 日本
                （朝貢品）黄絁（黄色は皇帝の色）・砂金・水晶
```

◆密教　加持祈禱によって現世利益が得られると説く、呪術的・神秘的要素の強い仏教で、天皇や貴族の保護をうけ、ひろく信仰された。それに対して、顕教は釈迦がわかりやすく説いた教えを経典で学んだ。

86. 律令国家の貨幣

武蔵から自然銅が献上されたことを契機に、708年和同開珎とよばれる銅銭・銀銭が鋳造された。

●律令政府が鋳造した銭貨は、あまり流通性はなかった。

1. 皇朝十二銭（本朝十二銭）

①和同開珎（708）＝元明天皇
②万年通宝（760）＝淳和天皇 ┐
③神功開宝（765）＝称徳天皇 ├ 奈良時代に流通した貨幣3種
④隆平永宝（796）＝桓武天皇 ┘
⑤富寿神宝（818）＝嵯峨天皇
⑥承和昌宝（835）＝仁明天皇
⑦長年大宝（848）＝仁明天皇
⑧饒益神宝（859）＝清和天皇
⑨貞観永宝（870）＝清和天皇
⑩寛平大宝（890）＝宇多天皇
⑪延喜通宝（907）＝醍醐天皇
⑫乾元大宝（958）＝村上天皇

★天武朝の683年に発行された富本銭が、最も古い貨幣とされる。和同開珎には銀銭と銅銭があり、唐の開元通宝を参考とした。

★711年政府は蓄銭叙位令を発布し、和同開珎の流通と平城京造営などの財源確保を企図とした。当時は稲や布による物々交換が一般的であり、銭貨の流通は畿内にほぼ限定された。蓄銭叙位令は、銭をたくわえて政府に献納する者には、額に応じて位階を与えることにした。

★延喜通宝や乾元大宝は、銅銭ではなく鉛銭であるといわれるほど鉛の含有量が高いものが多く存在する。

2. 蓄銭叙位令（711）

銭貨を一定額蓄え、政府に納入した者に位を与える制度。銭貨の流通促進が目的。

位階	蓄銭額と叙位（1貫＝1000文）
正六位以上	10貫以上で臨時に勅授
従六位〜従八位	10貫以上で位1階叙位 20貫以上で位2階叙位
大初位上	10貫で従八位下に叙位
大初位下〜少初位下	5貫で位1階叙位

87. 長屋王（天武天皇の孫）

藤原不比等の死（720年）のあと、政権は左大臣であった天武天皇の孫の長屋王によって運営された。

●長屋王邸跡の発掘調査では、3万点を超える木簡が出土した。

1. 長屋王の政治

①百万町歩開墾計画（722）

②三世一身の法（723）

③長屋王の変（729）、服毒自殺

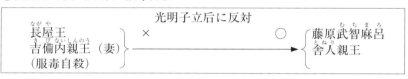

2. 橘諸兄の治世

①国分寺・国分尼寺建立の詔（741）

②墾田永年私財法（743）

③大仏造立の詔（743）

●国分寺＝金光明四天王護国之寺

●国分尼寺＝法華滅罪之寺

●護国三部経（金光明最勝王経、妙法蓮華経、仁王経）

★国分寺は、国司が政務を行う国衙の近くに建てられるのが一般的であった。

★聖武天皇の時代には、天然痘の流行や天災飢饉が続き、班田制も動揺し始めた。天皇は仏教の鎮護国家の力によって社会不安を鎮め、国家の危機を救おうとした。

3. 墾田永年私財法（墾田私有限度額）、開墾できる面積の制限

東大寺	4000町	三位	300町
元興寺	2000町	四位	200町
興福寺	1000町	五位	100町
法隆寺	500町	六〜八位	50町
一位	500町	（郡司）大領・少領	30町
二位	400町	（郡司）主政・主帳	10町

◆長屋王　天武天皇の孫。高市皇子の子。藤原不比等の死後に右大臣、聖武天皇の即位とともに左大臣となって政権掌握し、三世一身法などの土地政策をすすめた。1988年、邸宅跡から大量の木簡が出土した。

88. 渤海との通交

<ruby>渤海<rt>ぼっかい</rt></ruby>は、当初は新羅との対抗上から使節を日本に派遣してきたが、しだいに貿易を目的とするようになる。

●渤海使は、当初は唐・新羅に対抗する意図があった。

1. 渤海使（727 ～ 922）

①唐・新羅に対抗するための外交関係。

②渤海、926年契丹により滅亡した。

③渤海は現在の中国東北部と沿海州あたり

④渤海は、日本に蜂蜜・朝鮮人参・毛皮（虎皮・貂皮）をもたらした。

★渤海は、727年から、契丹に滅ぼされる直前の919年まで、約200年間に30数回の使節を派遣してきた。日本は渤海使の接待のため、能登客院・松原客院を設置した。のち、その目的も貿易に重点が移った。

★渤海は、中国の東北地方に栄えたため、日本ではかって友好関係にあった高句麗の後継者とみなすことにし、渤海使を厚遇した。

2. 国際関係の悪化

①唐の滅亡（907）→五代（後梁・後唐・後晋・後漢・後周）十国→宋（960）

②新羅の滅亡（935）→高麗

③渤海の滅亡（926）→遼（契丹）

3. 日本と新羅の関係

①660年、唐と連合した新羅が百済を滅ぼす。668年には高句麗を滅ぼす。

②676年に新羅は朝鮮半島を統一、新羅から使節が来朝。

③唐と新羅との関係の好転→日本と新羅との悪化。

④新羅は日本と対等外交を主張した。

⑤日本は新羅を従属国として扱おうとしたため関係は急速に悪化。

⑥藤原仲麻呂の新羅征討計画（藤原仲麻呂の失脚で実行されず）。

⑦ただし、使節の往来は減少したが、民間交易はさかんであった。

人参・松の実・蜂蜜・唐や西域や南海の文物

新羅 ─────────────────────────────→日本

89. 蝦夷の征討

801年征夷大将軍に任命された坂上田村麻呂は、軍を北上川中流にすすめ胆沢城を築き、鎮守府を多賀城から移した。

●蝦夷の平定は、文室綿麻呂でほぼ完了した。

1. 蝦夷の征討（東北支配の拡大）

政府側	蝦夷側	年	事項
紀広純 （きのひろずみ）	伊治呰麻呂 （いじのあざまろ）	780	多賀城焼く。紀広純を殺害。
紀古佐美 （きのこさみ）	阿弖流為 （あてるい）	789	多賀城の北で、紀古佐美敗退。
大伴弟麻呂 （おおとものおとまろ）	蝦夷	794	大伴弟麻呂（征夷大将軍）10万人で戦勝。
坂上田村麻呂	阿弖流為	797	阿弖流為・母礼（もれ）に勝つ。
文室綿麻呂 （ふんやのわたまろ）	蝦夷	811	太平洋側の征討完了。
藤原保則 （やすのり） 小野春風	俘囚 （ふしゅう） （帰順した蝦夷）	878	秋田城下の蝦夷が反乱。政府の藤原保則・小野春風の鎮圧。元慶の乱という。

★811年文室綿麻呂（征夷大将軍）➡ 徳丹城（岩手県）をつくる。

●坂上田村麻呂＝阿知使主の東漢氏の子孫

★なお、阿弖流為は平安京に送られ、坂上田村麻呂の助命嘆願にもかかわらず河内国杜山（もりやま）（現在の大阪府枚方市）で斬首された。京都の清水寺の「音羽の滝」に阿弖流為と母礼の石碑がある。

2. 蝦夷征討への拠点

①多賀城（724）宮城県、鎮守府兼国府、100点以上の漆紙文書（うるしがみぶんしょ）が出土

②秋田城（733）秋田県

③胆沢城（802）岩手県、北上川中流、鎮守府 ──────➤ 平泉へ

④志波城（803）岩手県、北上川上流

⑤徳丹城（813）岩手県、文室綿麻呂（ほぼ、蝦夷の平定）

3. 格式の編纂

格（きゃく）（単発で公布、律令の規定の補足・修正）
式（律令の施行細則）

弘仁格式	藤原冬嗣
貞観格式	藤原氏宗
延喜格	藤原時平
延喜式	藤原忠平（ほぼ完全な形で現存）

★三代格式で完本として残っているものは「延喜式」のみである。

90．平安京

平安京遷都では、政教分離を意図して、平城京から長岡京・平安京への寺院の移転を許さなかった。

●**長岡京から中国の洛陽城や長安城を模した平安京へ。**

1．藤原種継暗殺事件（784）

①式家の藤原種継が推進して長岡京に遷都（784）

②藤原種継の暗殺

③暗殺に関わったとして早良親王（桓武天皇の同母弟）は皇太弟を廃される。

★謀反の疑いをかけられた早良親王の自殺。のち崇道天皇。この霊を鎮めるため、863年神泉苑（大内裏に隣接する天皇の庭園）で御霊会を催した。

```
長岡京（784）              平安京（794）
（山城国乙訓郡）  ───────→  （山城国）
```

2．平安京の遷都（794）、桓武天皇

（遷都の理由）

①天智系天皇の勢威を誇示。

②平城京に基盤をもつ伝統的な豪族や寺院勢力を排除。

③平城京と難波宮を統合し、財政を緊縮する。

★早良親王の怨霊を鎮めて水害や疫病が起こらないことを祈り「平安京」と命名。

★平安京には当初は東寺（嵯峨天皇が空海に与えた）と西寺の2寺のみ存在した。

（構造）平城京と同じく唐の都長安を模し、東西約4.5km、南北約5.2kmの条坊制。中央北端が内裏と官衙となり、朱雀大路が中央を南北に通って、左京・右京に2分されていた。

3．平城京と平安京

平城京（奈良）	平安京（京都）
710年遷都	794年遷都
元明天皇	桓武天皇
左京・右京・外京	左京・右京
各寺院（薬師寺・唐招提寺・大安寺）	寺院（当初は東寺・西寺のみ）

★日本の京都は、中国で都を意味する「京」「京師」「京都」と呼んだことに由来している。さらにその京都の右京を長安、左京を洛陽と呼んだことがあるが、右京がすたれて左京の洛陽が京都の雅名として残ったといわれる。京に行くことを「上洛」というのは、これに由来する。

91. 桓武天皇の政治

健児の制は、少数精鋭で各国の規模に応じて採用し、60日の分番交代であった。兵員の質向上と公民負担の軽減をめざしたものであった。
●**桓武天皇は、律令再建策に尽力した。**

1. 律令政治の刷新

①健児の制（郡司の子弟を徴発）

②平安京遷都（794）

③公出挙を3割に減らし、雑徭も60日から30日に半減

④勘解由使の設置（国司交替の時の不正を防ぐのが職務）

⑤畿内の班田を一紀一班とする

2. 徳政論争（805）『日本後紀』

藤原緒嗣○ ←──────→ ×菅野真道
（中止） （継続）

①天下の民の苦しむ所は、軍事(蝦夷征討) と造作(平安京の造営) である。

②この結果、右京は荒廃←慶滋保胤『池亭記』でその様子がわかる。

★律令制再建のための農民負担の軽減を行う一方で、蝦夷征討と平安京の造営は農民の大きな負担となっていた。そこで蝦夷征討が一段落した805年、桓武天皇は藤原緒嗣を支持し、二大事業（蝦夷征討と平安京造営）を中止した。

3. 令外官の設置（養老令に規定のない官職）

官職	年	天皇	職務
中納言	705	文武	大納言の補佐
按察使	719	元正	地方行政の監督
鎮守府将軍	729頃	聖武	蝦夷対策のため多賀城に設置された将軍
参議	731	聖武	公卿として太政官会議に参加、中納言に次ぐ
内大臣	777	光仁	左右大臣につぐ重職
征夷大将軍	794	桓武	蝦夷征討のための臨時の大将軍
勘解由使	797	桓武	国司の交替どきの解由状の審査
蔵人頭	810	嵯峨	天皇の側近、詔勅・宣旨を作成担当
検非違使	816	嵯峨	平安京内の治安維持、警察・裁判担当
摂政	866	清和	天皇の代行
押領使	878	陽成	盗賊・暴徒の鎮圧にあたる

92. 延喜・天暦の治

藤原良房や藤原基経による藤原北家の勢力拡大に対して、9世紀末から10世紀前半にかけて摂政・関白が置かれない時期があった。この時期の政治を延喜（醍醐天皇）・天暦（村上天皇）の治と呼んだ。

●**延喜の治と天暦の治の間には、承平・天慶の乱（平将門・藤原純友の乱）が起こっている。**

1. 延喜の治（醍醐天皇）

①最後の班田制（902）、口分田の班給。
②延喜の荘園整理令（902）、中央の権門勢家と地方有力農民のつながりを断つ。
③『日本三代実録』（901）、三代＝清和・陽成・光孝天皇
④『古今和歌集』（905）、最初の勅撰和歌集（紀貫之・紀友則などの撰）
⑤三善清行の意見封事十二箇条(914)、課丁(課役の負担) の急激な減少(偽籍)

2. 天暦の治（村上天皇）

①乾元大宝（958）、最後の皇朝十二銭
②『後撰和歌集』（951）、『古今和歌集』に次ぐ第2の勅撰和歌集。清原元輔ら。
③『延喜式』施行（死去の直後）

★延喜・天暦の治では律令制の復興をめざしたが、時代にあわず、失敗に終わった。延喜・天暦時代のなかばに承平・天慶の乱が起こっており、決して平穏な時代ではなかった。

3. 三善清行の意見封事十二箇条

➡ 臣下が密封して天皇に提出する政治意見書

①水害・干害の防止
②ぜいたくの禁止
③人口に応じた口分田の班給
④大学生徒への食料の加給
⑤五節の妓員の減員

◆**醍醐天皇** 宇多天皇の第1皇子。左大臣に藤原時平、右大臣に菅原道真を任命して、天皇親政を行う。しかし、道真の失脚後は藤原氏の台頭を招く。
◆**村上天皇** 醍醐天皇の皇子。関白藤原忠平の死後、関白を置かず親政を行った。その治世は「天暦の治」と言われたが、律令体制は崩壊し地方政治は乱れた。

93. 承平・天慶の乱

10世紀前半に起こった東国の平将門の乱と西国の藤原純友の乱を、まとめて承平・天慶の乱という。

●平将門・藤原純友が反乱を起こし、武士の実力を示す。

1. 承平・天慶の乱（935 〜 941）

①平将門の乱

平将門　×　←――――――→　○ ┤平貞盛（子が平維衡＝伊勢平氏）
　　　　　　　　　　　　　　　└藤原秀郷（俵藤太）

②藤原純友の乱

藤原純友　×　←――――――→　○ ┤小野好古（追捕使）
　　　　　　　　　　　　　　　└源経基（清和源氏の祖）

★この乱は、律令政治から摂関政治への移行期に発生し、律令制の解体を如実に示した。

2. 平忠常の乱（1028）

安房の国司殺害

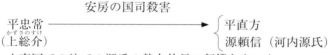

平忠常　――――――――――→ ┤平直方
（上総介）　　　　　　　　　└源頼信（河内源氏）

★東国での地での源氏の勢力伸長の契機となった。

3. 前九年合戦（1051〜62）、軍記物『陸奥話記』

安倍頼時 ┐　×　　　　　　　○ ┤源頼義
安倍貞任 ├ ←――――――→ 　├源義家
藤原経清 ┘　　　　　　　　　└清原武則

★清原武則は、鎮守府将軍となり征討に活躍し、源氏勢力の拡大に努めた。

4. 後三年合戦（1083 〜 87）

清原家衡　×　←――――――→　○ ┤清原清衡
　　　　　　　　　　　　　　　└源義家

★源義家の中央での昇殿が許可され、源氏の東国での勢力が決定的となった。

★しかし、朝廷は後三年合戦を清原氏の私闘と判断し行賞しなかった。源義家の立場は動揺し、これ以後、河内源氏では内紛があいついだ。源義家が去った奥羽を支配したのが、清原清衡（のちの藤原清衡）であった。

◆滝口の武士　清涼殿の北東の庭にある滝口に詰所があった。宇多天皇の寛平年間に始まり、蔵人所に属した。

94. 武士団の発生

武士団は、より有力な中央貴族の末裔を主君として仰ぐようになり、大武士団となっていった。やがて、これらの大武士団は、桓武平氏や清和源氏出身の主君のもとに系列化していった。

●武士団構成（惣領 ➡ 家子（一族） ➡ 郎党 ➡ 下人・所従）

1. 武士団の形成

①国司として派遣
　（土着した中・下級貴族）
②郡司などの地方豪族
③田堵などの有力農民

武装して武士 ━━➡ 武士団の形成
（国司の子孫など中心）

↑
闘争をくり返す

2. 武士団の構成

棟梁	家子	郎党	下人・所従
血縁		血縁なし	
所領あり		所領なし	
一族		家来	下層農民
清和源氏・桓武平氏、在庁官人、受領	庶子・分家	田堵・名主	

★棟梁を中心に構成された。主君は軍事上の最高指揮権をもち、本家の当主（惣領）があたった。主君のもとには家子が従い、家子は郎党や下人・所従と呼ばれる下層農民を抱えた。主君の家は、代々武者と武芸を継承し、兵の家と呼ばれた。

3. 武士として警備に活躍

（中央）

滝口の武士	宇多天皇	宮中の警備
北面の武士	白河上皇	院の警備
西面の武士	後鳥羽上皇	院の警備

（地方）

追捕使・押領使	国内の治安維持
館侍（直属の武士）・国侍	受領・国衙の警備

★承平・天慶の乱で地方の武士団が活躍し、朝廷や国司が有力武士を治安維持に活用した。

95. 寄進地系荘園の成立

寄進地系荘園とは、10世紀以降、国司からの圧迫をのがれるため、在地領主が中央の権門勢家に私有地を名目上寄進することによって成立した荘園をいう。

●寄進者は荘官（預所・下司・公文などと呼ぶ）となり、荘園の管理権を保留していた。

1．荘園の寄進例

①上桂荘（かみかつらのしょう）（山城国葛野郡）← 寄進地系荘園の例。10世紀中ごろ桂川の渡場の管理者である津守津公が開発した。現在、京都市西京区上桂・桂上野付近。

②桛田荘（かせだのしょう）（紀伊国伊都郡）← 後白河法皇の寄進によって神護寺領となった荘園。「桛田荘絵図」には、領域の境目を示す牓示などが記されている。

③鹿子木荘（かのこぎのしょう）(肥後国)← 寄進地系荘園の例。本家(高陽院内親王（かやのいんないしんのう）➡ 仁和寺)。

★上桂荘の開発領主は、山城国葛野郡一帯に古くから勢力を張っていた秦氏の一族と推定される津守津公で、成立は10世紀中ごろと推定される。

★鹿子木荘は、預所 ➡ 領家 ➡ 本家の関係が成立した記録が残る。預所（中原高方）➡ 領家（藤原実政、願西（がんさい））➡ 本家（高陽院内親王、仁和寺）と寄進する。

2．寄進地系荘園の構造

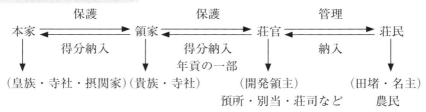

```
        保護            保護            管理
本家 ◀━━━━━━▶ 領家 ◀━━━━━━▶ 荘官 ━━━━━━▶ 荘民
    得分納入        得分納入        納入
                    年貢の一部
  │              │              │              │
  ▼              ▼              ▼              ▼
(皇族・寺社・摂関家)(貴族・寺社)    （開発領主）     （田堵・名主）
                           預所・別当・荘司など     農民
```

★開発領主のなかには、所領にかけられる国衙からの税の負担を逃れようとして、中央の権力者に所領を寄進し、実質的な領有権を確保する者も現れた。

3．荘園・公領制の身分制

●出身	●荘園	●国衙領	●武士団
中央貴族	領主（本家・領家）	知行国主 ➡（国司・受領）	棟梁（とうりょう）
地方豪族	荘官（預所・下司）	在庁官人・郡司・郷司（ごうじ）	惣領
一般農民	荘民 （田堵・名主・作人）	公民 （田堵・名主・作人）	家子・郎党

96. 安和の変により摂関政治は全盛

安和の変によって摂政・関白の職が常置されるようになり、これ以後、藤原北家は天皇の外戚地位を利用して政治を独占した。
●藤原道長の年収は、国からの収入がおよそ4〜5億円、それに加えて荘園の収入も莫大であったと推定される。

1. 藤原氏の他氏排斥

長屋王の変	聖武 （729）	長屋王の服毒自殺、皇親政治の終わり
平城太上天皇の変	嵯峨 （810）	北家（冬嗣）の台頭、蔵人と検非違使設置
承和の変	仁明 （842）	恒貞親王に仕える伴健岑・橘逸勢の配流
応天門の変	清和 （866）	伴善男ら配流、藤原良房が正式に摂政就任
昌泰の変	醍醐 （901）	菅原道真、大宰権帥に左遷
安和の変	冷泉 （969）	源高明の失脚、摂関政治の確立

★摂政・関白の職が常置されるようになった。藤原北家は、天皇の地位を利用して政権を独占し、その後、藤原忠平の子孫が継承し忠平の子師輔が九条派として藤原道長など摂関政治の全盛を築いた。

2. 摂関政治の基盤

①政治的基盤（外戚関係・天皇権限代行・一族高位高官）
②経済的基盤（律令官職収入・寄進地系荘園・国司の任命に伴う収入＝成功・重任）

3. 藤原道長（御堂関白）ただし、道長は関白ではなく「内覧」である。

①1016年、後一条天皇即位、道長＝摂政
②1017年、太政大臣
③1018年、三女威子入内（「望月の歌」『小右記』＝藤原実資の日記）

> 「此の世をば　我が世とぞ思ふ望月の　かけたる事も　無しと思へば」
> （この世の中は、まるで私（藤原道長）のためにあるように思われる。すべてが私の思い通り運び、それは満月が欠けているところがないようなものだ）と詠んだ。

★内覧とは天皇に見せる文書を先に見ることのできる資格で、事実上の裁決権をもった。関白は天皇の後見者にすぎないため、道長は名を捨て実を取った。

◆藤原忠平　藤原基経の4男。909年兄藤原時平の死後氏長者。927年『延喜式』を完成した。忠平の子の藤原師輔を九条派と呼び、この派から藤原道長などが登場した。

97. 末法思想

末法思想の浸透によって、平安時代半ばには、現世での不安をのがれ、来世での極楽浄土を願う浄土教が、貴族から庶民まで広く流行した。

●悟りも正しい行いもなくなるという考えが末法思想。

1. 末法思想 （1052＝永承7）

●教＝釈迦の教法。
●行＝教法を実践する修行者。
●証＝修行者が体得する証悟。

	教	行	証
末法思想	○	×	×

★釈迦入滅後、正法・像法・末法の三つの期間があり正法・像法をへて世の中はしだいに堕落し、天災地変がおこり、疫病・飢饉などが頻発する末法になるという説。

★釈迦の死後、正法1000年、像法1000年を経て、末法の世が到来するという予言説。日本では西暦1052（永承7）年が末法の初年とされた。

BC949年 　　　　　　　　　　　　　　　　　　1052年

1000年間（正法）	1000年間（像法）	1万年間

釈迦入滅　　　　　　　　　　　　　　　末法初年
（BC949年）　　　　　　　　　　　　　（1052年）

2. 浄土教の発展

空也	市の念仏（民間布教、市聖）、晩年西光寺（六波羅蜜寺）を開く。
源信	山の念仏（『往生要集』）、声明を好み、和讃を創始した。
慶滋保胤	『日本往生極楽記』（985年頃に成立した最初の往生伝）
三善為康	『拾遺往生伝』（95人の往生伝）

◆**浄土教**　現世を穢土とし、来世は阿弥陀浄土への往生を願う信仰で、10世紀、空也や源信によってひろめられた。阿弥陀浄土のほか、観世音菩薩信仰による観音菩薩信仰による観音浄土、弥勒菩薩信仰による弥勒浄土などもあった。

◆**末法思想**　仏教における一種の歴史観。釈迦入滅後1000年の正法の時代、つぎの1000年の像法の時代、その後1万年の末法の時代には教えのみ残り、実戦するものも悟りを得るものもなくなるとする。

98. 院政と知行国の制

後三条天皇のあとをついだ白河天皇は、1086年、わずか8歳の堀河天皇に位を譲り、白河上皇としてみずから権力を握った。上皇の御所である院において政治を行ったことから、その政治形態を院政という。
●白河上皇は除目・叙位など、意のままに政治を執った。

1. 後三条天皇の荘園整理令（延久の荘園整理令（1069））

①1045（寛徳2）年以後の新立荘園禁止。
②それ以前でも立契不明な荘園・国務の妨げとなる荘園禁止。
③藤原頼通も書類を提出していた。
★石清水八幡宮の荘園が34ヵ所から13ヵ所停止となった（かなり効果あり）。
★太政官内の記録荘園券契所の職員である寄人には、大江匡房ら受領層が登用され、券契（正式な荘園であることを公的に証明した証拠文書）を厳しく審査した。

2. 院の経済基盤

①長講堂領（約180）——→ 持明院統（北朝）
②八条院領（約220）——→ 大覚寺統（南朝）
●摂関家の荘園集積＝殿下渡領
★院政期には、院や女院に荘園の寄進が集中した。鳥羽法皇が娘の八条院暲子に伝えた八条院領、後白河法皇がみずからの持仏堂に寄進した長講堂領などが代表的な荘園である。

3. 知行国の制（院政の収入）

①知行国主＝遥任国司＝目代 ┐国衙領と荘園との構造体系の類似
②本家＝領家＝荘官　　　　 ┘
★知行国の制とは、上級貴族を知行国主として一国の支配権を与え、その国からの収益を取得させて経済的な奉仕を求めるものであった。知行国主はその子弟や近親者を国司に任じ、目代を派遣して国の支配を行った。

4. 建築（地方文化の広がり）

①中尊寺金色堂（岩手）（1124）＝藤原清衡の創建、金色堂須弥壇
②白水阿弥陀堂（福島）（1160）＝正式名は願成寺阿弥陀堂
③三仏寺投入堂（鳥取）＝三徳山（修験の霊場）
④富貴寺大堂（大分）＝九州最古の阿弥陀堂建築
★没落した中小貴族の地方土着と地方武士の台頭によって中央文化が地方に普及した。武士の台頭により武士文化も形成されていった。また、寺院に所属いない聖と呼ばれる民間の布教者が出て、浄土教は全国に広がった。

5．天皇と元号

　京都の仁和寺を創建したのは宇多天皇であるが、かりに誰だかわからないとしても、「仁和」という年号が「宇多天皇」の治世とわかれば、想定できる。

大化	孝徳天皇	645年難波長柄豊碕宮へ遷都計画、646年改新の詔を発布
大宝	文武天皇	701年大宝律令の完成、702年対外的に「日本」の国号使用
和銅	元明天皇	708年和同開珎の鋳造、710年平城京遷都、712年『古事記』
養老	元正天皇	718年養老律令の編纂、720年『日本書紀』
天平	聖武天皇	741年国分寺建立の詔、743年盧舎那仏造立の詔
延暦	桓武天皇	794年平安京へ遷都、797年坂上田村麻呂征夷大将軍に就任
弘仁	嵯峨天皇	816年空海が高野山金剛峯寺を開く、820年弘仁格式の完成
承和	仁明天皇	842年承和の変（恒貞廃太子（淳和天皇の子）事件）
貞観	清和天皇	866年応天門の変の功績で、藤原良房が臣下として初の摂政
仁和	宇多天皇	888年宇多天皇により仁和寺が建立される。現在世界遺産。
寛平	宇多天皇	894年菅原道真が遣唐使の中止を建議
延喜	醍醐天皇	902年延喜の荘園整理令発布、905年『古今和歌集』の編纂
天慶	朱雀天皇	承平・天慶の乱、938年空也が京都市中で念仏を説く（市聖）
天暦	村上天皇	951年『後撰和歌集』の編纂、958年乾元大宝の鋳造
安和	冷泉天皇	969年安和の変で左大臣源高明が大宰府に配流される
寛仁	後一条天皇	1018年藤原道長の「望月の歌」。
寛徳	後冷泉天皇	1045年寛徳の荘園整理令
永承	後冷泉天皇	1051年前九年合戦、1052年この年「末法」の時代に入る
延久	後三条天皇	1069年延久の荘園整理令、記録荘園券契所の新設
永保	白河天皇	1083年後三年合戦
保元	後白河天皇	1156年保元の乱、1158年後白河天皇が二条天皇に譲位
平治	二条天皇	1159年平治の乱、源義経が誕生
治承	高倉天皇	1177年鹿ヶ谷の陰謀事件（俊寛、後白河院の近臣の処罰）
養和	安徳天皇	1181年平清盛死す
寿永	安徳天皇	1183年源義仲、越中の倶利伽羅峠の戦いで平氏軍を破る

6. 四鏡

大鏡	文徳天皇～後一条天皇、紀伝体、190歳の大宅世継が道長を批判的に語る
今鏡	後一条天皇～高倉天皇、紀伝体、150歳の老女が貴族生活を語る。
水鏡	神武天皇～仁明天皇、編年体、四鏡の中で記述内容が最も古い。
増鏡	後鳥羽天皇～後醍醐天皇、編年体、公武闘争の歴史を描く。

成立の順	大鏡 ➡ 今鏡 ➡ 水鏡 ➡ 増鏡
内容の順	水鏡 ➡ 大鏡 ➡ 今鏡 ➡ 増鏡

神武　　仁明　　　　文徳　　　　後一条　　　高倉　　　後鳥羽　後醍醐

水鏡		大鏡	今鏡		増鏡

- ◆**院庁下文**　院庁から発令される文書。当初は院の所領などについての指示であったが、平安末期には詔勅・太政官符と同等の効力をもつようになった。
- ◆**院宣**　上皇の命令で院から、一般政務や私用のために発令する文書。院庁下文よりも私的性格が強い。
- ◆**知行国主**　知行権を獲得した有力貴族・有力寺社らを知行国主といい、知行国主は知行国（分国）の国司推薦権や官物収得権を保有した。知行国主は、子弟・近臣を国司に推薦し、別に目代を送って現地の国務に当たらせ、収入の大部分を収得した。

> 知行国の制は、身分上、国司に就任できない院・宮・上級貴族などが、国の収益を自らの手に収めるための仕組みであった。

7. 奥州藤原氏（平泉）（1094～1189）、藤原秀郷を祖とするという。

後三年合戦後に清原清衡は、陸奥・出羽押領使になり、やがて摂関家と結んで、実父の姓である藤原氏を名のった。

● （1091）清衡（清原から藤原氏にもどす）

藤原清衡	藤原基衡	藤原秀衡	藤原泰衡
中尊寺	毛越寺	無量光院	（1189）奥州征討
金色堂＝光堂	法勝寺を模倣	平等院を模倣	奥州総奉行を置く

- ◆**中尊寺**　岩手県平泉にある天台宗の寺院。1105年、藤原清衡が建立し京都の貴族文化を移植した。その後、基衡・秀衡によって整備されたが、奥州藤原氏の滅亡とともに衰微した。
- ◆**毛越寺**　1108年、藤原基衡が再建したがのち焼失した。庭園は平安末期の浄土式庭園の遺構として有名である。

99. 平氏政権

高倉天皇の即位が実現すると、やがて平清盛は娘徳子を入内させた。
徳子は高倉天皇の中宮となり、安徳天皇が生まれた。

●平清盛は天皇との外戚関係など利用し栄華を極める。

1. 伊勢平氏

平正盛	平忠盛	平清盛	平重盛
白河上皇	鳥羽上皇	後白河天皇	1179死去
源義親の乱鎮圧	海賊の平定	保元・平治の乱	清盛のクーデター
北面の武士	日宋貿易	日宋貿易全盛	清盛をいさめる

★承平・天慶の乱、平忠常の乱で東国での地盤を失った平氏は、平貞盛の
子の維衡の時から伊勢を本拠地として、伊勢平氏と呼ばれた。とくに、
平正盛・平忠盛は院の北面の武士となり、院政の発展とともにその勢力
を伸ばし、平清盛の時代には源氏を抑えて、はじめての武家政権を樹立
した。

2. 平氏政権の武家的性格

①武士の政権（武士の棟梁として、地方武士団を掌握）
②家人を私的な地頭に任命（朝廷の認可を経たものでない）

3. 平氏政権の貴族的性格

①律令の官職に依存（一族が高位高官を独占、公卿16人、殿上人30人）
②平清盛・太政大臣（1167）、平重盛・内大臣
③外戚関係（清盛の娘徳子を高倉天皇の中宮に、生まれたのが安徳天皇）

（輸出品のポイント）

	宋	明	朝	朱
硫黄	●	●	●	●
金	●	●		
銀				●
銅		●	●	●

（宋＝日宋貿易、明＝日明貿易、朝＝日朝貿易、朱＝朱印船貿易）

◆高倉天皇　第80代天皇。後白河天皇の第7皇子。平清盛の娘徳子を中宮とし、安徳天皇をもうけた。

7章　戦後史

100. 民主化政策

日本は、連合国軍の占領管理下に置かれ、平和的民主主義国家の建設するために、政治・経済・社会の諸方面にわたる大規模な改革が強行された。

●**GHQは、日比谷の日本生命ビル内に置かれた。**

1. 連合国軍による日本占領機構

①連合国軍最高司令官総司令部（GHQ、最高司令官マッカーサー）
②極東委員会（最高決定機関、本部ワシントン、11カ国）
③対日理事会（諮問機関、本部東京、米・英・中・ソ）
④日本政府による間接統治（最高司令官の要求→ポツダム勅令）

```
（連合国軍の日本管理機構）
極東委員会（ワシントンに設置）
  ↓　（基本方針）
米国政府
  ↓　　　　　　　　　　　（諮問）
連合国軍最高司令官総司令部 ⟵⟶ 対日理事会（東京）米・英・ソ・中
  ↓　（指令・勧告）
日本政府
```

2. 東久邇宮稔彦内閣
（ひがしくにのみやなるひこ）

①「国体護持」「一億総懺悔（そうざんげ）」を提唱
②GHQの民主化指令
　政治犯釈放、特別高等警察・治安維持法・治安警察法の廃止など

3. 幣原喜重郎内閣

①五大改革指令（1945）10月、マッカーサーの要求（口頭）

婦人の解放
労働組合の助長
教育の自由化
圧政的諸制度の撤廃
経済の民主化

③軍国主義の基盤→財閥と寄生地主制を解体

◆**極東委員会**　1946年ワシントンに設置された連合国の日本占領最高機関。米英など11ヶ国で構成され、のちパキスタン・ビルマが加わった。

126

101. 農地改革

農村における地主・小作という封建的関係を打破するために、1945年12月の農地改革指令によって、2度にわたり改革が行われた。
●農地改革により、小規模農家が主流となり、大規模化・効率化が遅れたという問題点もある。

1. 第1次農地改革（幣原喜重郎）
　　①農地調整法改正
　　②不在地主の農地保有は不可
　　③在村地主の貸付地保有5町歩限度
　　④地主・小作の協議で売買
　　⑤小作料は金納。物納も認める

2. 第2次農地改革（吉田茂）
　　①農地調整法再改正、自作農創設特別措置法を制定
　　②不在地主の農地保有は不可
　　③在村地主は1町歩限度（ただし、北海道は4町歩）
　　④国が強制的に買い上げ小作人へ安く売る
　　⑤小作料は金納。田は収穫米代金の25%以下

第1次農地改革（幣原喜重郎）		第2次農地改革（吉田茂）	
農地調整法改正		自作農創設特別措置法	
1946年2月		1946年10月	
在村地主の保有5町歩まで		在村地主の保有1町歩、北海道4町歩	
地主と小作人の協議		国家が買収して小作人へ売却	
農地委員会 地主：自作農：小作農 5：5：5		農地委員会 地主：自作農：小作農 3：2：5	
（1938）自作地：小作地		（1950）自作地：小作地	
53.2%	46.8%	91.3%	8.7%

★農地改革により、寄生地主制はほぼ一掃されたが、山林は解放されず5反以下の零細農が増加した。
★財閥解体と2度にわたる農地改革が経済民主化の大きな柱であった。

◆農地調整法　1938年自作農創設と小作争議抑制のため制定。1946年第1次農地改革の中核となった。

財閥解体により経済の民主化を推進したが、旧財閥は復活した。

● **独占禁止法の正式名は、「私的独占の禁止及び公正取引の確保に関する法律」という。**

【財閥解体】

（目的）持株を分散し、財閥の人的結合排除

①15財閥の資産凍結（1945）

> 三井、三菱、住友、安田、古河、浅野、川崎、大倉、野村、渋沢、日産、日窒、日曹、理研、中島

②持株会社整理委員会（1946）、財閥の持株を公売→株式の民主化

③独占禁止法（1947）、カルテル・トラスト・持株会社禁止

（監視機関）公正取引委員会

④過度経済力集中排除法（1947）、325社指定→実際の分割は、三菱重工業・日本製鉄・王子製紙など11社

> 日本製鉄、大建産業、三菱重工業、三菱鉱業、三井鉱山、住友鉱業、王子製紙、大日本麦酒、北海道酪農協同、帝国繊維、東洋製罐
> ● **三井銀行** ➡ 帝国銀行
> ● **三菱銀行** ➡ 千代田銀行
> ● **安田銀行** ➡ 富士銀行
> ● **野村銀行** ➡ 大和銀行

（結果）

①占領政策の転換、銀行対象外→不徹底。

②独禁法も不況・合理化カルテルを認めるなど形骸化し、集排法も中途で解除。

③とくに財閥系の銀行が適用外だったため、銀行中心に独占再編が復活した。

★分割を免れた財閥系銀行を中心に株式持合などにより、企業集団を形成した。

● 六大企業集団（三井・三菱・住友・富士・三和・第一）

◆ **15財閥**　財閥解体の対象となった財閥の数。三井・三菱・住友・安田・野村・渋沢・浅野・大倉・川崎・古河・日産・日窒・理研・中島・日曹をさす。

◆ **独占禁止法**　正式名は、私的独占の禁止及び公正取引の確保に関する法律。1947年成立のカルテル・トラストなど独占的企業結合や不公平な取引を禁止する法律。執行機関として公正取引委員会が設立され、違反事件の監視・審判などにあたった。

◆ **過度経済力集中排除法**　1947年12月、経済の民主化の一環として独占的大企業の解体・分割のために制定された法律。325社が集中排除の対象に指定されたが、日本経済の復興への占領政策が転換されると、18社と指定は大幅に緩和され、実際に分割されたのは、三菱重工業や日本製鉄など11社だけだった。

103. 政党の復活

1945年、かつての無産政党関係者が日本社会党を結成し、保守系も日本自由党（旧政友会）・日本進歩党（旧民政党）・日本協同党をつくった。
●**戦後、初めての社会党系内閣、それが片山哲内閣。**

1. **政党の復活（1945）**
   ①日本共産党（合法政党、書記長徳田球一）
   ②日本社会党（旧無産政党合同、書記長片山哲）
   ③日本自由党（旧政友会系、総裁鳩山一郎）
   ④日本進歩党（旧民政党系、総裁町田忠治）→（1947）日本民主党
   ⑤日本協同党（労資協調、委員長山本実彦）→（1947）国民協同党

2. **戦後の衆議院議員総選挙**
   ①第22回総選挙（1946）、戦後最初の総選挙
   ●女性代議士39人、日本共産党代議士5人誕生
   ●第1党＝日本自由党（総裁鳩山一郎）→吉田茂内閣成立（鳩山一郎、公職追放で組閣断念）
   ②第23回総選挙（1947）→日本国憲法発布後の最初の選挙
   ●第1党＝日本社会党→片山哲内閣成立

3. **政党内閣の復活**
   ①吉田茂（第1次）内閣→日本自由党・日本進歩党連立
   ②片山哲内閣→日本社会党・日本民主党・国民協同党連立
   ③芦田均内閣→日本民主党・日本社会党・国民協同党連立（昭和電工事件で退陣）

4. **傾斜生産方式採用（1946）経済安定本部**

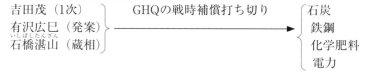

◆**戦後初の総選挙**　議席は自由党140、日本進歩党94、日本社会党92、日本協同党14、日本共産党5、諸派38、無所属81で、婦人代議士が39名初登場した。
◆**傾斜生産方式**　日本経済復興のため鉄鋼・石炭など基礎産業に資金資材を投入した政策。経済学者有沢広巳が発案した。財政赤字は拡大し、インフレも助長した。
◆**昭和電工事件**　復興金融金庫からの融資をめぐる賄賂事件。副総理西尾末広が逮捕され、芦田均内閣は総辞職した。三大賄賂事件（シーメンス事件・昭和電工事件・ロッキード事件）の一つ。

104. 教育の民主化

戦後1946年にアメリカの教育使節団が来日し、六三三四制などを提案した。

●**2006年の教育基本法改正では、「我が国と郷土を愛する態度を養うこと」などを教育目標に掲げた。**

1. 義務教育の推移

①学制（1872）義務教育方針の発表
②教育令（1879）義務教育＝16か月
③学校令（1886）義務教育＝4年
④小学校令改正（1907）義務教育＝6年
⑤国民学校令（1941）義務教育＝8年
⑥教育基本法（1947）義務教育＝9年

2. 教育の自由主義化

①修身、国史、地理授業の停止（1945）
②アメリカ教育使節団（GHQの招聘）、教育刷新委員会
③教育基本法（1947）教育の機会均等・男女共学・義務教育9年制
④学校教育法（1947）六・三・三・四制の規定
⑤教育委員会法（1948）教育の地方分権化、公選制
⑥教育勅語の失効（1948）衆参両院の決議
⑦社会教育法（1949）（図書館、公民館、青少年教育）

3. 大学令（1918）原敬内閣 ➡ 1947年4月1日に廃止

官立の帝国大学に限られていた大学を、公立及び私立の設置を認め、官公私立大学に適用される日本の勅令。大阪医科大、慶応大、早稲田大、東京商科大（現、一橋大）、明治大、法政大、中央大、日本大、国学院大、同志社大などが認可された。大学令は、学校教育法が施行された、1947年4月1日に廃止された。

◆**教育勅語** 1890年発布。国家主義教育の指導原理を示した勅語。元田永孚・井上毅らが原案を起草した。儒教的道徳を基礎に忠君愛国思想を強調した。
◆**国民学校** 1941年国民学校令により小学校を改称した。初等科6年高等科2年の8か年の義務教育制をとった。1947年に小学校にもどった。
◆**大学令** 1918年公布（原敬内閣）。従前の帝国大学のほかに、公立、私立の大学、単科大学を認めた。大学令で修業年限は3年（医学部は4年）と定められた。1947年に廃止され学校教育法がこれにかわり、新制大学が成立した。

六・三・三・四制の規定といえば、学校教育法である。

105. 日本国憲法の特徴

日本国憲法の特徴を明治憲法と比較したい。帝国議会での審議を経て、1946年11月3日に日本国憲法として公布され、翌1947年5月3日から施行された。

● **日本国憲法の制定は、国民の自由と平和への願いを実現した。**

1. 日本国憲法

三原則(マッカーサー・ノート)
① 天皇制の存続
② 戦争の放棄
③ 封建制度の廃止
(華族の政治権力の否定)

マッカーサー
ホイットニー (民政局長)
ケーディス (民政局次長)

> (1946) 11月3日 (公布) 吉田茂
> (1947) 5月3日 (施行) 吉田茂

(第9条) 国際紛争を解決する手段としての戦争放棄、戦力不保持、交戦権否認
① 国会 (内閣総理大臣の指名、国権の最高機関)
② 内閣 (国民に対して責任を負う)
③ 憲法改正 (衆参両議院で総議員の3分の2以上の賛成で国会が発議し、国民投票で過半数を得る)
④ 内閣は行政権をもつ最高意思決定機関である。
⑤ 総理大臣は、国務大臣を任意に罷免できる。
⑥ 貴族院は日本国憲法のもとに国会法が制定されて廃止となった。

2. 日本憲法、前文・本文11章103条

	大日本帝国憲法	日本国憲法
主権	天皇主権	主権在民
天皇	統治権を総攬	国民統合の象徴
軍隊	統帥権の独立	平和主義・戦争放棄
国会	両院対等	国会は唯一の立法機関
国民	臣民の権利限定	基本的人権の保障

◆ **松本烝治** 幣原内閣の国務相で、1945年政府の憲法問題調査会の委員長であった。1946年『憲法改正要綱』をGHQに提出したが、拒否された。
◆ **憲法問題調査会** 1945年10月、五大改革指令を受けて幣原内閣が明治憲法改正の研究のために設置した委員会である。抜本的な改正には手をつけなかった。

106. 法律の改正

旧来の戸主制度・家督相続制度が廃止され、遺産の均分相続や結婚の
自由などが保障された。

●自治体警察は市町村公安委員会が、国家地方警察は首相直属の国家
公安委員会がそれぞれ運営・管理した。

1. 法律の制定・改正

地方自治法	1947	内務省の廃止（GHQの指示）、都道府県知事の公選制・市町村の公選制・リコール制導入
刑法改正	1947	大逆罪・不敬罪・姦通罪の廃止、内乱罪・尊属殺人罪は廃止されず、のち1995年に尊属罪は廃止
警察法	1947	自治体警察（人口5000人以上の市町村）、国家地方警察（人口5000人未満の町村）
民法改正	1947	戸主制度・家督相続制の廃止、財産均分相続制、男女同権・夫婦平等の新しい家族制度規定
刑事訴訟法改正	1948	黙秘権の尊重、弁護士選任、令状主義

2. 労働三法

①労働組合法（1945）団結権・団体交渉権・争議権の労働三権の保障
②労働関係調整法（1946）労働争議の予防、調停・仲裁
③労働基準法（1947）労働条件の最低基準を示す（8時間労働など）
④労働組合の結成（1946）
　　　右派＝日本労働組合総同盟（総同盟）
　　　左派＝全日本産業別労働組合会議（産別）
⑤労働省（1947）片山哲内閣のとき設置された。

3. 衆議院と参議院

	衆議院	参議院
定員	465人	248人
選挙権の年齢	18歳以上	18歳以上
被選挙権の年齢	25歳以上	30歳以上
任期	4年 （解散すれば任期終了）	6年 （3年ごとに半数改選）
選挙区	小選挙区289人、 比例代表176人	選挙区148人、 比例代表100人

107. ドッジ＝ライン

経済安定九原則を具体化するために、1949年にGHQの経済顧問としてドッジが来日し、赤字を許さない予算編成などを指導した。

●**ドッジ＝ラインは、三大デフレ（松方財政・井上財政・ドッジ＝ライン）の一つである。**

1．経済安定九原則 （1948）

1948年12月、アメリカ政府はGHQを通じて第2次吉田茂内閣に指令。

（目的）赤字財政をなくしインフレを収束して、日本経済の自立、アメリカの対日援助を軽減するのが目的。

①財政の均衡
②徴税強化
③融資制限
④賃金の安定
⑤価格統制
⑥貿易・為替管理の改善
⑦輸出の振興
⑧重要原料などの増産
⑨食糧供出改善

2．ドッジ＝ライン （1949）

①単一為替レート （1ドル＝360円）
②価格差補給金の廃止
③復興金融金庫への融資廃止
④価格差補給金の廃止

★1949年2月、デトロイト銀行の頭取ドッジが、アメリカ陸軍省金融顧問として来日し、日本政府の経済安定九原則実施を監督することになった。第3次吉田茂内閣は緊縮財政の方針をとり、歳出を大幅に縮小した超均衡予算を組み、国民に耐久生活を要求した。

★ドッジ＝ラインの実施にともない、今までのインフレは一転して、国内経済は深刻な不況にみまわれた。大企業のみは政府の保護によって強大化していったが、アメリカの不況で輸出も伸張せず、中小企業は相次いで倒産し失業者があふれた。

★ドッジ＝ラインのデフレ政策から日本は安定恐慌をむかえ、失業者は激増した。

108. シャウプ税制

1949年には、アメリカのコロンビア大学教授シャウプが来日し、大衆課税の強化と企業に対する減税を骨子とする税制改革を指導した。

●富裕層には、資産に対して別途富裕税を課した。

1. シャウプ勧告（1949）、第3次吉田茂

①所得税中心主義（累進性）

②平衡交付金（税収格差是正のため、国税を地方自治体へ分配）

③地方税の独立（住民税・事業税・固定資産税）

④資本蓄積減税措置（企業の法人税を軽くし資本蓄積をはかり企業発展を促す）

⑤青色申告納税（正確な記帳を義務づけることにより税法上の特典を与える制度）

★シャウプ勧告に従い戦後日本の税制は、直接税中心（7：3）に改められた。1949年コロンビア大学教授であったカール＝シャウプを代表とする使節団が来日し、戦前の間接税中心の税制から、直接税中心の税体系に変えるように勧告した。

★平衡交付金制度は、現在は地方交付税に改められた。

2. 青色申告制度について

①提出すべき書類が多くなる。

②帳簿への記帳方法がやや複雑になる。領収書など添付する必要がある。

③最大で65万円の特別控除を受けることができる。

④純損失の繰り越し・繰り戻しができる。

⑤青色申告をしないと、自動的に白色申告となる。

★青色申告制度は、税務署長の承認を受けて、所定の帳簿書類を備え付け、青色の申告書で申告を行う制度。適正な記帳を行うことを条件に、所得金額など納税者に一定の特典を付与する。

3. 経済復興政策の結果

①超均衡予算により、インフレ収束したが、深刻不況となった。

②行政整理、大企業の人員整理により失業者増大した。

③単一為替レートにより、円の国際経済への復帰が実現した。

④労働運動が激化した。

（1950）日本労働組合総評議会（総評）の結成

◆累進性　課税標準（租税を賦課する課税対象）が増えるほど、より高い税率を課する課税方式のことをいう。また、この制度下における税率は「累進税率」と称される。

109. アメリカの対日政策転換

中国では共産党の勢力が増し、アメリカは蔣介石の国民党を通してソ連を封じ込める構想を断念した。そして、日本に対して経済復興と再軍備を強く求めるようになった。

●**米ソの冷戦は、1989年地中海のマルタ島で行われた米ソ首脳会談で終わりを告げた。**

【2大陣営の対立（冷戦）】
1. 資本主義陣営（アメリカ中心）

> ①トルーマン＝ドクトリン（1947）ソ連封じ込め政策
> ②マーシャル＝プラン（1947）欧州経済復興援助計画
> ③北大西洋条約機構（NATO）（1949）

2. 社会主義陣営（ソ連中心）

> ①コミンフォルム（1947）欧州諸国共産党
> ②経済相互援助会議（COMECON）（1949）
> ③ワルシャワ条約機構（WTO）（1955）東欧友好相互援助条約機構

★ワルシャワ条約機構は、ポーランドの「ワルシャワ」にて設立されたため、「ワルシャワ」の名を冠するが、本部はソ連のモスクワであった。1991年に解散した。

★北大西洋条約機構（NATO）は、1949年、旧ソ連の脅威に対抗するため西ヨーロッパ諸国とアメリカにより結成された集団安全保障機構。1989年以降、冷戦の終了でその役割が変化し、軍事同盟から政治同盟に重点を移している。1982年にスペインが加盟し、現在加盟国30カ国。本部はベルギーのブリュッセル。

3. 逆コース（再軍備）
①池田（勇人）・ロバートソン会談（1953）、アメリカの援助、日本の防衛力の増強・愛国心教育の促進。
②MSA協定（1954）日米相互防衛援助協定（1954）➡ 自衛隊（1954）
③防衛二法（1954）自衛隊法、防衛庁設置法
④国防会議（1956）、安全保障会議（第3次鳩山一郎内閣）

◆**経済安定九原則** 1948年日本経済の自立によるアメリカの対日援助軽減を目的に発せられた。徴税強化・賃金安定・予算均衡・融資制限・価格統制・貿易管理改善・輸出振興・原料増産・食糧供出がある。

110. サンフランシスコ平和条約

サンフランシスコ平和条約の締結をめぐり、日本国内では国論を二分する講和論争が起こった。

●サンフランシスコ平和条約は、サンフランシスコ市のオペラハウスで、9月8日午前11時44分締結された。

1. サンフランシスコ講和会議（1951）9＝4

　　アメリカ ➡ 日本を極東における資本主義陣営のとりで
　　①全面講和（南原繁・矢内原忠雄・大内兵衛・安倍能成）
　　②単独（片面）講和（吉田茂・小泉信三）
　　●曲学阿世の徒（学問を曲げて世の中にへつらうこと）吉田茂➡南原繁への非難
　　●中華人民共和国と中華民国は招かれず
　　●インド・ビルマ（ミャンマー）・ユーゴは条約案への不満から不参加
　　★インドはアメリカの沖縄・小笠原支配、米軍の継続駐留の反対し、サンフランシスコ会議には出席しなかった。

2. サンフランシスコ平和条約（1951）9＝8、実効（1952）4＝28

　　48カ国と日本、ソ連・ポーランド・チェコスロバキアは出席するも不調印
　　①日本の主権回復
　　②朝鮮の独立承認
　　③台湾・澎湖諸島・千島列島・南樺太の領土権放棄
　　④アメリカの施政下（沖縄・奄美・小笠原）
　　⑤占領軍に日本全土から撤退
　　⑥賠償の規定

賠償金を請求した国	フィリピン・南ベトナム・ビルマ・インドネシア
賠償金に準ずる支払の国	韓国・タイ・ラオス・カンボジア・シンガポール
賠償金を放棄した国	米・英・インド・オーストリア・オランダ・ソ連・中華民国・中華人民共和国

　　★日本はサンフランシスコ平和条約により、自由主義陣営の一員として独立を回復した。

3. 平和条約

　　①（1952）日華平和条約（中華民国＝台湾国民政府）
　　②（1952）日印平和条約
　　③（1954）日ビルマ平和条約

111. サンフランシスコ平和条約調印前後の日本外交

連合国48ヵ国とサンフランシスコ平和条約を結び、日本は主権を回復し、独立を達成した。
●安保条約により、アメリカ軍は占領軍から駐留軍へと転換した。

1. 安保とその改定
①日米安全保障条約（1951）➡ 日米行政協定（1952）
②日米相互協力及び安全保障条約（1960）➡ 日米地位協定（1960）

日米安全保障条約	日米相互協力及び安全保障条約
●アメリカ軍の駐留権	●アメリカ軍の軍事行動に関する事前協議制
●日本防衛義務なし	●アメリカ、日本防衛の義務明記
●破棄にはアメリカの承認は必要	●国内の内乱出兵条項の削除
●有効期限なし	●条約期限10年

★日米安全保障条約により、日本の平和と安全を保障するためにアメリカ軍の日本駐留を認めた。
★従属的軍事同盟により日本はアメリカの極東戦略の中に組み込まれた。

2. 日米行政協定（1952）、岡崎勝男、ラスク、第3次吉田茂内閣
①日本はアメリカ軍に基地を提供（米軍への施設の無償提供）
②防衛費は分担する
③関税入港料の免除
④アメリカ軍人の刑事裁判上の特権
★国会の承認を経ずして、条約に等しい効力を約した点が問題であった。

◆**日米安全保障条約** サンフランシスコ平和条約調印と同じ日（1951年9月8日）、アチソン国務長官と吉田茂首相の間で調印された。この条約は、日本および極東地域において「平和と安全」を保持するために、独立後もアメリカ軍が駐留することを認めたもの。
◆**日米行政協定** 1952年、岡崎勝男とラスクとの間で調印。日本はアメリカ軍に基地を提供し、防衛費は分担するとした。また、関税入港税は免除し、アメリカ軍人の刑事裁判上の特権を与えた。国会の承認を経ずして、条約に等しい効力を約した点が問題であった。

日本は、サンフランシスコ平和条約によって独立を回復し、同日夕刻には、日米安全保障条約が調印された。

112. 日米安全保障条約の改定

岸信介内閣は1960年1月、ワシントンで新日米安全保障条約に調印し、事前協議制など従来の不備を改定した。

●**1960年6月15日、日米安保条約改正に反対する学生デモの中に、一人の女子学生・樺美智子がいた。**

【安保の改定】

1960年5月19日	岸信介内閣、新安保条約の批准を衆議院で強行採決
1960年6月19日	（自然成立）参議院での承認がなくても1か月たてば成立

①警察官職務執行法改正案（1958）「デートもできない警職法」
②安保改定阻止国民会議（1959）
③日米地位協定（1960）
④全学連、国会乱入（1960）、全学連＝全日本学生自治会総連合
⑤東大生、樺美智子の死
⑥アイゼンハワー大統領の来日中止（1960）
⑦新安保の自然成立（1960）6＝19 → 岸内閣の総辞職

◆**極東**　政府は「極東」の範囲を、「フィリピン以北、中国の一部、沿海州など」とし、中ソ両国の反発を招いた。
◆**自衛隊**　1954年、日米相互防衛援助協定（MSA協定）が結ばれ、日本は自国の防衛力の増強義務を負うことになり、1954年、自衛隊法、防衛庁設置法が成立し、陸上・海上・航空の自衛隊が発足した。直接・間接の侵略行為から日本を防衛することを目的とし、必要に応じて公共の秩序維持にあたる。内閣総理大臣が最高指揮監督権を有し、防衛大臣が部隊を統括する。自衛隊の合憲性については、憲法第9条が戦力の不保持を規定していることから、合憲論と違憲論が対立している。
◆**新日米安保条約**　正式名は、日米相互協力および安全保障条約。あらたにアメリカに日本防衛義務、米軍の軍事行動の事前協議制、期限10年などを取り決めた。1970年の佐藤栄作内閣のとき、自動延長され以後継続している。
◆**全学連**　正式には、全日本学生自治会総連合をさす。当初は、日本共産党の指導で、レッド＝パージ反対闘争・破壊活動防止法反対闘争などを展開した。
◆**安保闘争**　1960年5月自民党の単独強行採決後に運動は拡大した。6月15日には、全学連と機動隊との衝突で東大生の樺美智子が死亡するという事件も発生した。

新安保は、1970年自動延長され現在まで継続している。

113. 日本の対中国・対台湾関係

1960年代、1970年代の日本の対中国・対台湾関係はどうであったのか。
●**日中共同声明により、日本は中華人民共和国を中国の唯一の合法政府として認めた。**

1. **日中関係**
　　①中華人民共和国（1949）毛沢東、日本は台湾と国交をもつ
　　②中国国旗侮辱事件（1958）長崎、日中関係全面断絶
　　③LT貿易（1962）日中準政府間貿易、廖承志と高碕達之助
　　④日中共同声明（1972）田中角栄と周恩来、台湾との国交断絶、日華平和
　　　条約廃棄
　　⑤日中平和友好条約（1978）福田赳夫内閣、園田直外相と黄華外交部長
　　★1972年に田中角栄内閣が成立し、同年、田中首相の訪中が実現し日中共
　　　同声明が調印され日中国交正常化が図られた。これにより、1952年の日
　　　華平和条約は無効となり、中国は対日賠償請求を放棄した。

2. **重要条約（その4）**

日韓基本条約	1965	東京	椎名悦三郎	李東元
沖縄返還協定	1971	東京　ワシントン	佐藤栄作	ニクソン
日中共同声明	1972	北京	田中角栄	周恩来
日中平和友好条約	1978	北京	園田直	黄華
プラザ合意	1985	プラザホテル	中曽根康弘 竹下登（蔵相）	
ルーブル合意	1987	ルーブル宮殿	中曽根康弘 宮沢喜一	
日米安全共同宣言	1996	東京	橋本龍太郎	クリントン
日朝平壌宣言	2002	平壌	小泉純一郎	金正日

◆**LT貿易**　交渉にあたった、「廖承志」と「高碕達之助」の両名の頭文字をとって、LT
と命名された。日中貿易は1952年の日中間第1次貿易協定以来行われていたが、1962
年に池田勇人内閣の「政経分離」方針の下で、LT貿易である日中準政府間貿易が展
開された。

1978年、福田赳夫首相と中国の鄧小平との間で日中平和友好条約を締結
し、中国との戦争の処理は法的に完了した。

戦後の国際社会における日本の地位は向上し、経済の大国化を歩んだ。

● **吉田茂が日本主権の回復であれば、鳩山一郎はソ連との国交回復に全力をかけた。**

1. 日ソ共同宣言（1956）

　　（全権）鳩山一郎、ブルガーニン

　　①日ソの国交正常化

　　②日本の国連加盟をソ連が支持

　　③歯舞群島・色丹島を平和条約締結後に日本へ返還

2. ベトナム戦争（1965〜75）、ベトナムの独立と統一をめぐる戦争。

　　インドシナ休戦協定成立（1954）→ベトナム南北に分断

北 （17度線）	●南北ベトナムの統一を念願 ●南ベトナム解放民族戦線（ベトコン）← ソ連・中国の支援
南	●南北統一の提案拒否 ●ベトナム共和国（1955）← アメリカの支援

　　① （1965）アメリカ軍の北爆開始

　　② （1973）ベトナム和平協定（パリ）アメリカ、ベトナムから撤退

　　③ （1975）南北統一

　　④ （1976）ベトナム社会主義共和国の成立

　　★ベトナム民主共和国（北）が、南ベトナム（南）を併合する形で成立。

◆ **国際連合加盟**　日本は国連加盟のアジア諸国の賛同を得るため、1955年の第1回アジア＝アフリカ会議に政府代表として高碕達之助を参加させ、AAグループの一員という姿勢を示した。1956年10月、鳩山一郎首相が訪ソして、日ソ共同宣言を発表して、日ソ間の戦争状態を終わらせることによって、1956年12月、80番目の国連加盟が実現した。

◆ **ベトナム戦争**　ベトナムの独立と統一をめぐる戦争。1960年の南ベトナム解放民族戦線は、北ベトナムの支援のもとに南ベトナム軍とこれを支援するアメリカ軍と戦い、1969年臨時革命政府を樹立した。1973年にはパリで和平協定が成立するとアメリカ軍は撤退し、1975年南ベトナム政府は崩壊した。翌1976年に南北統一のベトナム社会主義共和国が成立した。ベトナム戦争は東西冷戦の縮図ともいえる戦争であり、その戦争犠牲者こそ冷戦の犠牲者であった。

日ソ共同宣言の後、第80番目の国際連合加盟が実現した。

115. 日韓基本条約

1965年佐藤栄作内閣が朴正熙政権との間に日韓基本条約を結び、国交を正常化した。

●朴正熙は、日本の陸軍士官学校への留学経験がある。第18代韓国大統領朴槿恵は次女にあたる。

【日韓関係】

1．日韓基本条約（1965）

全権＝椎名悦三郎外相、李東元外務省長官
（佐藤栄作総理大臣、朴正熙大統領）

（内容）

①両国間に外交・領事関係が開設され、大使級の外交使節が交換される。

②1910年8月22日以前に日本と大韓帝国の間で結ばれた条約などはすべて「もはや無効である」ことが確認される。

③韓国政府が朝鮮における唯一の合法的な政府であることを確認される。
　→朝鮮民主主義人民共和国（北朝鮮）との国交断絶。

④両国は相互の関係で国連憲章の原則を指針とする。

⑤貿易、海運、その他の通商関係に関する条約等の締結のため、速やかに交渉を開始する。

2．同時に結ばれた協定

①漁業協定
②請求権・経済協力協定
③在日韓国人の法的地位協定
④文化協力協定

★日本から無償3億ドル・有償2億ドル・民間経済協力3億ドルの資金供与と引きかえに国家賠償請求権の放棄などが定められた。日本政府は日韓基本条約を根拠に「賠償問題は解決済み」との姿勢をとっている。しかし、調印と批准には両国で反対運動が起きた。

◆李承晩ライン　韓国の初代大統領の李承晩が、1952年1月、水産保護などを理由にして朝鮮半島周囲に大陸棚の主権を主張するラインを一方的に設定した。この設定により西日本の漁業は大きな打撃を受け、日韓間に竹島領有権をめぐる紛争を招来した。1965年に締結された日韓漁業協定などにより、李承晩ラインは実質的に消滅し漁業紛争は決着したが、竹島問題は解決していない。日韓基本条約が結ばれた1965年に廃止された。

日韓基本条約によって、北朝鮮との国交は断絶した。

1955年〜73年の第1次石油ショックまで、日本経済は毎年10％以上の
経済成長率を達成した。そのため、国民総生産は、資本主義国でアメ
リカに次ぐ第2位となった。

●**四大公害は、すべて患者側が全面勝訴した。**

1. 第2次池田勇人内閣、スローガン（所得倍増）

①国民所得倍増計画（1960）7年で2倍

②農業基本法（1961）米麦から果樹・畜産への選択拡大

★専業農家の減少、第2種兼業農家の増加。生産性は上昇したが、米の過
　剰や土地利用の低下・逆ザヤ（生産者米価＞消費者米価）を招いた。

③新産業都市建設促進法（1962）産業の大都市集中を緩和し、地域の格差
　を是正する。指定された15の地区は、地方開発の拠点となる。

↓（15地区）

> 道央、八戸、仙台湾、常磐・郡山、新潟、松本諏訪、富山高岡、岡山
> 県南、徳島、東予（愛媛県）、大分、日向・延岡、不知火・秋田・大
> 牟田、秋田湾、中海

④LT貿易（1962）政経分離、廖承志・高碕達之助

⑤部分的核実験停止条約（1963）、米・英・ソ連3国がモスクワで調印。地
　下実験のぞきすべての核実験を停止する。

2. 第3次池田勇人内閣

①OECD（経済協力開発機構）加盟

★従来、国内企業保護のため外資導入を禁じていた日本も、外国資本の国
　内への投資を自由化することが義務づけられた。

②東海道新幹線開通（1964）10＝1

③第18回東京オリンピック（1964）10＝10

★1965年には白黒テレビの普及率が90％をこえる。

3. 公害問題

新潟水俣病	四日市ぜんそく	イタイイタイ病	水俣病
阿賀野川		富山県神通川	熊本県笛吹川
昭和電工	四日市コンビナート6社	三井金属鉱業	チッソ
メチル水銀	亜硫酸ガス	カドミウム	メチル水銀

1971年、患者側全面勝訴	1972年、患者側全面勝訴	1971年、患者側全面勝訴	1973年、患者側全面勝訴

①公害対策基本法（1967）＝「経済調和」条項削除
②環境庁（1971）
③環境基本法（1993）＝地球環境時代への対応、細川護熙内閣
④京都議定書（1997）＝二酸化炭素など温室効果ガスの排出削減目標を具体的に示す。アメリカは発展途上国に義務がないのはおかしいとして不参加。
★1997年の京都議定書では先進国に「温室効果ガスを2008年から2012年の間に、1990年比で約5％削減すること」を求め、日本はこの目標を達成した。しかし、京都議定書では発展途上国に対する削減目標が定められず、日本も温暖化に対する取り組みが後ろ向きとなっている。最近では「2050年までに温室効果ガスの排出をゼロにする」と脱炭素社会の実現を宣言している。
⑤パリ協定（2015）すべての締約国が対象。開発途上国も含めて温室効果ガス排出削減を努力目標。

◆**公害対策基本法**　1967年に国民の健康と生活環境保全を目的に制定された。その後、大気汚染防止法や騒音規制法などさまざまな公害関係の法律が成立している。

高度経済成長とは、1955年から1973年までをさす。

117. 貿易・資本の自由化

日本は欧米諸国の求めに応じ、1960年から貿易の自由化が行われ、1964年には為替と資本の自由化を実施し、IMF（国際通貨基金）8条国への移行と、OECD（経済協力開発機構）への加入をなしとげた。

●日本は国内産業保護のため、高関税・輸入制限による保護貿易から、先進国として貿易・資本の自由化が義務づけられた国となった。海外旅行の自由化がすすんだ。

【国際経済】

①1955年、GATT12条国へ加盟（輸入制限できる→保護貿易）

②1963年、GATT11条国へ移行（輸入制限できず）

③1952年、IMF14条国へ加盟（為替制限できる）

④1964年、IMF8条国へ移行（為替の自由化、為替制限できず）

⑤1964年、OECD（経済協力開発機構）加盟（資本の自由化）

⑥ドル＝ショック（1971）、金とドルとの交換停止 → 円切上げ（360円 → 308円）

⑦変動相場制へ移行（1973）

⑧1973年、第1次石油危機 ← アラブの石油戦略、第4次中東戦争

⑨1979年、第2次石油危機 ← イラン革命が契機

↓

日本経済は以後、安定成長へ

【戦後の内閣（その1）】

東久邇宮稔彦 （京都府）	①降伏文書の調印（1945、9＝2） ②GHQによる人権指令拒絶
幣原喜重郎 （大阪府）	①五大改革指令 ②衆議院議員選挙法改正（1945）満20以上、婦人参政権 ③天皇の人間宣言（1946、1＝1）「新日本建設の詔書」 ④公職追放を指令 ⑤金融緊急措置令（1946） ⑥戦後初の総選挙（1946）
吉田茂① （高知県）	①日本自由党・日本進歩党 ②第2次農地改革 ③日本国憲法公布（1946、11＝3） ④傾斜生産方式採用（1946） ⑤教育基本法（1947） ⑥労働基準法（1947） ⑦独占禁止法（1947）

片山哲 （神奈川県）	①日本社会党。日本民主党・国民協同党の連立内閣 ②労働省の発足（1947） ③過度経済力集中排除法（1947）
芦田均 （京都府）	①政令201号の公布（1948） ②昭和電工疑獄事件（1948）
吉田茂 ②〜⑤ （高知県）	①民主自由党（2次から3次）➡ 自由党（4次から5次） ②経済安定九原則（1948）➡ ドッジ＝ライン（1949） ③シャウプ税制（1949） ④朝鮮戦争（1950）➡ 警察予備隊・特需景気 ⑤サンフランシスコ平和条約・日米安全保障条約（1951） ⑥造船疑獄事件（1954） ⑦MSA協定調印（1954）➡自衛隊発足（1954）
鳩山一郎 ①〜③ （東京都）	①日本民主党（1次・2次）➡ 自由民主党（3次） ②日本社会党の再統一（1955） ③自由民主党結成（1955）保守合同➡ 55年体制 ④憲法調査会設置 ⑤日ソ共同宣言（1956）➡ 国際連合の加盟
石橋湛山 （東京都）	①自由民主党 ②病気のため退陣、日中貿易の推進
岸信介 （山口県）	①自由民主党 ②日米新安保条約調印（1960）➡ 60年安保闘争による混乱
池田勇人 ①〜③ （広島県）	①所得倍増計画決定（1960）➡ LT貿易取決め締結（1962） ②農業基本法（1961） ③IMF（国際通貨基金）8条国への移行（1964） ④OECD（経済協力開発機構）加盟（1964） ⑤東海道新幹線開通（1964、10＝1） ⑥第18回東京オリンピック大会（1964、10＝10）
佐藤栄作 ①〜③ （山口県）	①米、北爆開始（1965）➡いざなぎ景気 ②日韓基本条約（1965） ③公害対策基本法（1967）➡環境庁（1971） ④小笠原諸島返還（1968） ⑤日本万国博覧会（1970） ⑥沖縄返還協定（1971）➡沖縄復帰（1972）
田中角栄 ①② （新潟県）	①列島改造ブーム ②日中共同声明（1972）➡日中国交正常化 ③第1次石油危機（1973）➡高度経済成長の終焉 ④首相の金脈問題

◆**IMF8条国** 国際通貨基金の規約第8条では、加盟国に対して取引についての為替制限の廃止、差別的通貨措置の撤廃、外国の保有通貨の交換性回復を義務づけている。この場合、為替制限を撤廃して毎年それについての協議をおこなう義務のない国をIMF8条国という。

◆**OECD** 経済協力開発機構。ヨーロッパ経済協力機構にアメリカやカナダを加えて発足した国際経済全般について協議する国際機構。その後、日本をはじめ先進各国が加盟したことから、「先進国クラブ」ともいわれる。経済成長・発展途上国援助・多角的自由貿易の拡大などを主要目的としている。1996年に韓国、2000年にスロバキアが加盟した。事務局はパリ。

◆**巨大な企業集団の形成** 開放経済体制の下で、国際競争激化に対応し、六大都市銀行が形成された。六大企業集団とは、三井（現・三井住友）、三菱（現・三菱東京UFJ）、住友、富士（現・みずほ）、三和（現・三菱東京UFJ）、第一（現・みずほ）をさす。

◆**大型企業の合併** 1970年の八幡製鉄と富士製鉄の合併による新日本製鉄の発足、1971年には第一銀行と日本勧業銀行との合併（第一勧業銀行）、1973年には太陽銀行と神戸銀行の合併（太陽神戸銀行）など金融界の合併が成立した。

> 政府は1963年にGATT11条国へ、1964年にはIMF8条国へ移行し、貿易・資本の自由化へ進んだ。

118. ニクソン＝ショック

1971年7月のニクソン大統領の訪中声明（米中国交正常化）と8月の金とドル交換停止声明の2つをニクソン＝ショックという。

● **ドルの金交換に応じられないほど、アメリカの金保有量が減少し、金とドルを中心とした通貨体制を維持することが困難となった。**

【ドル＝ショック（1971）】第3次佐藤栄作内閣

（目的）インフレ抑制とドル防衛（ベトナム戦争によるドル流出を防ぐ）

①金とドルとの交換停止（貿易赤字による金流出を防ぐため）

②日本からの輸入品に10％の輸入課徴金をかける

③西ドイツ・日本などの国際収支黒字国に為替レート引上げ要求

④90日間の賃金・物価の凍結

★アメリカはベトナム戦争による巨額な出費などで、財政・経済事情が悪化した。1971年8月、ニクソン大統領は、ドルの大量国外流出の防止のため、ドルと金との交換を一時停止し、10％の輸入課徴金を課するとともに、日本と西ドイツに円とマルクの切り上げを要求した。同年12月、1ドル＝360円から、308円に円が切り上げられ、ついで1973年2月変動相場制が導入され、円高が進んだ。

● ニクソン＝ショック

第1次ショック（中国訪問計画発表）

第2次ショック（金・ドル交換停止、輸入課徴金制度）ドル＝ショック

◆**ニクソン新経済**　1971年8月、アメリカのニクソン大統領がドル危機への対策として発表した新経済政策。その内容は、金とドルの交換停止、10％の輸入課徴金、90日間の賃金・物価・地代・家賃の凍結（インフレ抑制策）であった。

◆**ニクソンショックの背景**　（①ベトナム戦争の戦費（1961年60億ドル ➡ 1968年300億ドル）、②復興した西ドイツや日本より輸入急増、③国際収入の悪化、金準備金の減少、④西側諸国への莫大な援助）

◆**ニクソンショックの目的**　（インフレの抑制とドルを防衛し、国際収支悪化を防ぐ）

◆**ニクソンショックの内容**　（①金とドルとの交換停止（貿易赤字による金流出を防ぐため）、②日本から輸入する電気製品などに10％の輸入課徴金を課す、③90日間の賃金・物価の凍結、④西ドイツや日本などの国際収支黒字国に為替レート引上げ要求）

◆**ニクソンショックの意義**　（①基軸通貨としてのドルの地位の低下、②アメリカ追従の姿勢をとっていた日本では、ニクソン＝ショックとされた）

①第1次ショック（アメリカ、中国訪問計画発表）
②第2次ショック（金とドルとの交換停止など）

119. 55年体制

1955年から1993年まで続いた日本の保守長期政権の時代を55年体制という。1955年の社会党の再統一、自由民主党の結成によって成立した。

●**1993年自民党から分裂した新生党や新党さきがけが日本社会党、公明党、日本新党などとともに、反自民の細川護熙内閣を発足させ、ここに55年体制は崩壊した。**

1．保守合同（日本社会党の統一に刺激、財界からの強い要望）

①日本社会党統一（1955）10月

②日本民主党（鳩山一郎）と自由党（緒方竹虎）➡自由民主党（鳩山一郎）（1955）

★（55年体制の成立）保守勢力が議席3分の2、革新勢力が議席3分の1という態勢に保守の一党優位の政治体制確立

2．55年体制の終わり

細川護熙内閣（日本新党）

小選挙区比例代表並立制（小選挙区300人・比例代表200人）

★自由民主党と日本社会党の二大政党を中心とした保守・革新の対立は、1993年の細川護熙内閣成立まで続いた。

◆**平和条約の賛否をめぐり左右両派に分裂**　日本社会党の左派である鈴木茂三郎委員長は、サンフランシスコ講和会議における全面講和・中立堅持・軍事基地反対の3原則を唱えた。一方、右派である河上丈太郎は、サンフランシスコ講和会議には賛成し、安保条約には反対するという考えであった。そのため、日本社会党は左派と右派の2つに分裂することになった。その後、憲法改正の発議を阻止するのに必要な3分の1議席を獲得するため、1955年に再統一された。

◆**日本新党**　1992年5月、元熊本県知事の細川護熙を中心に発足した政党。1993年7月の総選挙で新人36人が当選し、新党ブームのきっかけとなった。1994年12月、新進党に発展的に吸収された。

自由党（緒方竹虎）と日本民主党（鳩山一郎）➡ 自由民主党（鳩山一郎）

120. 佐藤栄作内閣

1971年の佐藤栄作内閣は沖縄返還協定に調印し、翌1972年5月、沖縄の施政権の日本復帰が実現し、沖縄県が復活した。

●在日米軍基地の75%が沖縄に集中している。

1．沖縄返還実現
①琉球列島高等弁務官（1957）
②沖縄県祖国復帰協議会（1960）
③佐藤（栄作）・ジョンソン会談（1967）3年以内の沖縄返還
④琉球政府行政の首席公選（1968）屋良朝苗
⑤佐藤・ニクソン会談（1969）72年、核抜き、本土並み
⑥安保自動延長（1970）
⑦沖縄返還協定（1971）
⑧沖縄復帰実現（1972）5＝15
★1971年沖縄返還協定を締結し、翌1972年5月、沖縄の日本復帰が実現した。しかし、日本本土との経済格差、アメリカ軍基地の問題などまだまだ問題が残されている。

2．沖縄返還協定（1971）6月17日、東京・ワシントン　佐藤栄作内閣
①アメリカの琉球諸島・大東諸島に対する施政権などの放棄、沖縄県の復活。
②「核抜き・本土並み」返還とする代わりとして、緊急時にアメリカが核を持ち込むことと、日米繊維摩擦で日本側が譲歩すること

（結果）
協定の発効に伴い、翌1972年5月15日に沖縄の日本復帰が実現した。
しかし、米軍が駐留し続け、基地問題が大きな課題として残った。

3．経済の復興から不況へ
（鳩山一郎）　　　　（岸信介）　　　　　（池田勇人）　　　　（佐藤栄作）

神武景気		岩戸景気		オリンピック		いざなぎ
1955	57	59	61	63	64	66

朝鮮復興資材　　　　技術革新　　　戦後初の赤字公債発行　ベトナム特需
世界的な好況　　　　設備投資　　　　　　　（1965）

★神武・岩戸・いざなぎ景気のことばは、建国神話に由来し建国以来の好景気を意味している。こうした高度経済成長期は20年近く続くが、1971年のニクソン大統領によるドル防衛費や1973年の第1次石油危機が日本経済に打撃を与え、1974年は戦後初のマイナス成長となり不況に転じた。

121. 中曽根康弘内閣の新保守主義路線

中曽根康弘内閣は、米大統領レーガン、英首相サッチャーのような新保守主義路線をかかげ、「戦後政治の総決算」を唱え、行政改革・税制改革・教育改革を推進した。

●**中曽根康弘は、昭和時代に総理を務めた人物で、唯一令和時代まで生きた人であった。**

1．（戦後政治の総決算）中曽根康弘内閣

①中曽根・レーガン会談（1983）日米は運命共同体
②行政改革審議会（1983）、総務庁（1984）
③臨時教育審議会（1984）個性重視の原則
④プラザ合意（1985）円高ドル安誘導
⑤前川レポート（1986）前川春雄（日銀総裁）、内需拡大と市場開放を謳う
⑥男女雇用機会均等法（1985）（1980）女子差別撤廃条約の批准
⑦防衛費「GNP1％」枠を突破＝レーガン政権やサッチャー政権との歩調を合わせる（1987）。
⑧靖国神社公式参拝（戦後の首相として初）
★（1985）NTT（電電公社）・JT（専売公社）、（1987）JR11社（国鉄）。民営化（老人医療や年金などの社会保障政策を後退させ、電電公社・専売公社・国鉄の3国営事業の民営化を断行した。

電電公社 ➡ NTT	1985
専売公社 ➡ JT	1985
国鉄 ➡ JR	1987

2．バブル経済（1990年前後）

プラザ合意（1985）ドル安、円高
円高（輸出不振）
　↓
超低金利政策と公共事業の拡大（内需主導による景気回復）
　↓
余剰資金（株や土地の購入、海外不動産投資）
　↓
地価や株価の異常な高騰

★**新保守主義**　デフレ政策を主張し、福祉国家づくりに反対して福祉の切り捨て

と、大企業と高額所得者に対する大幅減税を主張することにある。インフレを鎮静化させ、賃金を抑制し福祉を切り捨てて大企業への減税をはかることで、国民の税負担を増大させることにある。

【戦後の内閣（その2)】

三木武夫 (徳島県)	①第1回サミット参加（1975） ②ロッキード事件発覚（1976）
福田赳夫 (群馬県)	①日中平和友好条約（1978） ②首相が総裁選に敗北
大平正芳 ①② (香川県)	①第2次石油危機（1978） ②東京サミット（1979） ③衆参同日選挙のとき病死
鈴木善幸 (岩手県)	①北方領土の日を制定（1981、2月7日＝北方領土の日） ②首相が総裁選に不出馬
中曽根康弘 ①〜③ (群馬県)	①NTT・JTの発足 ②男女雇用機会均等法の公布（1985） ③G5でプラザ合意（1985） ④JRの発足（1987）
竹下登 (島根県)	①リクルート事件（1988） ②昭和から平成へ ③消費税の施行（3%）（1989）
宇野宗佑 (滋賀県)	①リクルート事件と自身のスキャンダルによって参議院選挙で与野党大逆転を招き、引責辞任 ②69日間の短命内閣
海部俊樹 (愛知県)	①湾岸戦争への対応（1991） ②バブル経済崩壊（1991）
宮沢喜一 (広島県)	①PKO（国連維持活動）協力法施行（1992） ②平成不況
細川護熙 (熊本県)	①日本新党など非自民8党派連立内閣 ②55年体制の終焉 ③米市場の部分開放受入決定 ④佐川急便からの不正資金提供疑惑 ⑤衆議院に小選挙区比例代表並立制導入

122. 橋本龍太郎内閣

自由民主党総裁橋本龍太郎を首相とする、自民・社会・さきがけ3党連立内閣である。バブル経済の崩壊による長期不況の対策を行えず、1998年7月の参院選での自民党大敗で退陣した。

●**消費税の税率引上げと地方消費税の導入（国税4%と地方消費税1%を合わせて5%）を橋本内閣が実施。**

【橋本龍太郎内閣】
①日米安全保障共同宣言（1996）（クリントン、橋本龍太郎）
　沖縄普天間基地返還合意、ソ連の脅威への対抗から「アジア太平洋地域平和」
②消費税5%（1997）（←3%）
③アイヌ文化振興法成立（1997）アイヌ文化の振興・アイヌの伝統などに関する知識普及、北海道旧土人保護法の廃止
④改正男女雇用機会均等法公布（1997）
⑤日米新ガイドライン決定（1997）、1978年の「日米防衛協力のための指針」（ガイドライン）の見直し、日本の「周辺有事」における相互協力計画の作成。
⑥京都議定書採択（1997）、二酸化炭素など温室効果ガスの排出削減目標を具体的に示す。

★**金融ビッグバン（1996）**、第2次橋本龍太郎内閣が提唱した日本の金融・証券市場制度の大改革のこと。
①「金融システム改革のプラン」（1997）に盛り込まれた政策のこと
②ビッグバンの本来の意味は、宇宙誕生の原因となった大爆発のこと
③もともと金融ビッグバンとは、1986年の英国における証券市場改革をさす
④金融市場の国際化・自由化・透明化、為替業務を一般銀行に認める、日本銀行の政府からの独立性

◆**消費税**　商品・サービスを購入する際にかけられる税金。日本では、1989年4月に導入され、当初3%の税率であったが、1997年4月から税率が5%に引き上げられた。消費者は、だれでも同率の税金を負担するため、低所得者ほど税の負担感が重くなる。2019年10月には消費税が8%から10%と引き上げとなった。

◆**北海道旧土人保護法**　1899年、農業に従事しようとするアイヌの人に、国が土地を無償下付するとした法律。狩猟民族であったアイヌ民族に農業を強制することとなった。「アイヌ文化振興法」が成立し、1997年5月廃止となった。なお、2019年には、「アイヌ施策推進法」が成立し、アイヌ民族を先住民族として初めて法的に位置づけ、アイヌ文化の振興に向けた交付金制度の創設などを盛り込んだ。

123. 安倍晋三内閣のアベノミクス

1人当たりの国民総所得（GNI）を10年後の150万円増やすなどの目標も掲げ、その実現するための具体的な手順が3本の矢であった。1本目が金融緩和、2本目が財政政策、3本目が成長戦略であった。

●**アベノミクスは、日本経済をデフレから脱却させ、物価上昇率2％を伴う長期的な安定成長軌道に乗せていくことをめざした。**

【3本の矢とは】

①「金融緩和（物価上昇率目標2％）」
②「公共事業（道路や橋の改修、堤防建設)」
③「成長戦略（規制緩和、減税）」

●アベノミクスは、安倍晋三首相のすすめる経済政策をいう。

★「金融緩和」では、紙幣を大量に発行し銀行が企業に融資させお金を使うことによって、品物が売れ景気がよくなる。また、道路建設やトンネル工事といった「公共事業」を国が発注することによって給料が払われ、物が売れ景気がよくなる。「成長戦略」は将来有望な新しい産業を育て、企業が利益を上げやすい環境を整えていくことなどであった。

★しかし、消費税増税や国の巨額な借金など国民の生活はますます苦しくなる可能性もあり、大企業と中小企業の賃金格差など多くの問題をかかえている。また、現状では2％台の物価上昇目標は実現できないうえ、人口減少が日本経済の成長力をそぎ、社会保障改革や格差対策に十分ではないとの指摘もある。

【戦後の内閣（その3)】

羽田孜 （長野県）	①非自民連立政権 ②現憲法下での最短命内閣
村山富市 （大分県）	①日本社会党・自由民主党・さきがけの3党 ②阪神・淡路大震災（1995、1月17日） ③戦後50年の首相談話
橋本龍太郎 ①② （岡山県）	①日米安保共同宣言（1996） ②消費税5％に引き上げ（1997） ③アイヌ文化振興法（1997） ④財政構造改革法の公布（1997） ⑤京都議定書採択（1997）

小渕恵三 (群馬県)	①自由民主党・自由党・公明党 ②新ガイドライン関連法公布（1999） ③男女共同参画社会基本法（1999） ④国旗・国歌法公布（1999）
森喜朗 ①② (石川県)	①中央省庁の再編（2001） ②沖縄・九州サミット開催 ③財政破綻・失言により、国民の支持率低下
小泉純一郎 ①〜③ (神奈川県)	①米で同時多発テロ（2001）➡ テロ対策特措法（2001） ②日朝平壌宣言（2002）➡ 拉致被害者の一部帰国 ③イラク戦争（2003） ④郵政民営化法成立（2005） ⑤平成大合併進む
安倍晋三 ① (山口県)	①自由民主党・公明党 ②教育基本法改正（2006） ③防衛省発足（2007）
福田赳夫 (群馬県)	①北海道洞爺湖サミット（2008） ②参議院で野党多数の「ねじれ国会」
麻生太郎 (福岡県)	①裁判員制度の開始（2009） ②2009年8月の総選挙で、自民党が歴史的に大敗し総辞職
鳩山由紀夫 (北海道)	①民主党・社会民主党・国民新党 ②子ども手当・高校無償化法決定（2010） ③普天間飛行場移設問題（社会民主党は2010年5月、普天間飛行場の沖縄県内移設容認への転換に反対して連立離脱）
菅直人 (東京都)	①東日本大震災（2011、3月11日、午後2時46分 ②東京電力福島第1原発事故 ③震災対応への不信感から支持率低下
野田佳彦 (千葉県)	①民主党・国民新党 ②消費税関連法の成立（2012） ③尖閣列島を国有化（2012）
安倍晋三 ②③ (山口県)	①自由民主党・公明党 ②アベノミクス（金融緩和・財政政策・成長戦略）推進 ③特定秘密保護法成立（2013） ④消費税8％に引上げ（2014） ⑤公職選挙法改正（男女18歳に選挙権）（2015） ⑥安全保障関連法成立（2015） ⑦パリ協定（2015）開発途上国も含め、すべての国が対象 ⑧減反政策の廃止（2018） ⑨アイヌ施策推進法（2019） ⑩日本年号が平成から令和（2019年、5月1日） ⑪消費税10％に引上げ（2019）

菅義偉 (すがよしひで) (神奈川県)	①新型コロナウィルス流行 ②第32回東京オリンピック開催（2021）
岸田文雄 (広島県)	①新日本主義からの脱却による日本型資本主義の再建 ②ロシア、ウクライナへ侵攻（2022） ③第49回先進国首脳会議（2023）広島サミット

◆**金融緩和**　紙幣を大量に発行し銀行が企業に融資させお金を使うことによって、品物が売れ景気がよくなる。しかし、インフレ目標2%を達成しても企業の内部留保が続き、社員の所得がアップしなければ、生活は苦しくなることも考えられる。

◆**公共事業**　道路建設やトンネル工事といった公共事業を国が発注することにより給料が払われ、物が売れ景気がよくなる。

◆**成長戦略**　将来有望な新しい産業を育て、企業が利益を上げやすい環境を整えていくことなどであった。ＴＰＰ（環太平洋戦略的経済連携協定）によって、国内の農家が打撃を受け、限定正社員などの制度によって将来の雇用が安定しない懸念もある。

◆**実質経済成長率**　国民経済が一定期間に拡大された規模を示す比率。一般的には、国内総生産（GDP）の前年に対する増加率で示す。

◆**国民総所得（GNI）**　国内総生産（GDP）に、海外からの所得を加えたもの。国内総生産に代わって使われるようになった。国内総生産とは、国民総生産（GNP）から海外での生産活動による生産物の額を差し引いたもの。国内での生産活動によるものに限っているため、国内経済の状態をより正しくとらえることができる。

◆**法人税**　企業などの法人が事業年度（1年間）を通じて得た所得に対して課税される国税のこと。法人の所得は、売上高からさまざまな諸経費を差し引いたものを指し、この所得に対して一定率の法人税が課される。所得税とは異なり、税率が一律な比例課税である。一般企業などの普通法人は、その所得すべてが課税対象になるが、地方公共団体などの公共法人は課税対象にはならず、学校法人などの公益法人は、収益事業で得た所得に限り課税される。なお、2002年度から、子会社をもつ大企業などの連結納税制度が導入された。

◆**内部留保**　企業の利益金額から配当金・租税などの社外流出分を除いた部分を社内に留保すること。また、その金額を言う。法律で定められた利益準備金と企業の自由意思による任意積立金などがある。内部留保が行われる理由として、①外部へ分配した資金を株式発行等により再吸収するより、直接再投資するほうが資本コスト安いため、②配当の平均化のため。③利益額に対応した外部分配のための資金を一度に準備することは容易ではないこと、④法的に強制される場合がある、など。

124. 領土問題

日本は、韓国との間では竹島問題、ロシアとの間では北方領土、中国との間では尖閣問題、それぞれ自国の領土と主張している領土問題を抱えている。

●**現在、日本には3点の領土問題が存在する。**

1. 領土問題

①竹島（韓国では独島といい、日本は竹島と呼んでいる）

②北方領土（日本が求める北方四島とは、歯舞群島・色丹島・国後島・択捉島をさす）

③尖閣列島（中国とは天然資源・石油や天然ガスをめぐり、焦点となっている。ただし、中国と中華民国が領有権を主張し始めたのは、地下資源埋蔵の可能性が確認された1968年（昭和43年）以降のことである）

2. 最近の状況

竹島問題	●2020年1月、1881年発行のドイツ製地図に竹島が日本領として記載されていることを、島根大学準教授が確認した。
北方領土問題	●プーチン大統領は、2022年3月9日、北方領土と千島列島に進出する国内外の企業を対象に、所得税・法人税などの各種税を原則的に20年間免除する事実上の「経済特区」とする法案に署名し、発効させた。
尖閣列島問題	●2012年9月11日、日本政府は魚釣島、北小島と南小島の3島を埼玉県の所在する地権者から20億5000万円で購入し、日本国への所有権移転登記を完了した。

◆**国際司法裁判所**　国際連合の主要な司法機関で総会および安全保障理事会で選出される15名の裁判官で構成される。国際連盟の常設国際司法裁判所の後身で、国際間の法的紛争を裁判するほか、法律問題について勧告的意見を与える。所在地はオランダのハーグにあり、略称はICJという。国際司法裁判所は、紛争の両当事者が同裁判所において解決を求めるという合意があって初めて動き出す。したがって、日本が一方的に提訴を行ったとしても、韓国側がこれに応じる義務はなく、韓国が自主的に応じない限り、国際司法裁判所で裁判は行われない。

> 海底に埋蔵されるとする天然資源（石油や天然ガス）が注目され、尖閣諸島の領有をめぐって問題化した。

125.　寿永二年十月の宣旨

1183年（寿永2）10月、源頼朝は後白河法皇の宣旨により東国（東海・東山両道）の支配権を獲得した。

●芥川龍之介・松尾芭蕉も、木曽義仲を敬愛した。

1．**鎌倉幕府の成立**
    ①源頼朝、侍所を設置（1180）
    ②平清盛の死（1181）
    ③寿永二年十月宣旨（1183）
    ④木曽（源）義仲の死（1184）
    ⑤壇ノ浦の戦い（平氏滅亡）（1185）
    ⑥守護・地頭の設置（1185）
    ⑦源頼朝、右近衛大将（1190）
    ⑧源頼朝、征夷大将軍（1192）

2．**寿永二年十月宣旨（1183）後白河法皇 ➡ 源頼朝**
    北陸道を除き、東海・東山道の支配権を源頼朝に認める。
    ★源義仲の勢力圏の北陸道は除外されたが、北陸道が頼朝の支配下に入ったのは、1184年に義仲が源義経に討たれたのちと考えられる。これによって、頼朝は東国の行政権を公認された合法的政権となった。

3．**十三人の合議制**
    18歳で2代将軍になった源頼家の専制を抑制する組織。

北条時政（源頼朝の妻政子の父。初代執権となり源頼家を謀殺）
北条義時（父は北条時政で姉は北条政子。執権の地位の確立）
大江広元（初代政所別当。守護・地頭の設置を献策した）
三善康信（問注所の執事。公家出身の法律家）
中原親能（大江広元の義兄。九条兼実の摂政就任に尽力。源氏3代に仕える）
三浦義澄（和田義盛の叔父。源頼朝挙兵時の功労者。梶原景時排撃の謀議）
八田知家（父は宇都宮宗綱で、頼朝の乳母の子。承久の乱では鎌倉守備に就く）
和田義盛（頼朝の信任は厚く、侍所の初代別当になる。北条義時の陰謀で敗北）
比企能員（娘が頼家に嫁いで一幡を生み、外戚として権勢をもち北条氏と対立）
安達盛長（頼朝の挙兵以来側近として活躍。頼朝没後、出家した）
足立遠元（源氏3代の勤仕し、宿老として重用された幕府の有力御家人）
梶原景時（石橋山の戦で源頼朝を救って信任を得る。侍所所司（次官）に任命）
二階堂行政（母方が頼朝の縁戚により、早くから幕府に仕えた京下り官人）

鎌倉幕府の経済的基盤は荘園や国衙領にあり、関東御領・関東知行国などを直接的基盤とした。

●藤原頼経、第4代将軍は生まれたのが、寅年、寅日、寅刻だったので、幼名を「三寅」といった。

1. 鎌倉幕府の将軍

源氏将軍	1代・源頼朝（右近衛大将のあと、1192年征夷大将軍） 2代・源頼家（北条時政により伊豆修善寺に幽閉・謀殺） 3代・源実朝（源頼家の子公暁に暗殺された）
摂家将軍	4代・九条頼経（三寅）（九条道家の子息） 5代・九条頼嗣（頼経の子、北条時頼により追われた）
皇族（親王）将軍	6代・宗尊親王（後嵯峨上皇の皇子、のち京都へ送還） 7代・惟康親王（宗尊親王の子、3歳で征夷大将軍） 8代・久明親王（幕政の実権は得宗家の北条貞時にあった） 9代・守邦親王（久明親王の子、鎌倉幕府最後の将軍）

★源氏3代が断絶後、北条義時や北条政子は皇族を将軍に迎えようとしたが、後鳥羽上皇に拒否されたため、源頼朝の遠縁にあたる摂関家出身の九条頼経を、4代将軍に迎えた。頼経は、1226年9歳で将軍となった。

2. 室町の将軍

足利尊氏	建武式目の制定、征夷大将軍（1338）。
足利義詮	畠山・斯波・細川各氏を執事として将軍の補佐役とした（後の管領）
足利義満	南北朝の合体、勘合貿易の開始、1394年には太政大臣となる。
足利義持	鎌倉公方足利持氏を迎え、幕政を安定。日明貿易の中断。
足利義量	19歳で病死。6代将軍には「くじ引き」で選ばれた義教が就任した。
足利義教	1438年永享の乱で足利持氏を滅ぼす。守護赤松満祐に謀殺される。
足利義勝	1441年、足利義教の暗殺後、9歳で将軍就任。赤痢で病死。
足利義政	応仁の乱を引き起こす。東山山荘に隠居、「東山殿」と呼ばれた。
足利義尚	足利義政の子。1489年近江の六角高頼討伐途中に没した。
足利義稙	流れ公方、将軍職を細川政元に追われる。大内義興に擁され復位。
足利義澄	足利義稙が大内義興に擁されて入京すると、近江に逃亡。
足利義晴	実権なし。将軍職を子の足利義輝に譲る。
足利義輝	松永久秀に殺される。
足利義栄	阿波に逃れて病死。
足利義昭	武田信玄と結び織田信長打倒➡信長に追放され、室町幕府は滅亡。

★10代将軍足利義稙は足利義視の子として生まれ、1490年将軍となった。1493年に細川政元に追われたが（明応の政変）、大内義興・細川高国の支援で再び将軍となった。のち細川高国と対立し淡路に逃れた。政権の回復を果たせないまま阿波で没し、「流れ公方」「島の公方」と呼ばれた（将軍在職期間は1490〜93・1508〜21）。

3. 鎌倉新仏教

法然	1175	浄土宗	知恩院	選択本願念仏集	専修念仏
栄西	1191	臨済宗	建仁寺	興禅護国論	坐禅と公案
親鸞	1224	浄土真宗	本願寺	教行信証	悪人正機説
道元	1227	曹洞宗	永平寺	正法眼蔵	只管打坐
日蓮	1253	日蓮宗	久遠寺	立正安国論	折伏、題目
一遍	1276	時宗	清浄光寺	一遍上人語録	踊念仏、賦算

★清浄光寺は、遊行寺とも呼ばれ、一遍（遊行上人）の孫弟子にあたる呑海が創建したもの。

4. 旧仏教の革新

貞慶 (解脱)	法相宗	笠置寺	「興福寺奏状」の起草（法然批判）	法相宗中興の祖 藤原信西（通憲）の孫
俊芿 (我禅)	律宗	泉涌寺	『泉涌寺勧縁疏』	泉涌寺は御寺と呼ばれ、天皇家の菩提寺
高弁 (明恵)	華厳宗	高山寺	『摧邪輪』 （法然批判）、『夢記』	闘茶では栂尾高山寺の茶を本茶とした
叡尊 (思円)	律宗	西大寺	自伝 『感身学正記』	西大寺の再興、真言律宗
忍性 (良観)	律宗	極楽寺	布教を優先し、目立った著書なし	北山十八間戸（ハンセン氏病救済施設）を建立

5. 伊勢神道（反本地垂迹説＝神主仏従）

『類聚神祇本源』（度会家行＝北畠親房の師）

★伊勢神宮外宮の神官である度会家行は、『神道五部書』を根本経典とし、儒・仏・陰陽五行説などを援用しながら、従来の本地垂迹説を否定し神主仏従を主張した。

◆**関東御領**　源頼朝の所有した荘園で、頼朝は荘園領主として摂関政治などと同じ経済的基盤をもつことになる。御家人は年貢・公事・夫役を納めた。

◆**関東御分国**（**関東知行国**）　将軍が知行国主となって、御家人を国司に任命し支配できる土地。御家人は年貢・公事・夫役を納めた。源頼朝は知行国主として、御家人を国司に推薦できた。

摂津国の地頭職停止問題をきっかけに1221年、後鳥羽上皇は北条義時追討の院宣を下し諸国に武士の蜂起を求めた。

●承久の乱後、北条泰時〜北条時頼の時期に執権政治が確立した。

【承久の乱（1221）の結果】

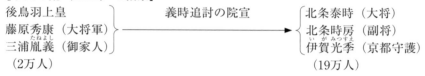

後鳥羽上皇
藤原秀康（大将軍）
三浦胤義（御家人）
（2万人）

義時追討の院宣

北条泰時（大将）
北条時房（副将）
伊賀光季（京都守護）
（19万人）

（結果）
①東国御家人→西遷御家人
②新補地頭＝新補率法
┌ 田畑11町ごとに1町の免田（給田）
├ 田地1段につき5升の加徴米
└ 山や川からの収益の半分
③大田文（1223）＝全国的な土地支配
④京都守護→六波羅探題
┌ 北条泰時（北）
└ 北条時房（南）
⑤後鳥羽上皇（隠岐へ配流）、順徳上皇（佐渡へ配流）、土御門上皇（土佐へ配流）
⑥仲恭天皇の退位➡後堀河天皇の即位
⑦後高倉院（後鳥羽の兄）の院政

★承久の乱ののち、幕府は北条泰時・北条時房をそのまま六波羅の南・北の居館におき、朝廷と京都の監視をつづけさせることとした。その限りでは、さきの京都守護の職務を継承するものであるが、この際には、さらに西国（三河以西）の政務を担当執行し、御家人の統制にあたる職務が加わった。これが六波羅探題のはじめである。

★この乱によって貴族政権は決定的な敗北を喫し、同時に北条氏による執権政治が確立した。武士勢力の地位と実力が向上し、荘園侵略などが激化した。

◆新補地頭　承久の乱後、鎌倉幕府が朝廷からの没収地に新たに設置した地頭。新補地頭に対して、従来の地頭を本補地頭という。新補地頭の得分は新補率法によって定められた。

貴族政権は決定的な敗北を喫し、同時に北条氏による執権政治が確立していった。

128. 執権政治の確立

源氏の将軍が3代で姿を消し、北条氏がほかの有力武士を倒しながら幕府の実権を握ったとき、執権政治が確立した。

●幕府の所在は、大倉御所から宇都宮辻子へと移転した。

【執権政治の確立】

1. 北条氏による有力御家人の討滅

源頼家の独裁停止	1199	重臣13人の合議制
梶原景時	1200	北条時政
比企能員	1203	
畠山重忠	1205	北条義時
和田義盛	1213	
源実朝の暗殺	1219	源頼家の次男公暁により暗殺
三浦泰村	1247	北条時頼、宝治合戦

2. 北条泰時の政治

①連署（1225）、執権の補佐
②評定衆（1225）11人の重臣合議制
③宇都宮辻子（幕府の所在地）若宮大路 ← 大倉御所から
④御成敗式目（1232）、最初の武家法

★北条泰時は、後嵯峨天皇を擁立し、皇位は後嵯峨天皇の子孫によって継承された。

3. 北条時頼の政治

①宝治合戦（1247）、有力御家人三浦泰村の滅亡
②引付衆（1249）、裁判の公平と迅速化
③皇族将軍（宗尊親王＝後嵯峨天皇の皇子）

★執権政治は、評定所に執権・連署・評定衆が集まり、有力御家人の代表者が合議政治をすすめて御家人の権利保護をめざす政治であるが、得宗専制政治は、得宗が私邸に外戚や要人、御内人（得宗の家臣）を集めて、得宗の強力な政治力・指導力を発揮して、御家人や朝廷・荘園領主をおさえていく専制政治であった。

◆道理 武士の日常生活と体験の中から生み出された常識や慣習をいう。この常識・慣習（道理）を成分化したものが式目である。

129. 御成敗式目

武士は律令に対抗する法典をもたなかったので、1232年に北条泰時は御成敗式目を制定した。これは、武家社会のための最初の体系的な成文法であった。

● **御成敗式目は、あくまで幕府の勢力範囲のみの適用であり、かな書きで東国御家人にも読めるようにされた。**

（御成敗式目制定の趣旨）京都の公家からの批判を予想

北条泰時（武蔵守）━━━━━━━━━━━━━━━━━━━━━▶（弟）北条重時^{しげとき}
（泰時消息文2通）　　　　　　　　　　（六波羅探題）

1. 御成敗式目（1232）

① （第3条）大犯三箇条（京都大番役の催促・謀叛人・殺害人の逮捕追捕）
② （第5条）地頭による年貢の抑留禁止
③ （第8条）20年知行年紀法（御家人所領の保護）
④ （第18条）悔返し権^{くいかえ}（子女に与えた所領を取り返すことができる）
⑤ （第23条）女人養子（女子が養子を迎え家督を相続させる）
● 『唯浄裏書』^{ゆいじょううらがき}（御成敗式目の注釈書）＝斎藤唯浄の式目抄裏書
★源頼朝世代が去ると、北条泰時の合議制では基本法を必要とした。相続など土地訴訟が多く西国に赴いた地頭も領主や荘官に提訴され、律令に匹敵する訴訟法の整備が急がれた。
★幕府の勢力範囲のみの適用で、公家法や本所法を否定するものではなかった。

2. 御成敗式目のまとめ

制定	3代執権北条泰時
目的	御家人間や御家人・荘園領主間の紛争を公平に判断する基準を示す
基準	頼朝以来の先例と道理（武家社会の慣習・道理）を成文化
適用範囲	幕府の支配領域（御家人社会、幕府勢力の拡大とともに全国に適用）
内容	守護・地頭の任務や権限など51カ条
追加法	式目追加

◆**北条泰時**　鎌倉幕府の3代執権。北条義時の子。承久の乱に際し幕府方の総大将として上京、乱後の処置のためにそのまま在京し、初代六波羅探題となった。叔父の北条時房を補佐役に迎えて連署とし、評定衆を設け執権政治の確立に尽くした。

130. 惣領制

惣領制とは、惣領が庶子（家督の相続人である嫡子以外の子）を率いる、血縁関係を基本とする結合形態であった。

●**武士は武勇を尊び、礼節・倹約・正直など重視した。**

1．武芸の訓練（兵の道）

①騎射三物（きしゃみつもの）

笠懸（かさがけ）	「男衾三郎絵巻」の一場面は有名。
犬追物（いぬおうもの）	犬を放し馬上から射るもの。犬を傷つけぬように鏃をつけない。
流鏑馬（やぶさめ）	走らせた馬上から3個の木製方形の的を鏑矢でいる競技。現在も神事として残っている所があり、鎌倉の鶴岡八幡宮が有名である。

②巻狩（多人数で四方から狩場を囲み、獲物を中に取り込めて狩る方法）

★「笠懸」は「男衾三郎絵巻」の一場面に描かれている。「男衾三郎絵巻」は武蔵国の住人、武勇無双の男衾三郎と風流華奢な兄の吉見二郎の家庭を対照的に扱った絵巻である。

2．惣領制

血縁関係を基本とする結合形態、武家社会における一族の結合形態

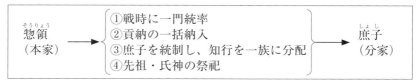

惣領（そうりょう）（本家） → ①戦時に一門統率 ②貢納の一括納入 ③庶子を統制し、知行を一族に分配 ④先祖・氏神の祭祀 → 庶子（しょし）（分家）

★鎌倉時代に武士団の惣領となるのは、兄弟の中で最も才能ある者で、長子とは限らなかった。

★分割相続が続くと、所領は細分化されていき武士の経済基盤は弱体化した。しかも、分割相続によって庶子の力が上昇し、惣領家との対立がでてくるようになった。

　　　分割相続から ━━━━━━━━━━▶ 単独相続へ

　　　血縁的結合から ━━━━━━━━━━▶ 地縁的結合へ

★モンゴル襲来で東国の御家人が、九州や西国の所領に定住するようになると、御家人の一族の団結がゆるみ、庶子は惣領からしだいに独立する傾向もあらわれて、惣領制は崩れていった。

131. 地頭請と下地中分

荘園領主の権力が弱まると、地頭は年貢などの徴収だけを行って、自分のものとするようになった。こうした荘園領主と地頭の争いを調整するために、地頭請と下地中分があった。

●**地頭の非法に対する農民の訴え、まさに「泣く子と地頭には勝てぬ」という状況であった。**

1. 紀伊国阿氐河荘民訴状（1275＝建治元）

①阿氐河荘の百姓らが地頭（湯浅宗親）13条の非法を荘園領主に訴えた百姓申状。

②領家の京都寂楽寺に提出した文書。

③文書は荘園領主と地頭との争いに際し、六波羅探題の法廷に提出されたもの。

★1275年、紀伊国（和歌山県）寂楽寺領の阿氐河荘上村の百姓などが、地頭の湯浅宗親による苛酷な人夫役負担のため、年貢として材木が納入できないことを荘園領主に訴えたものである。

2. 地頭請

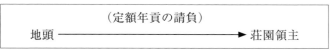

（定額年貢の請負）

地頭 ━━━━━━━━━━━━━━━━━━▶ 荘園領主

★荘園における年貢を完全に地頭が請け負うことをいう。徴収自体は以前から地頭の職務であったが、地頭請であらかじめ年貢の額を荘園領主と協議し、地頭の取り分を有利にした。

3. 下地中分

領家分 （西）	地頭分 （東）

★地頭は、契約を破ることがあり、荘園領主と地頭が折半する下地中分が行われた。これにより、地頭は土地と農民に対する完全な支配権を握り、領主権が確立していった→地頭領主制。

★領家方では新たに徴税責任者として荘官を任命し、荘園領主➡荘官➡農民という関係をつくって、地頭を排除した。一方、地頭方でも、荘園領主を排除して地頭➡農民という支配をつくっていった。

132. 蒙古襲来

執権北条時宗のとき、元軍が北九州に来襲した。幕府はこれを撃退したが、この戦いで得た土地はなく武士への恩賞は少なかったため、武士の幕府への信頼が失われ、御家人も困窮し御家人制が崩れていった。

● 「元寇」とは、「倭寇」に対抗する意味で徳川光圀の『大日本史』で用いられた言葉である。

1. **三別抄の乱（1270〜1273）**

   元に抵抗した高麗政府の軍事組織

2. **蒙古襲来（元寇）**

   ① 文永の役（1274） 〔 元軍　　1万5000人 〕
   　　　　　　　　　　〔 高麗軍　　 8000人 〕 900隻

   ● 対馬・壱岐を侵攻し博多湾に上陸
   ● 元軍は集団戦法で「てっはう」を使用、日本軍は一騎打ち
   ● 異国警固番役を整備・強化する
   ② 弘安の役（1281） 〔 東路軍4万 〕
   　　　　　　　　　　〔 江南軍10万 〕4400隻
   ● 元は南宋を滅亡（1279）
   ● 肥後国御家人竹崎季長は、「蒙古襲来絵巻」を描かせる（1293）
   ★ 蒙古襲来後も、幕府は警戒態勢をゆるめず、幕府の支配権の及ばない荘園である本所一円地の非御家人も動員する体制を整えた。
   ★ 庶子が異国警固番役につくと、独立した御家人となり惣領制は崩壊していった。分割から単独相続へとかわり、血縁的結合から地縁的結合へと移行した。

◆**御恩と奉公**　主従関係において、主人が従者に与えたものが御恩、従者が主人に提供するものが奉公である。ふつう御恩は土地給与、奉公は軍役奉仕の形をとった。こうした御恩と奉公の関係は、相互交流的なものだから、奉公をおこたれば御恩は与えられないし、御恩が期待できないところでは奉公は行われない。ふたつのことは、いわゆる「give and take」の関係として結びつけられているのである。

◆**非御家人**　幕府に対し奉公の義務はなく保護もうけなかった。しかし、文永・弘安の役に際し、異国警固番役を守護の下でつとめ、しだいに幕府の支配下にはいった。

◆**凡下**　侍身分に属さない一般庶民の呼称。甲乙人・百姓・地下人ともいう。

幕府は永仁の徳政令で、御家人の救済をはかった。

133. 得宗専制体制と永仁の徳政令

徳政令によって、金融業者は御家人に対する金融をしぶったため、かえって御家人の困窮を深めることになった。

●この頃、鎌倉に大地震が起こり、建長寺が倒壊炎上。

1. 御家人と御内人との対立（得宗専制体制の確立）

①霜月騒動（1285）

（有力御家人）安達泰盛 × ◀━━━━━━━━▶ ○（内管領）平頼綱

②平禅門の乱（1293）

（得宗）北条貞時 ○ ◀━━━━━━━━▶ × 平頼綱

★御内人や北条氏一門が幕政を主導するようになり得宗専制政治が確立した。全国の守護の半分以上は北条一門が占めて、地頭職も多くは北条氏の一手に帰した。

2. 永仁の徳政令（1297）永仁5年、北条貞時

①御家人の所領の質入れ・売買の禁止

②すでに売却された土地は無償で本主である御家人に返還

（ただし、20年年紀法は除く、幕府からの安堵の下文・下知状も除く）

③越訴（再審請求）の禁止

④御家人に対する金銭貸借訴訟の不受理

所領売却	御家人から御家人	御家人から非御家人・凡下
20年未満	無償で返却	無償で返却
20年以上	返却不要	（年数に関係なし）

★この法令は経済界を混乱させ、金融業者は御家人に対する金融をしぶったため、かえって御家人の困窮を増すことになった。

●凡下（借上のこと）

甲乙人、地下人、百姓（農民という意味ではなく一般庶民）などともいう。

★永仁の徳政令の条文は現存しておらず、その詳細な内容は不明である。ただ「世界記憶遺産」にも登録されている東寺に伝わる『東寺百合文書』に、3カ条が記録されている。

◆得宗　北条氏の嫡流家をさす名称で、北条義時の法名「徳宗」に由来するといわれる。義時・泰時・経時・時頼・時宗・貞時・高時の7代をいう。

◆得宗専制　得宗の私邸での寄合が幕政を左右し、得宗の家臣である御内人と代表者内管領が幕府の要職に就いた。1285年の霜月騒動で、得宗専制が確立した。

134. 鎌倉・室町の産業

農業生産の発展は、庶民の購買力を高め、荘園内の手工業者を独立させる方向にむけた。

●畿内や西日本一帯を中心に集約的農業が発展した。

1. 農業の発達

①二毛作（稲と裏作の麦）の普及
②鉄製農具の普及（鍬・鋤・鎌）
③牛馬の耕作（牛耕・馬耕）
④多収穫品種（大唐米（赤米）など）の輸入
⑤肥料の使用（刈敷・草木灰）
⑥荏胡麻の栽培
⑦三斎市（月に3回の定期市）、定期市（備前国（岡山県）福岡市）

2. 商業の活動

①問丸（港湾の貨物運送業者）
②馬借、車借（陸上運送業者）
③借上（無担保貸付高利貸）
④為替（遠隔地の商業取引は、問丸を中継して金銭の取引を手形で代用した）
⑤割符（為替手形）
⑥憑支（頼母子）、庶民の相互扶助的な金融機関

3. 室町時代の産業

①三毛作（米・麦・そば）→『老松堂日本行録』（宋希璟）、尼崎で三毛作を見聞
②木綿（三河地方）
③六斎市（応仁の乱後）
④連雀商人（「石山寺縁起絵巻」、「連雀」は荷物を運ぶために背負う道具）
⑤振売（天秤棒の両端に商品を入れた籠を下げて売り歩いた。近世は棒手振）
⑥桂女（鵜飼集団の女性、鮎・朝鮮飴の行商や巫女の仕事に携わった）
⑦大原女（洛北の大原から、薪や炭を頭にのせて行商に来た）

◆刈敷　刈り取った草を田や畑に敷き込んで腐らせた肥料のこと。二毛作などの集約農業に用いる。「集約的農業」とは、資本・労働力の多量投下によって単位面積から高い収益をあげる農業のこと。
◆草木灰　農業生産の集約化の中で普及した肥料。草木を焼いて得た灰のこと。
◆牛馬耕　これまで荘園領主や在地領主、有力農民の所有であった牛馬（西国の牛、東国の馬）が一般農民の所有となり、一般農民が農業経営を自立させていった。

135. 建武の新政

後醍醐天皇は、ただちに建武の新政を開始しその政治の理想は、天皇を中心としたものであった。醍醐・村上天皇の延喜・天暦の治を理想とした天皇・貴族政治であったため、武士の存在は軽視され不公平が目立った。

●後醍醐天皇は、幕府・摂関を廃止した。

【新政への不満】
①所領個別安堵法（土地の所有権の変更は、後醍醐天皇の綸旨で行うよう命令）
②乾坤通宝（銅銭）、鈔銭（紙幣）
③恩賞の不公平（公家に厚く、武家に冷淡）
④大内裏（宮殿）の造営（諸国の地頭に重税を課す）
⑤農民の負担増加（東寺領の若狭国太良荘）←東寺の代官が年貢を増やしたので生活が苦しくなった。

★建武政権の内部では公武の反目が表面化し、慣習を無視した政策に対する武士や農民の不満も高まった。二条河原の落書は新政の混乱ぶりをよく伝えている。

★新政府の組織は、記録所のように、名称は古代天皇制のものを復活させたものの、雑訴決断所のように、職員は鎌倉幕府の引付方の職員を採用した。体制としても、恩賞方のほかは鎌倉幕府をそのままひきつぐものであった。地方に守護を国司と併置したのも、武士の勢力を無視できないためで、現実に守護の勢力は国司をしのいでいた。

★延喜・天暦の治　醍醐天皇・村上天皇の時代には、天皇親政のもとで、律令政治維持の努力がはらわれた。しかし、現実には班田制の崩壊などによって、地方政治の混乱は大きかった。

◆綸旨　天皇の命令を奉じて蔵人が出す文書。発布手続きが簡単で、後醍醐天皇が好んで用いた。

◆記録所　後三条天皇の時に荘園整理のために設けられたのが初めであるが、鎌倉時代なると、一般訴訟や予算の審議機関となり、やがて有名無実化した。後醍醐天皇はこれを再興したが、元弘の変で中断され、新政府のもとに復活した。

◆論功行賞　功績の有無の大きさの程度を調べ、それに応じてふさわしい賞を与えること。「論功」とは、手柄の大小を調べること。

> 建武新政は、武士の存在が軽視され不公平が目立った

136. 南北朝の内乱

南朝は政権としては弱体だったが、南北朝内乱は全国的に展開し、また長期化したのはなぜだろう。

●**足利直義は、冷静沈着・謹厳実直な人間であった。**

1. 足利尊氏、後醍醐天皇に反旗

戦乱	年	勝者○	敗者×
竹の下の戦 (神奈川)	1335	足利尊氏・足利直義	新田義貞
多々良浜の戦 (福岡)	1336	足利尊氏	菊池武敏
湊川の戦 (兵庫)	1336	足利尊氏	楠木正成
和泉石津の戦(大阪)	1338	高師直	北畠顕家
藤島の戦 (福井)	1338	斯波高経	新田義貞

2. 南北朝の動乱が長期化した理由

①分割相続から単独相続への移行。
②惣領家と庶子家の対立。
③血縁的結合を主とした地方武士団が、地縁的結合を重視した。

3. 悪党の活動、(異類異形)『峰相記』

①富をたくわえて「有徳人」と呼ばれる一面をも持っていた。
②悪党の反乱＝播磨国東大寺領大部荘 (1294)

★悪党の多くは、商業や高利貸しに関与しており、広い地域にわたって結合し、武力を用いて近隣の荘園に乱入したり、年貢を略奪したりした。

4. 二頭政治の展開→北朝の内紛 (観応の擾乱)

①足利尊氏・高師直＝新興勢力 (軍事) ○ ➡ 侍所・政所中心
②足利直義・足利直冬＝旧体制維持 (行政) × ➡ 裁判権中心

★北朝方では、足利尊氏・直義兄弟の協力体制が崩れて幕府が分裂し、尊氏の執事高師直と直義の対立から、1350年観応の擾乱がおこった。幕府は初め尊氏が軍事指揮権、直義が行政・司法を担当し、兄弟で二頭政治を行ったが、観応の擾乱後、尊氏は直義を毒殺した。

★足利直冬には南朝方が加わり、全国の守護・国人も在地の支配をかけて両派についたので、内乱は複雑化し全国に波及した。

137. 守護の権限拡大

鎌倉時代から戦国時代にかけて、守護はどのように勢力を増強し衰退したか。守護大名は、任国の荘園を守護請・半済・守護段銭などを介して侵略し、その勢力を強めていった。

●室町時代の守護を鎌倉時代の守護と区別して、守護大名と呼ぶことがある。

【守護の権限強化】

1. 鎌倉時代の守護（朝廷と幕府の二元的支配）

①大犯三か条（大番催促、謀反人・殺害人の逮捕追捕）
②刈田狼藉（他人のもつ田畑の作物を実力で刈り取り奪うこと）の取締権

2. 南北朝の守護

①大犯三か条（大番催促、謀反人・殺害人の逮捕追捕）・刈田狼藉の取締権
②使節遵行の執行権（幕府の判決を強制執行させる権限）
③闕所地（敵方の所領を没収すること）の処分権

3. 観応の半済令（1352＝観応3）

荘園・公領の年貢半分を兵粮米として、武士に分与する権限を守護に供与	
地域	近江・美濃・尾張の3国に限定　（観応の擾乱の激戦地） →のち全国化
期間	1年に限定、しだいに恒常化
対象	年貢の半分の徴発

4. 応安の半済令（1368＝応安元）

土地の分割が認められ、武士の荘園侵略を促進

◆**守護請**　守護の勢力が増大するとともに、荘園領主や知行国主は、荘園や国衙領の経営を有力な守護や守護代にまかせ、みずからは豊凶にかかわらず一定額の年貢の徴収を確保しようとした。これを守護請という。守護請は、実際には半済と同じく、守護が荘園や国衙領を支配し、領国化するきっかけとなった。

◆**刈田狼藉**　他人の田の稲を刈り取る犯罪。所領の争いの際に起こることが多かった。室町期の守護はこれを取り締まる権限を与えられた（刈田狼藉の取締権）。

◆**使節遵行**　所領争いなどに関する幕府の裁定を強制的に執行すること。室町幕府では守護がこれを行い、刈田狼藉の検断権とともに、守護が国人を被官化する契機となった。

◆**守護段銭**　室町時代に守護が臨時に課した段銭。南北朝動乱期、守護はみずからの必要のため、幕府の禁止にもかかわらず、国内一帯に課した。国家的行事のための段銭と区別して、「守護段銭」と呼んだ。

138. 鎌倉・室町・江戸幕府の経済的な基盤と性格

室町幕府の経済基盤は、有力守護大名の連合政権的な性格が強く、弱体であった。

●**株仲間が納入する冥加金（献金的性格）・運上金も重要な財源であった。**

1. **鎌倉幕府の経済基盤**
   ①年貢・公事・夫役（関東御領・関東御分国）
   ②軍役・番役（関東進止の所領＝土地自体は幕府のものではない）

2. **室町幕府の経済基盤（守護大名の連合政権のため基盤は弱い）**
   ①御料所（直轄領からの収入）
   ②段銭（田地1段別に賦課）
   ③棟別銭（家屋1棟別に賦課）
   ④関銭（通行税）
   ⑤抽分銭（貿易の輸入税）
   ⑥分一銭（庶民の債務破棄、または高利貸の債権の保護を認めるかわりに納入させる手数料）

3. **江戸幕府の経済基盤**
   ①幕領（約400万石からの年貢）
   ②鉱山の支配（佐渡金山・伊豆金山・石見銀山などの直轄）
   ③貨幣の鋳造（金貨・銀貨・銭貨の鋳造権を掌握）
   ④重要都市の支配（江戸・京都・大坂・長崎・堺などの重要都市を直轄にし、商工業を統制）
   ⑤長崎貿易の統制（長崎奉行による貿易益金の上納など）

◆**御料所**　室町幕府の直轄領。足利氏の直臣に預けられた。統一的な支配方式はなく、幕府の経済的基盤としては不安定であった。
◆**抽分銭**　日明貿易輸入税で、商人は利益10分の1を幕府に抽分銭として納めた。
◆**守護大名の連合政権**　地頭が守護の家臣化していくなかで、幕府は守護をおもに足利一門から任命し、守護を通じて全国を支配しようとした。こうして、関東、奥羽の辺境以外の諸国の守護職の大部分は、細川・斯波・畠山・一色・山名・今川の一門6家でしめられ、外様で残ったのは、佐々木・赤松・土岐・大内の4家となり、14世紀末はこれら守護大名10家によって全国が支配された。

室町幕府は、守護を足利一門から任命し、守護を通じて全国支配をめざした。

足利義満は守護を討伐することで将軍の権威向上に努めた。しかし、嘉吉の乱では逆に将軍足利義教が殺害された。

●足利義教は、1429年くじ引きによって将軍となった。

1. 守護大名の抑圧策と応仁・文明の乱

足利義満	土岐康行の乱	1390	美濃・尾張・伊勢の守護土岐康行を討伐
	明徳の乱	1391	西国11カ国の守護を兼ねる山名氏清らを滅ぼす。
	応永の乱	1399	周防などの守護大内義弘を討伐する。
足利義持	上杉禅秀の乱	1416	前関東管領上杉禅秀が鎌倉府の内紛に乗じて反乱。
足利義教	永享の乱	1438	鎌倉公方足利持氏を討伐する。
	結城合戦	1440	結城氏朝が足利持氏の遺児春王丸・安王丸を擁して、幕府軍に反抗する。
	嘉吉の乱（変）	1441	足利義教が赤松満祐らに殺害される。
足利義政	享徳の乱	1454	足利成氏が上杉憲忠を謀殺する。
	応仁・文明の乱	1467〜	東軍（細川勝元）と西軍（山名宗全）との争い。

2. 応仁・文明の乱（1467〜77）応仁元年〜文明9年

①将軍足利義政の失政（分一徳政、13回も発令）
②細川勝元と山名持豊との対立
③将軍（義視と義尚との対立）と管領（斯波と畠山との対立）

東軍16万人	西軍11万人
細川勝元	山名持豊
足利義視	足利義尚
斯波義敏	斯波義廉
畠山政長	畠山義就
赤松則村	大内正弘

★開戦直後の1468年には、東軍は足利義政・日野富子・足利義尚をかつぎ、西軍は足利義視をかつぎ、入れかわった。1477年には講和が成立し、畠山義就と大内政弘が軍を接収したことで、応仁・文明の乱の幕が下りた。

140. 日明貿易

日明貿易は、朝貢貿易の形をとったので、日本は明の皇帝に臣下の礼をとらなければならなかった。

●**勘合を発行したのは、室町幕府ではなく明である。**

1. 元との通交

①新安沈船（1323）＝1976年韓国沖で発見。日本に向かった東福寺造営料唐船。

②建長寺船（1325）＝北条高時の派遣、火災にあった建長寺の造営費を賄う目的。

③天竜寺船（1342）＝足利尊氏の派遣、夢窓疎石のすすめ、博多商人至本の派遣。

★1975年、韓国全羅南道の新安沖で漁船の網に数点の青磁がかかり、沈没船の存在が判明した。木簡に残る年号、寺社名から1323年中国の慶元（今の寧波）を出港し、博多に向かった貿易船だったと見られる。

★足利尊氏も天竜寺造営費を得る目的で、博多商人に貿易を公認し、銅銭5000貫文を納入させた。この貿易船を天竜寺船とよび、1341年から数回派遣された。

2. 日明貿易

①祖阿・肥富の派遣（1401）『善隣国宝記』（瑞渓周鳳）

②勘合貿易（1404）「日本国王臣源」（足利義満）

③応永条約（1404）＝10年1貢、船2隻、乗組員200人以下

④中断（1411）足利義持（屈辱外交）

⑤再開（1432）足利義教（中国銭を輸入するため）

⑥宣徳条約（1432）＝10年1貢、船3隻、乗組員300人以下

⑦寧波の乱（1523）細川高国と大内義興の対立

⑧最後の遣明船（1547）策彦周良

⑨大内義隆の滅亡（1551）陶晴賢により

●査証（寧波）➡ 交易（北京）

●混血商人、楠葉西忍の活躍

◆**勘合貿易** 日明間の公的貿易で、日本が明に朝貢する形をとった。勘合という割符によって貿易船を確認した。

◆**足利義満** 室町幕府3代将軍。管領細川頼之の補佐を受けた。1392年南北朝を統一し1394年将軍を義持に譲り太政大臣となった。1395年出家して道義と名乗った。

◆**足利義持** 室町幕府4代将軍。足利義満の子。父の在位中は実権がなく、その死後は日明貿易中止、父義満に対する太上法皇の尊号を辞退するなど義満政治への反発を見せた。

141. 日朝貿易

朝鮮が倭寇の取り締まりを求めてくると、足利義満もこれに応じて朝鮮との間に国交が開かれた。

●**朝鮮からは大量の木綿が輸入された。**

【日朝貿易】
①癸亥約条（1443）＝嘉吉条約、歳遣船年50隻（宗貞盛）
②壬申約条（1512）＝三浦の乱、乃而浦一港のみ（宗盛順）
③己酉約条（1609）＝慶長条約、歳遣船年20隻（宗義智）、釜山に倭館を設置
　　　●三浦（富山浦・塩浦・乃而浦）

★朝鮮が倭寇の取締りを求めてくると、足利義満もこれに応じて朝鮮との間に国交が開かれた。江戸幕府は、宗氏に特権的な地位を認め朝鮮貿易を独占させた。

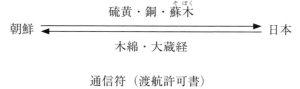

◆**宗氏**　鎌倉期は守護代、室町期は守護。宗貞盛は応永の外寇を退け、朝鮮と嘉吉条約（癸亥約条）を結び、以後日朝貿易は幕府にかわって宗氏が統制した。江戸時代には幕府から10万石の大名とされた。
◆**三浦の乱**　1510年、朝鮮の三浦（富山浦・乃而浦・塩浦）で日本人居留民が起こした反乱。日朝密貿易対策として私貿易が朝鮮から禁止されたことが原因。以後、貿易は制限された。
◆**大蔵経**　経・律・論など仏教聖典を木版印刷で総集したもので、諸大名は菩提寺や建立寺院に寄進するためこれを求めた。

日朝間では対馬の領主宗氏の管理のもとで、幕府、守護大名、国人、商人らが参加した貿易が行われた。

142. 琉球王国

沖縄では1429年中山王の尚巴志が、中山・北山・南山の３王国を統一し、首里を首都とし那覇を外港として琉球王国を建国した。

●**近世の琉球は、日中両国の服属関係にあった。**

１．琉球王国

①尚巴志（1429）琉球王国の建国　　②尚円（1470）金丸の乱
③尚寧（1609）琉球征伐（島津家久による）　　④尚泰（1872）琉球藩王
★向象賢（日琉同祖論の展開、『中山世鑑』（琉球王国の初めての正史(1650)）
★1429年には中山王尚巴志が北山・中山・南山を統一し、首里を首都とする琉球王国を建国した。明治時代になると、廃藩置県の翌1872年に琉球藩を設置して外交権を奪ったのち、1879年に琉球藩を日本に編入して沖縄県を設置した。

２．中継貿易

絹織物・硫黄・刀剣　　　　　絹織物・硫黄・刀剣
中国 ◄―――――――► 琉球 ◄―――――――► 日本
（東南アジア）蘇木・香木　　　　蘇木・香木（博多・坊津）

３．琉球の三山分立

北山(今帰仁城(なきじん))
中山（首里城、浦添城）
南山（玉城城、大里城）

４．琉球征伐（1609）

首里城の陥落
島津家久○ ―――――――――――► ×尚寧
①与論島以北を薩摩領とする。
②検地・刀狩を行い、兵農分離の推進と農村支配の確立。
③通商交易権を薩摩藩が掌握（那覇に奉行）。
④中国への朝貢貿易は継続（琉球王国は「日明両国の服属」の形）。

◆**冊封体制**　中国、歴代王朝が東アジア諸国の国際秩序を維持するために用いた対外政策。冊封とは、中国の皇帝が、その一族、功臣もしくは周辺諸国の君主に、王・侯などの爵位を与えて、これを藩国とすることである。
◆**中継貿易**　他国から輸入したものをさらに別の他国に輸出する貿易であり、加工貿易とは異なり、輸入したものをそのまま輸出することをさす。

143. 倭寇

前期倭寇は、南北朝時代に、北九州や瀬戸内海沿岸の住民が、集団で
武装し貿易活動を行った。後期倭寇は、日本人は3割ほどで、とくに
中国人やポルトガル人が多かった。

● 「寇」は、危害を加えるとか乱暴するとの意味がある。

【倭寇の活動】

1. 前期倭寇（13世紀後半〜14世紀）

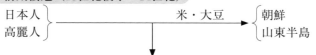

日本人 ⎱
高麗人 ⎰ ────── 米・大豆 ──→ ⎧ 朝鮮
　　　　　　　　　　　　　　　　 ⎩ 山東半島

　　足利義満の倭寇鎮圧、勘合貿易の開始で衰退

　　★14世紀のなかばから、対馬・壱岐・松浦地方を根拠地とし、海賊を行う
　　　人々が朝鮮半島や中国沿岸を襲い、食料や民衆を略奪することがあっ
　　　た。これを倭寇と言った。

2. 後期倭寇（16世紀）

日本人 　　　 ⎫
ポルトガル人 ⎬ ── 銭・生糸 ──→ 華南
スペイン人 　 ⎪
中国人（主体）⎭

　　　　　明の海禁政策、豊臣秀吉の海賊取締令で消滅

　　★倭寇は一時沈静化するが、16世紀に再度活発となる。中心は中国人で、
　　　密貿易を行った。首領の一人である王直は、種子島への鉄砲伝来へも関
　　　与したとされる。

◆倭寇　13世紀〜16世紀、朝鮮・中国の沿岸で強奪行為や私貿易を行った海賊的集団
をいう。日本人・中国人・ポルトガル人が参加したが、活動の地域や物品などは、前
期と後期に分けられる。

◆八幡船　八幡の字をあてたのは後のことで、「バハン」というのは、一般にオランダ
人やポルトガル人が海賊行為をさす語である。

144. 惣の形成

郷村の団結の中心となったのは国人・地侍といわれた有力名主であった。かれらは沙汰人・乙名・年寄などと呼ばれる村政指導者として、領主との間に立って年貢や水利などの世話をした。

● **惣の連合体を、郷村といった。郷村制は、農業生産力の高い近畿地方とその周辺部でとくに発達した。**

1. 惣（自治的村落共同体）の活動
　　①宮座（惣結合の中核となった神社の祭祀組織）
　　②自検断（村落の警察権・裁判権を村民自ら行使することをいう。地下検断。）
　　③番水制（用水の分配方法の一つ）
　　④一揆（一味神水、一味同心、起請文）
　　⑤百姓請（地下請）（惣が年貢を請負、荘園領主の惣への介入防止）
　　●惣の地＝入会地
　　●惣の代表例

近江今堀郷（村掟）
近江菅浦
和泉日根野荘

　　★強い連帯意識で結ばれた惣村の住民は、不法に働く代官や荘官の免職、水害やひでりの被害による年貢の減免などを求めてしばしば一揆を結び、要求を書き連ねた百姓申状を荘園領主にささげて愁訴を行った。さらに、要求が認められないときには、荘園領主のもとに押しかける強訴や、耕作を放棄し他領や山林に逃げ込む逃散を行うときもあった。

2. 惣の形成

郷村		階層	
惣		国人（土豪）	
惣		地侍	上層農民（番頭・長・乙名・年寄）
惣（自治組織）		一般農民	

　　★独立自営化してきた農民は、まず名主らを中心に小地域ごとに惣あるいは惣村と呼ばれる自治組織をつくり、祭礼・入会地・用水などの村の重要な事柄を自治的に処理するようになった。そのために農民の寄合が開かれたが、その指導者は、乙名・沙汰人・長・年寄などと呼ばれる地侍化した有力上層農民の代表であった。

145. 徳政一揆

正長の徳政一揆は近江坂本の運輸業者の馬借が蜂起したことに始まり、その影響は畿内近辺の農民の武力蜂起を招いた。

●一揆は、本来「揆を一にする」（一致する）という意味だが、鎌倉後期になると一味同心を指すようになった。

1. 守護大名の抑圧策と一揆

年代	反乱（守護大名）	一揆
1390	土岐康行の乱	
1391	明徳の乱（山名氏清）	
1399	応永の乱（大内義弘）	
1416	上杉禅秀の乱	
1428		正長の徳政一揆
1429		播磨の土一揆
1438	永享の乱（足利持氏）	
1441	嘉吉の乱（赤松満祐）	嘉吉の徳政一揆
1467	応仁・文明の乱	
1485		山城の国一揆
1488		加賀の一向一揆

★赤松満祐は、嘉吉の乱で6代将軍足利義教を暗殺後、領国播磨に帰ったが、侍所所司の山名持豊（宗全）の率いる幕府軍に攻められ、自害した。

2. 徳政一揆の背景

①「権力者の交代によって、所有関係や貸借関係など過去のすべての関係は清算される」という中世における人々の社会認識がある。

②畿内周辺の惣の住人には、酒屋・土倉・寺院など都市の高利貸に土地を質入れしている者が多く、惣の団結が弱体していた。

3. 正長の徳政一揆（1428）9月、出典『大乗院日記目録』（尋尊）

近江で始まり、京・近畿一帯に広まった。

足利義持の死を契機（1428）1月 ──────→ 足利義教将軍就任（1429）3月

称光天皇の死→正長の徳政一揆（後花園天皇）

★柳生の徳政碑文（負債帳消しを記念）、1914年、杉田定一が発見。正長元年以降は神戸四ヵ郷（大柳生・坂原・小柳生・邑知）に負債なし。農民たちが負債破棄を宣言したことが刻まれている。

4. 播磨の土一揆（1429）出典『薩戒記』（中山定親の日記）

守護大名の支配に対する国一揆的性格が強い。山城の国一揆の先駆となる。

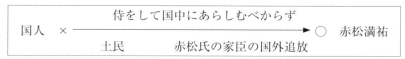

★1429年に播磨（兵庫県）で起こった土一揆は、守護である赤松氏を追い出して自治を行おうとした政治的要求をかかげたものであった。結局、守護赤松満祐に鎮圧されてその実権は成らなかった。山城の国一揆の先駆ともなるものであった。

5. 嘉吉の徳政一揆(1441)、主典『建内記』(建聖院内府(万里小路時房の日記))

京都周辺で蜂起、足利義勝が7代将軍に就任した時。

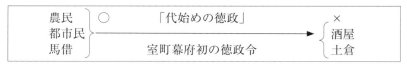

（結果）

①社会の混乱　　　　徳政令の頻発

②幕府権威の失墜　　分一銭の徴収

★嘉吉の徳政一揆は、嘉吉の乱で政治が混乱している間をねらって、1441年に農民たちが起こした。このとき酒屋や土倉が襲撃され、幕府も徳政令を発布した。正長の徳政一揆は、足利義教が6代将軍になることが決まったとき、嘉吉の徳政一揆は義教殺害の後、足利義勝が7代将軍になることが決まったときに起こったように、中世社会には天皇や将軍といった支配者の交代などによって、所有関係や貸借関係など社会のさまざまな関係が清算され、他人の手に渡ったものも元の持ち主の元にもどってくるという思想が広く存在した。

6. 享徳の徳政一揆（1454）➡ 分一徳政令（初めて発布）

債務破棄を許可する代わりに、債務額の1割の納入を命じる。

分一徳政令	農民の債務破棄を承認
分一徳政禁令	酒屋・土倉の債権確認を承認

7. 寛正の大飢饉（1461）

中世最大の飢饉と言われる1461年の飢饉。餓死者は8万人以上で、京都の賀茂川は一面餓死者で覆われたという。翌1462年、京都・河内・奈良など広範囲で寛正の土一揆が起きた。

8. 山城の国一揆（1485）出典『大乗院寺社雑事記』（尋尊）

南山城4郡（宇治・久世・綴喜・相楽）の国人、8年間の自治支配

●国人の３つの要求
①畠山両軍の撤退
②寺社・本所の返還
⑤新しい関所の禁止

9. 加賀の一向一揆（1488）出典『蔭涼軒日録』・『実悟記拾遺』

一向宗・国人・農民（20万人）➡「百姓の持ちたる国」100年の自治支配

★1441年、将軍足利義政が暗殺された嘉吉の乱で政情が動揺すると、京都周辺で数万の農民が蜂起し、幕府に徳政令を出させた（嘉吉の徳政一揆）。その後、幕府はしばしば徳政令を発布するようになり、足利義政の時代には13回も徳政令を出した。

★1485（文明17）年、応仁・文明の乱後も守護畠山氏が2派に分かれて対戦していた南山城地方で、国人・農民が蜂起し畠山氏の軍を国外に退去させた。

★1488年、加賀の一向一揆は守護富樫政親を敗死させ、一族の富樫泰高を名目上の守護として擁立した。

◆**馬借**　運送業者。馬借は馬の背に荷物を積んで運搬し、近江国坂本などの交通の要地に多く、機動性に富むことから土一揆の中心となった。

◆**堺**　日明貿易や南蛮貿易の拠点として栄えた。傭兵をかかげて武装し、会合衆の合議による自治が行われた。1569年、軍資金である矢銭を要求され、織田信長に屈服した。

寺院も襲撃されたのは、祠堂銭をもとに高利貸をしていたからであった。

146. 分国法

大名の領国を維持し、家臣や農民を統制するため、戦国大名は領国内の独自の法令を制定した。

●分国法には、家法というより家訓的なものもあった。

1. 代表的な分国法

朝倉孝景条々	越前	朝倉敏景	一乗谷（城下町）、家臣団城下町集住、家訓子孫を戒める
相良氏法度	肥後	相良為続	3代分国法、領内自治組織の掟、農政詳細、一向宗の禁止
大内氏掟書	周防	大内政弘	家中の儀礼的規定、条数多し
早雲寺殿二十一箇条	伊豆	北条早雲	家訓的、家臣の日常生活
今川仮名目録	駿河	今川氏親 今川義元	私婚の禁止、幕府の守護不入地の廃止、東国最古の分国法
塵芥集	陸奥	伊達稙宗	逃散の禁止、犯罪者の親族連坐制、最大数171条
甲州法度之次第	甲斐	武田晴信	他国との通信禁止、喧嘩両成敗。今川仮名目録の影響
結城氏新法度	下総	結城政勝	家臣団の統制、商人に関する条項、有力家臣15名承諾署名
新加制式	阿波	三好長治	裁判の基準、相論の処理
六角氏式目	近江	六角義治	民事・土地売買・債務関係規定、年貢収納や農民支配
長宗我部氏掟書	土佐	長宗我部元親	喧嘩両成敗、領民統治に関する規定、家臣・農民・職人統制、全100条

2. 戦国大名の家臣団

● （平時）寄親・寄子制

戦国大名 ──→ 寄親（国人）──→ 寄子（地侍・足軽）──→ 中間・小者・嵐子

● （戦時）

戦国大名 ──→ 軍奉行 ──→ 組頭（寄親）──→ 組（寄子）鉄砲隊・槍組

147. 城下町集住策

大名は居住する城に兵力を集中し、いつでも自由に軍事行動がとれる
ようにしておく必要があり、そのため家臣団を城に集め常住させた。

●**戦国大名は、幕府権力から独立し実力で勝ち取った。**

1. 戦国大名の分国法
　　①家臣の城下町集住（「朝倉孝景条々」）
　　②守護不入地の廃止（「今川仮名目録」）
　　③喧嘩両成敗（「長宗我部氏掟書」）
　　④年貢未納の農民の逃亡禁止（「塵芥集」）

2. 分国法は主君権力の強化や家臣団および農民の統制をその基本方針
　　①大名の領国内専制支配
　　②衣食住の規制（早寝早起き、婚姻の許可制）
　　③単独相続で所領売買の禁止
　　④縁坐・連坐などの連帯責任制と厳罰主義
　　⑤土地の争いなどは喧嘩両成敗

（目的）
　　家臣相互の紛争を自分たちの実力による喧嘩で解決することを禁止し、す
べての紛争を大名による裁判に委ねさせることで、領国の平和を実現するこ
とにあった。これを全国に及ぼしたのが、豊臣秀吉の惣無事令であった。

	守護大名（守護領国制）	戦国大名（大名領国制）
地位	室町幕府から任命され、幕府権力に依存。	幕府権力から独立し、実力で勝ち取る。将軍の権威を利用。
主従関係	厳しくなく、国人に荘園に関する職を与えて家臣化した。	主従関係は家臣統制とともに厳重で、国人を家臣団に編入し、土地の知行制度を確立した。
大名居所	在京・鎌倉が原則で、任国には守護代を置いた。	領国に住み、居城に家臣団を集めた。
政策	幕府や荘園の法に依存し、任国を完全に掌握するための政策はない。	分国法を制定し、厳重に統制した。富国強兵のための産業経済の発展をはかった。

148.　鉄砲の伝来

集団戦法による機動性の重視は、大名による家臣の城下町集住を促進させた。

●**鉄砲は、元寇のとき元が使用した「てつはう」に由来する名といわれる。**

1．来日の宣教師

フランシスコ＝ザビエル	イエズス会、島津貴久から布教の許可を得る。
バリニャーニ	天正遣欧使節の派遣を勧める。
ルイス＝フロイス	信長・秀吉の保護、著書に『日本史』がある。

2．鉄砲の伝来（1543）

ポルトガル商人　　　　　　　鉄砲2挺　　　　　種子島時堯（ときたか）
（中国船）王直 ─────────────→ 八板金兵衛（やいたきんべい）
（影響）
①騎馬隊から集団戦法へ
②山城から平城へ
③統一を早める
④兵農分離
⑤家臣の城下集住
　★集団戦法による機動性を高めるため、大名による家臣の城下町集住がうながされた。

3．キリスト教の伝来（1549）

フランシスコ＝ザビエル ⎫
コスメ＝デ＝トーレス　　｜　旧教（カトリック）
　　　　　　　　　　　　⎬ ──────────────→ 鹿児島
ファン＝フェルナンデス ｜　イエズス会
ヤジロウ（弥次郎）　　 ⎭

　★ザビエルは、薩摩の領主島津貴久の許可を得て、領内の布教に努めた。京都では戦乱により布教を断念したが、山口の大内義隆や豊後府内の大友義鎮の保護を受け、中国九州各地で布教し、2年後、中国大陸に去った。ただし、天皇・将軍には会えず、インドから中国広州で死去した。

4．ポルトガル商人の交易

　　　　　　　　　中国の生糸・絹織物
　　　　　　　ヨーロッパの鉄砲・火薬
中国（マカオ）◀══════════════▶ 日本
　　　　　　　日本の銀・刀剣・漆器

149. 織田信長と豊臣秀吉

秀吉の検地は、戦国大名や信長の検地に比べて、近世封建社会の基礎を確立する上で重要な意味をもった。

●大名の直轄領を「蔵入地」といい、220万石あった。

1. 織田信長の政策
①楽市令（美濃加納、安土山下町）
②関所の廃止（土一揆の多くが、関所廃止を要求したものであった）
③指出検地（土地面積、作人、年貢量などを申請させる）
④撰銭令（貨幣相互の交換基準決定）
⑤生野銀山（但馬）を直轄領
⑥堺・大津・草津・京都を直轄地

2. 豊臣秀吉の政策
①蔵入地220万石（70％は畿内とその近国）
②佐渡相川金山、石見大森銀山、但馬生野銀山
③天正大判、天正通宝、文禄通宝
④豪商（千利休、小西隆佐、島井宗室、神屋宗湛）

3. 太閤検地（1582〜1598）、天正の石直し、文禄検地（1594）
①検地奉行を派遣し、1590年頃から検地条目による統一基準で実施した。
②6尺3寸（191cm）四方＝1歩、1石＝10斗、石高＝石盛×面積

単位		石盛	
1町	10段	上田	1石5斗
1段	10畝	中田	1石3斗
1畝	30歩	下田	1石1斗
1段	300歩	下々田	9斗

③太閤検地では土地測量の基準が統一され、1段＝300歩と定められた（律令制度は1段＝360歩）。
④（検地反対一揆）肥後一揆（熊本）、大崎・葛西一揆（宮城）
（意義）

●一地一作人の原則＝中間搾取形態である「作合」の否定
●荘園制の消滅
●兵農分離の確定
★太閤検地の結果、石高を基準にして諸大名に領地を与え、所領の石高に応じて軍役を負担させる、近世の大名知行制の基礎が確立した。

184

4．五大老＝小早川隆景の死後、五大老と呼ばれた。

①徳川家康（五大老の筆頭）
②前田利家（加賀前田家始祖）
③毛利輝元（西軍の総大将、毛利元就の孫）
④宇喜多秀家（西軍に参加、八丈島へ配流）
⑤上杉景勝（上杉謙信の養子、のち米沢30万石に減封）●小早川隆景

★五大老とは、徳川家康、前田利家、毛利輝元、宇喜多秀家、小早川隆景（死後は上杉景勝）の五人。設置の時期は、五奉行と同じ1598年頃とみられ、豊臣秀吉が有力な大名を秀頼の後見として任じたもの。

5．五奉行・政務の分担（奉行、年寄ともいう）

①浅野長政（司法、首座、検地奉行）
②前田玄以（宗教、石田三成挙兵を家康に内報、公家・寺社を担当）
③石田三成（行政、検地奉行）
④長束正家（財政）
⑤増田長盛（土木、検地奉行、のち高野山に流される）

★豊臣秀吉は、信任の厚い家臣を五奉行とし、有力な大名から五大老を選んだ。ただし、当時「五奉行」などの特定の呼称は存在せず、「奉行」「年寄」などと呼ばれた。

6．織田信長の統一（守護斯波氏の守護代織田信秀の子）

桶狭間の戦い	1560	今川義元を破る
稲葉山城の戦い	1567	斎藤竜興を追放、「天下布武」の印章の使用
姉川の戦い	1570	足利義昭と結ぶ浅井長政・朝倉義景を破る
延暦寺焼き打ち	1571	～80年、正親町天皇の仲介、顕如との和睦
室町幕府の滅亡	1573	足利義昭、京都から追放
長篠の戦い	1575	武田勝頼を破る、鉄砲隊の活躍
天目山の戦い	1582	武田勝頼の自殺
本能寺の変	1582	家臣の明智光秀により殺害される

7．豊臣秀吉の統一（地侍、木下弥右衛門の子）

山崎の戦い	1582	明智光秀を破る
清洲会議	1582	秀吉と柴田勝家の会談、織田秀信を後継者とする
賤ヶ岳の戦い	1583	柴田勝家・お市の方の自殺（越前北の庄）
小牧・長久手の戦い	1584	徳川家康との和睦

関白に就任	1585	正親町天皇、養子秀次に関白を譲り太閤と称す
太政大臣・豊臣の姓	1586	後陽成天皇より太政大臣、朝廷から豊臣の姓
バテレン追放令	1587	島津義久征伐の帰途、博多で発布
刀狩・海賊取締令	1588	8月29日に発布、兵農分離、倭寇の禁圧
小田原攻略	1588	北条氏政を滅ぼし、関東諸大名も秀吉に臣従
奥州平定	1590	伊達政宗の服属、秀吉の全国平定

★織田信長、豊臣秀吉の政権を織豊政権といい、この時代を、信長・秀吉
　が築いた城の地名から安土・桃山時代という。「桃山」というのは、関
　白を甥の秀次に譲って太閤となった秀吉が政務をとった伏見城のあった
　場所ののちの地名である。

8．桃山文化

障壁画	風俗画
唐獅子図屏風・檜図屏風（狩野永徳）	洛中洛外図屏風（狩野永徳）
松鷹図・牡丹図（狩野山楽）	花下遊楽図屏風（狩野長信）
松林図屏風（長谷川等伯）	職人尽図屏風（狩野吉信）
山水図屏風（海北友松）	高雄観楓図屏風（狩野秀頼）

建築	
姫路城（白鷺城）・犬山城・彦根城	都久夫須磨神社本殿（伏見城遺構）
大徳寺唐門・西本願寺飛雲閣	妙喜庵茶室（待庵）・如庵
西本願寺唐門・書院（伝伏見城遺構）	醍醐寺三宝院表書院・庭園

◆指出検地　戦国大名が領内の土地、農民の情況を把握するために、面積・等級（上・
　中・下・下下田）・収穫高・耕作者・貢租高を現地の家臣に命じて書類として上申提
　出させた。
◆検地帳　耕作者として登録された農民が、江戸時代の本百姓である。検地帳にのらな
　い隷属農民を、帳外れ・水呑という。
◆国絵図　豊臣秀吉が諸大名に命じてつくらせた国ごとの基本地図。江戸幕府も村ごと
　の石高を記入した年貢徴収の基本帳簿である郷帳とともに作成させ、保管した。
◆大名知行制　豊臣秀吉が創始した。大名は幕府から朱印状で認められ土地を家臣に分
　与して支配した。江戸幕府は大名の改易・減封・転封を行い統制した。
◆年貢　毎年領主に納めた年貢はその土地の慣例によったが、問題がおこったときには、
　2公1民を原則とした。

信長の検地は、各地域の領主に土地の面積・作人・年貢量などを申請さ
せる指出検地であった。

150. バテレン（伴天連）追放令と朝鮮出兵

豊臣秀吉は、キリスト教についても貿易への関心から織田信長の保護政策を継承した。しかし、キリスト教を禁止したが、貿易は奨励したため不徹底であった。

●バテレンとは、ポルトガル語のパードレ（父、神父）に由来し、ローマ・カトリック教会の司祭をさす。

1. 秀吉がバテレン（宣教師）追放令を出した理由

①ポルトガル人が日本人奴隷を海外に売ったこと。

②宣教師や信者が神社・仏閣を破壊したこと。

③キリスト教の布教を先兵とするスペイン・ポルトガルの領土的野心を恐れた。

④信者の団結が、かつての一向一揆のような力を発揮することを恐れた。

2. 朝鮮出兵（壬辰・丁酉の倭乱）名護屋（本陣、佐賀県）

●文禄の役（1592）

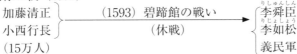

加藤清正 ╮
小西行長 ╯ （1593）碧蹄館の戦い／（休戦）→ 李舜臣／李如松／義民軍
（15万人）

●慶長の役（1597）

小早川秀秋 ╮
宇喜多秀家 ╯ （1598）秀吉の死により撤兵 → 李舜臣／（戦死）
（14万人）

（結果）

①連行された朱子学者（李退渓・姜沆）が藤原惺窩らの日本人儒者と交流し、江戸時代の朱子学に大きな影響を与えた。

②連行された朝鮮人陶工により、有田焼（李参平）・唐津焼・萩焼・薩摩焼（沈寿官）などの朝鮮系製陶が行われた。

③印刷技術も伝わり、日本最初の活字本である慶長勅版（木製活字、後陽成天皇の勅命）がつくられた。

3. 日本語になった外来語

ポルトガル語系	オランダ語系	スペイン語系
パン	コーヒー	メリヤス
カステラ	ビール	ビロード
タバコ	ガラス	カナリア
コンペイトウ	ランドセル	

151. 古墳文化

仏教普及による火葬の流行もあって、7世紀以降には土葬を前提とする古墳の築造はすたれていった。

●弥生時代の流れをくむ土師器は、ロクロを使用せず。

1. 古墳時代の土器

①土師器（はじき）＝ロクロを使用せず、窯を使わず1000度未満の酸化炎で焼き上げる。
②須恵器（すえき）＝ロクロを使用し、登窯を使って還元炎の高温で焼成した。灰色で堅い陶質の土器で朝鮮半島の土器の系譜につながる。

★土師器が弥生土器の系譜を引く土器であるのに対し、須恵器は5世紀朝鮮半島から渡来した技術者によって伝えられた新しい技術を用いた灰色で硬質土器である。

2. 古墳ベスト6

①大仙陵古墳（大阪）百舌鳥古墳群、墳丘全長486m
②誉田山古墳（こんだやま）（大阪）古市古墳群、全長425m
③陵山古墳（みささぎやま）（大阪）ミサンザイ古墳、全長365m
④造山古墳（つくりやま）（岡山）吉備地方、全長350m
⑤河内大塚山古墳（大阪）全長335m
⑥見瀬丸山古墳（みせまるやま）（奈良）全長310m、欽明天皇の陵墓説

関東最大 ➡	太田天神山古墳（群馬）全長210m
東北最大 ➡	雷神山古墳（宮城）全長168m
九州最大 ➡	女狭穂塚古墳（めさほづか）（前方後円墳、宮崎）全長175m、西都原古墳群（さいとばる）（日向（ひゅうが）（宮崎県）の古墳群で311基からなる）。

★大仙陵古墳が所在する堺市では地名の「大仙」を使用し、大阪府では「大山」を使い大山陵古墳と呼んでいる。

3. 古墳衰退の理由

①仏教の影響で、火葬が広まったこと。
②仏教が伝わり、古墳にかわり寺院が権力の象徴となっていったこと。
③中国の魏が205年に出した薄葬令の影響をうけ、厚葬や殉死を禁止した大化の薄葬令が出されたことなど。

152. 群集墳と装飾古墳

古墳の後期は、多数の豪族的な有力農民をヤマト政権の支配下に置こうとして古墳の築造を許したため、群集墳が出現した。

● 奈良県の高松塚古墳は、終末期古墳で高さ5mの二段式の「円墳」である。

1. 群集墳

①埼玉県吉見百穴（凝灰岩でできた丘陵の斜面に219基の横穴が蜂の巣状に開口している。穴の入り口は直径1m程度だが、内部はもう少し広い）

②奈良県新沢千塚古墳群（約500基の小型の円墳で構成されている）

③和歌山県岩橋千塚古墳群（約600基の大古墳群）

2. 装飾古墳

①茨城県虎塚古墳（三角文・円文・渦文などの幾何学文様など描く）

②福岡県珍敷塚古墳（鳥や人物を乗せた小舟、ヒキガエルなど描く）

③福岡県竹原古墳（船や馬を引く人、貴人にかざす団扇など描く）

④福岡県王塚古墳（騎馬・盾・三角文など描く）

⑤熊本県チブサン古墳（石板装飾の絵柄から「乳の神様」と呼ばれ信仰）

⑥奈良県高松塚古墳（四神＝朱雀・白虎・青竜・玄武、天井には天文図の星宿）

⑦奈良県キトラ古墳（四神図、精緻な天文図）

★九州各地や茨城県・福島県などの古墳や横穴の墓室には彩色あるいは線刻による壁画をもつ装飾古墳がつくられるなど、古墳の地域的特色が強くなった。とくに、福岡県竹原古墳の横穴式石室の奥壁には、馬を引く人物や船などが、中国思想にもとづく四神の青竜と思われる獣とともに描かれている。

3. 古墳の変遷

出現期	前期	中期	後期	終末期
3世紀後半	4世紀	4後〜5世紀	6世紀	7世紀
箸墓古墳（奈良）	桜井茶臼山古墳（奈良）	大仙陵古墳（大阪）	岩橋千塚（和歌山）	高松塚古墳（奈良）
前方後円墳	円墳・方墳	前方後円墳	群集墳	八角墳
特殊器台、壺形埴輪	円筒埴輪形象埴輪	円筒埴輪形象埴輪	円筒埴輪形象埴輪隆盛	埴輪なし
三角縁神獣鏡鉄剣・勾玉	銅鏡・鉄剣・碧玉製腕飾り	武具・馬具・鉄製甲冑	須恵器・土師器（日用品）	四神・男女の官人群像壁画

153. 文字の使用（最古の地名）

1世紀の奴国（「漢委奴国王」）や3世紀の邪馬台国は文書による外交をしていたので、文字の使用は確実だが、文字の使用例は現存していない。5世紀ごろ、渡来人の史部が記録にたずさわって以後、普及したと考えられる。

● 日本書紀に記された「神宮」は伊勢神宮と石上神宮だけであり、その記述によれば日本最古の神宮となる。

【漢字の使用】

1. 奈良県石上神宮七支刀銘（最古の金石文）

①372年、百済の肖古王が倭王に献上したもの。

②当時、高句麗と対立していた百済が、背後を固めるために倭国王に贈ったものとされる。

★ 全長約75cmの鉄製の剣。左右交互に3体ずつの支刀をもつ特殊な形態の刀である。剣身の両面の銘文から、倭王に贈るために泰和4年（369）百済で作られたと推定される。

2. 熊本県江田船山古墳出土鉄刀名（438）

①銘文中の「獲加多支鹵（ワカタケル）大王」とは、雄略天皇と比定される。

②文字を書いたのは、張安という。

3. 埼玉県稲荷山古墳出土鉄剣銘（471）

①銘文中の「獲加多支鹵（ワカタケル）大王」とは、雄略天皇と比定される。

②鉄剣の所持者は、杖刀人の首。

4. 和歌山県隅田八幡宮人物画像鏡（癸未年＝503）

①漢字で国語を表記した古いもの ➡ 意柴沙加宮（おしさかのみや）＝忍坂

②鏡の裏面に銘文48字がある。「癸未年」については503年とする説が有力である。

③「意柴沙加宮」は大和の忍坂のことで、場所は現在の奈良県桜井市忍坂付近と推定される。

★ 癸未年（503）8月に男弟王（おおとのおう）が意柴沙加宮（おしさかのみや）にいた時、斯麻という人物が開中費直（かわちのあたい）と今州利（いますり）の2人をして上等の白銅200貫をもってこの鏡をつくらせた。

◆『帝紀』・『旧辞』　6世紀頃、欽明天皇朝に成立した。『帝紀』は大王家の系譜、『旧辞』は神話・伝承やヤマト政権の物語で、のちの『古事記』『日本書紀』の原史料となった。ただし、いずれも現存せず。

154. 蘇我氏と物部氏との対立

仏教受容をめぐって、崇仏派の蘇我稲目と神祇信仰を固持する物部尾輿との間に対立があった。

●ヤマト政権に対抗する地方豪族がいた。

1. 仏教の伝来（公伝）

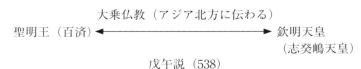

大乗仏教（アジア北方に伝わる）

聖明王（百済）◀━━━━━━━━━━━━▶欽明天皇
　　　　　　　　　　　　　　　　　　　　（志癸嶋天皇）

戊午説（538）

2. 地方豪族の抵抗

①吉備田狭の乱（463）雄略天皇、「任那国司」に任命→吉備田狭、反抗

②大伴金村、百済に任那4県割譲←物部尾輿の弾劾。540年に失脚。

③筑紫国造磐井の乱（527）←物部麁鹿火により鎮圧。

★磐井の墓＝岩戸山古墳（福岡県八女市）（『筑後風土記』の記載通り、石人石馬の出土があった）。岩戸山古墳は、九州屈指の大古墳で墳丘墓から石人・石馬、円筒埴輪などが発見され、筑紫国造磐井の墓と推定されている。

3. 仏教論争（用明天皇の死（587））

（排仏）×　　　　　　　　　　　　　　○（崇仏）

物部守屋　　　　　　　　　　　　　　蘇我馬子
穴穂部皇子 }━━━━━━━━▶{ 泊瀬部皇子（崇峻天皇）

★物部氏と蘇我氏との対立は、仏教受容の問題に用明天皇死後の皇位継承問題がからんで、武力紛争まで発展した。587年、蘇我馬子が物部守屋を滅ぼし、馬子の推す崇峻天皇が即位した。これ以後、蘇我氏はヤマト政権の政治を掌握した。

4. 蘇我氏(崇仏派) 三蔵の管理(『古語拾遺』(807年成立、斎部広成の歴史書)

大蔵	政府の官物をおさめる
内蔵	皇室の私物をおさめる
斎蔵	神物をおさめる

◆聖明王　日本に仏教を伝えた百済の王。日本と結んで、新羅と対抗する外交的意図があり、そのため日本に仏教を伝えた。554年新羅に進攻して戦死した。

155. 冠位十二階の制

大和政権における氏姓制度と推古朝の冠位十二階とは、一体どこが違うのか。冠位十二階が制定され、儒教の礼の観念を用いた官人の序列が定められた。

●**冠位十二階は、位階に応じて冠の色を分けた。**

1. 氏姓制度

支配者層である氏の社会的地位を姓によって秩序づけたヤマト政権の支配組織。

氏＝豪族の血縁集団をもとにした集団。

姓＝身分をあらわす称号であり、名字ではない。

大伴　（連）　金村	蘇我　（臣）　入鹿
氏の名　姓　人名	氏の名　姓　人名

★姓の種類は、臣・連・君・直・造・首・別・史・村主など約30種類ある。

祭祀	中臣連・忌部連
軍事	大伴連・物部連
財政	蘇我臣
葬礼・土器制作	土師連

2. 冠位十二階の制（603）

①儒教の五常の徳目

②徳・仁・礼・信・義・智（色は紫・青・赤・黄・白・黒）

③人材登用、門閥勢力の抑圧、官人の秩序を重視

3. 憲法十七条（604）官人の道徳的強化法

①儒教・仏教・法家思想の影響

②歴史学者・津田左右吉は、第12条にみえる「国司」の文字に虚作説を唱えた。

③「17」の数字は、中国の陰陽思想から由来している。

4. 史書の編修

『天皇記』『国記』（620）天皇支配の正当性、（645）蘇我蝦夷邸焼亡で焼失

冠位授与の対象は個人本人限りで、世襲しないとした。

156. ヤマト政権の外交と遣隋使

倭の五王の宋への朝貢は、王権の確立のために宋の皇帝の権威を借り
ようとしたものであったが、遣隋使はあくまで対等外交であった。

●煬帝は日本の「天子」から中国の「天子」へと2人にいる「天子」
　表現に憤慨した。天子は中国のみ。

1. 倭王武の上表文（478）

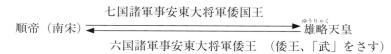

七国諸軍事安東大将軍倭国王

順帝（南宋）　←――――――――――――→　雄略天皇

六国諸軍事安東大将軍倭王　（倭王、「武」をさす）

●六国（倭・新羅・任那・加羅・秦韓(しんかん)・慕韓(ぼかん)）←百済を除く（中国と百済
　は冊封）

（倭の五王の中国南朝遣使の目的）

①高句麗の南下に対抗できる称号を獲得するため

②国内支配を権威づけるため

③大陸文化の積極的導入のため

2. 遣隋使の派遣

（目的）国内の諸制度の充実、百済・新羅に対して優位に立つ。

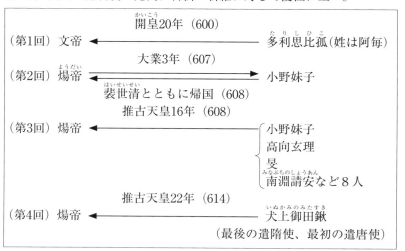

開皇(かいこう)20年（600）

（第1回）文帝　←――――――――　多利思比孤(たりしひこ)（姓は阿毎）

大業3年（607）

（第2回）煬帝(ようだい)　――――――――→　小野妹子

裴世清(はいせいせい)とともに帰国（608）

推古天皇16年（608）

（第3回）煬帝　←――――――――　｛小野妹子
　　　　　　　　　　　　　　　　　　高向玄理
　　　　　　　　　　　　　　　　　　旻
　　　　　　　　　　　　　　　　　　南淵請安(みなぶちのしょうあん)など8人

推古天皇22年（614）

（第4回）煬帝　←――――――――　犬上御田鍬(いぬかみのみたすき)

　　　　　　　　　　　　　　　（最後の遣隋使、最初の遣唐使）

★『隋書』には、600年の遣隋使が記されている。614年の遣隋使には犬上
　御田鍬を派遣したが618年には隋は滅亡し唐が建国された。

157. 寺院の伽藍配置

仏教寺院は釈迦の遺骨、すなわち仏舎利を礼拝する場であったことから、古い寺院の伽藍の配置は仏舎利を納める塔を中心としていた。

●**法隆寺は用明天皇の遺願を果たすために建立されたもので、日本独特の伽藍配置様式をもつ。**

　★寺院における諸堂の配置。寺院は元来、仏舎利(釈迦の遺骨)を安置する塔が中心の伽藍配置であったが、しだいに本尊を安置する金堂が中心の配置に移行した。

　★塔と金堂を南北一直線上に配する四天王式は、中国南北朝時代以降、中国寺院の基本形式であった。平安時代になると寺院は山岳に移り、伽藍配置はくずれていった。

【伽藍配置】

　①飛鳥寺式 ┐
　②四天王式 ├ 塔が一つ ──→ 金堂が三つ
　③法隆寺式 ┘
　④薬師寺式 ┐
　⑤東大寺式 ├ 塔が二つ ──→ 金堂が一つ
　⑥大安寺式 ┘

◆**伽藍配置**　奈良時代ころまでの寺院は、中門・塔・金堂・講堂などの伽藍を一定の様式によって配置した。伽藍の中心は、仏舎利を納めた塔から、鎮護国家の仏教が盛んになるにつれて金堂に変わっていった。

◆**仏舎利**　釈迦の骨。入滅した釈迦が荼毘に付された際の遺骨及び棺、荼毘祭壇の灰燼をさす。

> 四天王寺式は塔と金堂が中門・講堂と一直線上にある。

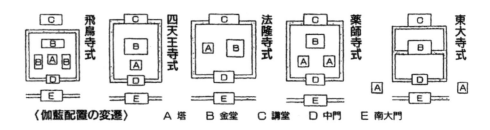

〈伽藍配置の変遷〉　　Ａ 塔　　Ｂ 金堂　　Ｃ 講堂　　Ｄ 中門　　Ｅ 南大門

158. 乙巳の変～白村江の戦い

推古天皇の死後、蘇我氏は専横を極め、643年には山背大兄王を殺害した。危険を感じた中大兄皇子は、蘇我入鹿を宮中に殺害し、蘇我氏本宗家を滅ぼした。

●飛鳥寺に隣接したところに、入鹿の首塚がある。

1. 乙巳の変 (645) 6＝12

飛鳥板蓋宮大極殿

蘇我蝦夷 ┐　× 　　　　　　　　○┌中大兄皇子
蘇我入鹿 ┘ ←　　　　　　　　　└中臣鎌足

　★ 『続日本紀』（藤原鎌足の記事）に、「藤原内大臣乙巳年功」とあることから「乙巳の変」という名称で呼ばれるようになった。

2. 改新の詔 (646) 元旦 （大化2年）

第1条	公地公民の原則 （屯倉・田荘・部曲の廃止、豪族に食封を支給）
第2条	中央集権的行政区画 （畿内・国郡里制の整備、軍事・交通制度の確立）
第3条	班田収授の法 （戸籍・計帳の作成、班田収授の法の実施）
第4条	新税制の実施 （調・調副物・庸・仕丁・采女）

3. 白村江の戦い (663)

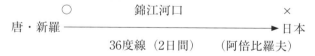

　　　　　○　　　　　錦江河口　　　　　　　　×
唐・新羅 ━━━━━━━━━━━━━━━━━━━━→ 日本
　　　　　36度線（2日間）　　　（阿倍比羅夫）

◆乙巳の変　中大兄皇子・中臣鎌足らが蘇我入鹿を宮中にて暗殺して蘇我氏を滅ぼした政変であり、厳密には「乙巳の変」に始まる一連の政治制度改革が「大化の改新」である。「乙巳の変」は「大化の改新」の第一段階にあたる。

◆鬼室福信　百済の遺臣。百済が滅亡し、その救援軍と日本に亡命していた王子の余豊璋の返還を求めた。のちに対立し白村江の戦いの直前に殺された。

◆白村江の戦い　663年10月、朝鮮半島の白村江（現在の錦江河口付近）で行われた百済復興をめざす日本・百済の連合軍と唐・新羅連合軍との間の戦争をいう。「白村江」という川があったわけではなく、白江が黄海に流れ込む海辺を白村江と呼ぶ。

中大兄皇子を中心に新政府が成立し、「改新の詔」が宣された。

159. 壬申の乱

古代最大の争乱である壬申の乱によって、近江朝廷側は敗れ、大友皇子は自殺した。勝利した大海人皇子は天武天皇として大化の改新の目標を急速に推し進めることができた。

●壬申の乱後に、律令体制が確立した。

1. 壬申の乱（672）

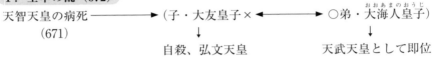

天智天皇の病死 ―――――→（子・大友皇子×←―――→○弟・大海人皇子）
（671）
　　　　　　　　　　　　　↓　　　　　　　　　　　　　↓
　　　　　　　　　　自殺、弘文天皇　　　　　天武天皇として即位

2. 八省

（左弁官）

①**中務省**（詔勅の作成、侍従の職務、国史の編纂、長官は親王から任命）
②**式部省**（文官の人事、大学の入試）
③**治部省**（国家の仏事、外国使の接待、外交、僧尼、冠婚葬祭）
④**民部省**（戸籍の作成・管理、租税）

（右弁官）

⑤**大蔵省**（国庫の管理、度量衡）
⑥**刑部省**（裁判・刑の執行）
⑦**兵部省**（軍事・警備、武官の人事）
⑧**宮内省**（宮中の事務）

★祭祀をつかさどる神祇官と行政の最高の中央機関である太政官との2官が根幹をなした。

3. 律令の編纂

	天皇	制定年	施行年	編者
近江令	天智天皇	668年	671	中臣鎌足ら
飛鳥浄御原令	天武天皇	681年以降	689	（不明）
大宝律令	文武天皇	701年	702	刑部親王・藤原不比等ら
養老律令	元正天皇	718年	757	藤原不比等ら

★大宝律令は現存しないが、平安初期に編纂された『令集解』などから断片的に復元される。また養老律令も、833年の完成した官撰注釈書である『令義解』に養老令の本文が伝えられている。

160. 旧石器時代の遺跡

日本列島における旧石器時代の研究は、相沢忠洋が群馬県新田郡
（現、群馬県みどり市）にある岩宿遺跡で石器を採集したことを契機
として始まった。

●打製石器は、打つ→切る→突くと発達していった。

1．打製石器の発達順

> ●握槌（楕円形石器）➡ 石刃（ナイフ形石器）、（局部磨製石斧）
> ➡ 尖頭器 ➡ 細石器（マイクロリス）

★打製石器は、はじめは石を打ちかいて打撃用として用いた握槌などが
あった。尖頭器は主に刺突する目的でつくられ、柄をつけて槍先の機能
を果たす石槍として発達した。木や骨の柄にはめこんで使った細石器
は、旧石器時代の終わりごろに登場した。

2．更新世化石人骨（新人）

①山下町洞人（沖縄）3万2000年前、シカの化石、新人の女児の化石
②白保竿根田原洞穴遺跡（沖縄、石垣島）2万7000年前、国内最古の全身
　骨格
③港川人（沖縄）1万8000年前、オーストラリア先住民と類似、4体の完全
　骨格
④浜北人（静岡）1万4000年前、化石人骨の発見、更新世後期の新人
⑤サキタリ洞遺跡（沖縄）、沖縄最古の土器、石器、人骨、最古の貝製の
　釣り針

3．旧石器文化の遺跡

①砂原遺跡（島根）12万年前、石器の発見（2009年）、中期旧石器時代の
　遺跡
②金取遺跡（岩手）9万年～8万年前、石斧など32点の石器の発見、キャ
　ンプ跡
③白滝遺跡（北海道）細石刃の出土、道内最大の黒曜石原産地。
④野尻湖遺跡（長野）湖底からナウマン象の化石や旧石器時代の石器の出土。
⑤早水台遺跡（大分）握槌・石刃などの発見、前期旧石器研究の端緒
⑥岩宿遺跡（群馬）相沢忠洋の発見、旧石器時代の存在が初めて立証された。

★旧石器時代には、テント式の住居が一般的であり、舟の存在も推測される。

◆局部磨製石斧　今から約4～3万年前の後期旧石器時代初頭に登場した、刃先に磨き
をかけた石斧のこと。大型獣の狩猟や解体、木の伐採や切断、土掘りなど多目的に用
いられたと推定される。なお、後期旧石器時代において磨製技術を用いる石器は、
オーストラリアと日本だけである。

161. 縄文文化

西アジアや中国の新石器時代は食料の生産段階に入っているが、日本の縄文時代は食料採取段階であった。

●縄文土器は世界で最も古い土器の一つである。

1. 世界最古級の土器

①青森県大平山元Ⅰ遺跡（無文土器の出土）＝1万6500年前
②長崎県泉福寺洞穴遺跡（豆粒文土器の出土）＝1万2700年前
③長崎県福井洞穴遺跡（隆起線文土器の出土）＝1万2700年前

★大平山元Ⅰ遺跡は縄文時代草創期の遺跡であり、最古の弓の使用で知られる。

★大平山元Ⅰ遺跡は、青森県津軽半島の外ヶ浜町に所在し、陸奥湾に注ぐ蟹田川沿岸の標高26mの河岸段丘上に立地する。サケ・マスが遡上し、捕獲できる河川近くで石器に適した良質の石材が採取できた。

旧石器時代	縄文時代	弥生

200万年前　　　　　1万3000万年前　　　　2300年前

　　　　500万年前　　　　200万年前　　　　1万年前

中新世	鮮新世	更新世	完新世

　　↑　　　　　　　　　　　　　　↑　　　　　↑
人類の発生　　　　　　　　日本列島の形成　　　現在

2. 特徴

草創期	丸底土器	弓矢の使用
早期	尖底土器	貝塚、土偶
前期	平底土器	丸木船、原始農耕
中期	火炎土器	集落の大規模化
後期	注口土器	大森貝塚
晩期	亀ヶ岡土器	水田の出現

3. 縄文時代の貝塚（ごみ捨て場、墓場）

①里浜貝塚（宮城）貝層の分析により、人々の四季の食料がわかる。
②加曽利貝塚（千葉）日本最大の貝塚、環状集落、犬の埋葬骨。
③大森貝塚（東京）1877年、アメリカ人モースによって発見される。
④鳥浜貝塚（福井）丸木船、糞石、栽培植物（ヒョウタン）、漆の工芸。
⑤津雲貝塚（岡山）人骨170体以上、屈葬、伸展葬、貝や骨の装飾器。

162.　弥生文化

弥生文化は、水田農業と金属器の使用、縄文土器にかわる弥生土器の使用を特色としている。

●**島根県荒神谷遺跡から大量358本の銅剣が出土した。**

1．弥生土器の使用目的（壺、甕、甑、高坏）

穀物を蒸すなど、調理用に使われた。
貯蔵のための甕
甕棺墓
盛り付ける土器
水をくむ土器

2．弥生の遺跡

①青森県弘前市砂沢遺跡（日本最北端の弥生水田跡）

②島根県荒神谷遺跡（358本の銅剣・6個の銅鐸・16本の銅矛の出土）

③島根県加茂岩倉遺跡（39個の銅鐸の出土、出雲王権や文化の存在）

④佐賀県吉野ヶ里遺跡（大環濠集落、墳墓群、水田跡、物見やぐら＝楼観）

⑤長崎原ノ辻遺跡（長崎県壱岐市芦辺町、石田町にある遺跡。三重濠、中国新の貨幣「貨泉」の出土、「一支国」の首都と推定）

★1984年、島根県簸川郡斐川町（2011年出雲市に編入合併）荒神谷遺跡から、これまでの日本全国の総出土数を上回る358本の銅剣が発見された。翌1986年には銅剣が発見されたすぐ近くから、銅鐸6個と銅矛16本が出土した。銅剣・銅鐸・銅矛がセットで出土したのは全国で初めてであった。

★この荒神谷遺跡から山を隔てた3.3km東南にあるのが、1996年39個の銅鐸が発見された加茂岩倉遺跡であった。トンボや鹿の絵が描かれていた。

★吉野ケ里遺跡からは、前1世紀の甕棺墓と墳丘墓、後2、3世紀の環濠集落跡が出土する。当時の「クニ」の拠点集落であり、邪馬台国成立前の弥生社会の実態や変遷を知る貴重な資料である。

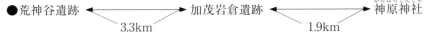

●荒神谷遺跡　←──────→　加茂岩倉遺跡　←──────→　神原神社
　　　　　　　　3.3km　　　　　　　　　　　　1.9km

163. 縄文・弥生・古墳時代の墓

八角墳の出現など墓にみられる死者の埋葬法の違いは、その時代の社会生活のあり方をよく物語っている。

●吉野ケ里遺跡の甕棺墓に埋葬された人々は、長身で面長の顔つきの「渡来人系弥生人」であった。

1. 埋葬法

①甕棺墓（合口甕棺墓、立石遺跡（福岡）、永岡遺跡（福岡））
②箱式石棺墓（伸展葬、土井ヶ浜遺跡（山口）、野方中原遺跡（福岡））
③支石墓（朝鮮半島南部、支登遺跡（福岡）、須玖遺跡（福岡））
④方形周溝墓（家族墓的性格、宇津木遺跡（東京）、瓜生堂遺跡（大阪））
⑤墳丘墓（弥生中期〜、西日本に出現、吉野ケ里遺跡（佐賀）、纒向遺跡（奈良）、加美遺跡（大阪））

四隅突出墳丘墓	山陰、妻木晩田遺跡（鳥取県）
方形台状墓	瀬戸内海
楯築墳丘墓	岡山、特殊器台形土器（円筒埴輪の原型）

⑥土壙墓（吉野ケ里遺跡、棺を用いず直接遺体を納めたものもある）

★方形周溝墓は弥生後期から古墳前期にかけて行われた墓制で、関東を中心に全国でみられる。墓域を溝で囲み、中央部に土壙を掘って盛り土をしている。

★墳丘墓は円形墳丘墓の二方向についた張り出し部を含めると、全長約80mになる。

★弥生時代後期の山陰や北陸では、方形墳丘の四隅に張り出しがつく四隅突出墳丘墓がさかんにつくられた。

2. 吉野ケ里遺跡（佐賀県）

①日本屈指の大環濠集落。
②1986年からの発掘調査によって発見された。
③食料を保管する高床式倉庫、貯蔵穴、土坑、青銅器製造の跡の発見。
④甕棺の中に首から上が無いものがあり、戦争があったと推定される。

◆**前方後円墳**　前部が方墳、後部が円墳の形をもつ古墳で、一般に時代が新しくなるにつれて前方部の幅や高さが大きくなる傾向がみられる。なお、前方後円墳と名づけたのは、江戸時代の思想家の蒲生君平である。

前方後円墳と名づけたのは、江戸時代の思想家・蒲生君平であった。

164. 弥生時代の社会

弥生時代は、農業生産の開始にともなって身分差のある社会、すなわち古代社会への移行が始まった時代でもある。

●北海道と沖縄には弥生文化は伝播しなかった。

1．弥生文化（弥生の遺跡は、北海道や沖縄には存在せず）
①北海道（続縄文文化 ➡ 擦文文化）
②沖縄（南島文化＝貝塚文化）
★続縄文文化は、北海道を中心に展開した狩猟・漁労を中心とする文化。7世紀以降には擦文文化やオホーツク文化に移行していった。一方、沖縄は農耕などの弥生文化が及ばず、貝類などの食料採取が中心であった。

2．『漢書』地理志（班固）、前漢の歴史書

```
            定期的              経由
前漢 ◀───────── 楽浪郡 ◀───────── 倭
        （BC108、前漢の武帝が設置）
```
★中国や朝鮮半島の先進技術を手に入れる。また、中国皇帝の権威で内部統合を有利に展開するため定期的に使者を派遣した。

3．『後漢書』東夷伝（范曄）、5世紀の成立
①建武中元2年（57）

```
                奉貢朝賀
光武帝 ◀───────────▶ 倭奴国王
（後漢の都洛陽）「漢委奴国王」の金印
```
★「金印」の発見は、1784年、福岡の志賀島で百姓甚兵衛が発見。鈕（蛇）2.3cm、重さ109g。
②永初元年（107）

```
            生口（奴隷）160人
安帝 ◀─────────────── 師升（最初の倭国王）
        請見を願う
```
③「桓・霊の間」（147〜189）戦乱があった
倭国大いに乱れ→高地性集落（紫雲出山遺跡(香川県)・会下山遺跡(兵庫)）

4．『魏志』倭人伝（陳寿）

```
（景初3年（239））          生口10人、斑布（麻）
明帝 ◀──── 帯方郡 ◀────┤ 難升米（大夫）
（魏）─────────────────▶└ 都市牛利（副使）
        織物、刀、金印紫綬、「親魏倭王」、銅鏡100枚
```

165. 邪馬台国

小国の分立から、2世紀後半の倭国の大乱を経て、邪馬台国を中心と
する政治的な連合組織がつくられた。
●纒向古墳の築造は3世紀初頭〜中頃、箸墓古墳は260〜280年頃と言
われている。

1. 邪馬台国
　　①租税（種もみ、絹織物）、裁判の存在
　　②身分制度（王─大人─下戸─生口（奴隷））
　　③入れ墨、はだし
　　④木製の弓に鉄や骨で作った鏃（矢じり）を使う
　　⑤一大率（伊都国に常駐した監督官）
　　⑥大倭（国々の市場に置かれた監督官）
　　⑦狗奴国（邪馬台国と交戦していた男王の支配する国）
　　⑧難升米（卑弥呼が魏へ遣わした人物、当時大夫の位にあった。銀印青綬
　　　をうける）
　　★邪馬台国の所在地については、近畿(大和)説の有力な遺跡として纒向遺
　　　跡がある。大和古墳群の中にあり、三輪山を御神体とする大神神社も近
　　　く、初期ヤマト政権発祥の地とも目される地域である。

2. 邪馬台国と対立した国
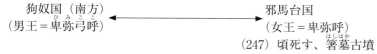
　　　　　　　　　　魏から派遣された張政が仲介
　　狗奴国（南方）　　　　　　　　　　　　邪馬台国
　（男王＝卑弥弓呼）　◀───────▶　　（女王＝卑弥呼）
　　　　　　　　　　　　　　　　　　（247）頃死す、箸墓古墳

3. 邪馬台国の位置

近畿説	奈良県纒向遺跡群	新井白石、伴信友、内藤湖南
九州説	佐賀県吉野ケ里遺跡	本居宣長、白鳥庫吉、久米邦武、井上光貞

◆一大率　諸国を検察する役人。邪馬台国が一大率を常住させた国に伊都国がある。伊
都国は福岡県糸島郡にあったと推定される。
◆狗奴国　邪馬台国と対立した男王（卑弥弓呼）の国。九州説では熊襲、大和説では熊
野あたりと推定される。

166. 仏像史（文化史のまとめ①）

1．仏像の見方

①如来（社長）
- 悟りを開いた覚者
- 出家した釈迦と同様に1枚の衣をまとうだけ
- 装飾品は身に着けない

②菩薩（専務）
- 悟りを求める人と言う意味
- 出家する以前の王子の姿を基本とする
- 日本では観音地蔵の信仰が厚い
- ネックレス・ブレスレッドを身に着ける

②明王（課長）
- 如来の厳しい命令を実行する使者　　●不動明王（大日如来の化身）
- 如来そのものの変身
- すべて忿怒の姿をとる
- 服装は菩薩とほぼ同じ

③天（係長）
- 天界に住むので天と呼ばれる
- 八部衆、十二神将、十二天など

2．飛鳥文化

（北魏様式）

飛鳥寺丈六釈迦如来像（605）	最古の仏像、鞍作鳥
法隆寺金堂釈迦三尊像（623）	鞍作鳥、光背の裏面
法隆寺夢殿救世観音像	最古の木彫り、太子の等身像

（南朝様式）

法隆寺百済観音像	楠の一木造、八頭身
中宮寺半跏思惟像	最古の寄木造、アルカイックスマイル
広隆寺半跏思惟像	赤松の一木造

3．白鳳文化

①薬師寺金堂薬師三尊像（中央＝薬師如来像、日光月光菩薩像）
②薬師寺東院堂聖観音像（直立姿勢、均整、質量感、グプタ朝の要素）
③法隆寺阿弥陀三尊像（橘三千代の念持仏＝光明皇后の母）

④興福寺仏頭（もと山田寺薬師如来像、蘇我石川麻呂の霊を弔うため、
　1937年東金堂から発見、98.3cm）
⑤法隆寺夢違観音像（金銅像、初唐の様式を伝える可憐な小像）

4．天平文化

（乾漆像）

興福寺阿修羅像	八部衆像の1つ、三面六臂
唐招提寺鑑真和上像	肖像彫刻の初例
東大寺不空羂索観音像	法華堂の本尊、三面八臂

（塑像）

東大寺法華堂執金剛神像	右手に金剛杵
東大寺法華堂日光月光菩薩像	右が日光菩薩像
東大寺戒壇院四天王像	持国天・増長天・広目天・多聞天
新薬師寺十二神将像	光明皇后が行基に命じたもの

5．弘仁・貞観文化

①室生寺金堂釈迦如来像（238cm、一木造）
②室生寺弥勒堂釈迦如来坐像（釈迦の母摩耶夫人のため）
③薬師寺僧形八幡神像（神仏習合）応神天皇像
④元興寺薬師如来像（一木造、翻波式）
⑤観心寺如意輪観音像しなだれかかるようなポーズ、一木造、翻波式）
⑥神護寺薬師如来像（堂々たる体軀を持ち力強さ）
⑦法華寺十一面観音像（光明皇后がモデル、くっきりとした目鼻立ち）
⑧教王護国寺不動明王像（光背は火炎、重厚で泰然とした造形）

6．国風文化

①平等院鳳凰堂阿弥陀如来像（寄木造）、定朝、284cm
②平等院鳳凰堂雲中供養菩薩像
③法界寺阿弥陀如来像（寄木造）、女性的な優雅さと典雅な気高さを特色

7．院政期の文化

①中尊寺一字金輪像（「人肌の大日」、中尊寺の本尊）
②臼杵の磨崖仏（日本石仏の代表、60体）
③蓮華王院本堂千手観音像(1001体のうち、平安作は124体。あとは鎌倉作)
●大日如来（如来をはじめ、全部の仏を統一するもの）

8. 鎌倉文化

康慶	興福寺南円堂不空羂索観音像
運慶	興福寺北円堂無著世親像
湛慶	蓮華王院本堂千手観音像（40本×25）1本の手で25の衆生を救う
康運	興福寺金剛力士像
康弁	興福寺天灯鬼・竜灯鬼
康勝	六波羅蜜寺空也上人像

●東大寺南大門金剛力士像（運慶・快慶・定覚・湛慶の合作）
（彫刻）
①明月院上杉重房像
②東大寺重源上人像
③高徳院阿弥陀如来像（＝鎌倉大仏）、1252年浄心の建立『吾妻鏡』
★大仏殿は1498年の明応の大地震による津波で倒壊したが、その後再建されず。

9. 室町文化

　鎌倉新仏教が造寺・造仏などの寄進行為を否定し、念仏のみで往生できると説いた。（仏教軽視の風潮）

能面（金剛孫次郎）	小面（若い女性）
	翁（老人）
	般若（霊）

10. 江戸文化

円空（美濃の生まれ）鉈彫り、円空仏
「両面宿儺像」「聖観音像」「護法神像」
★円空は、一刀彫（鉈彫り）の円空仏で知られ、約12万体の仏像を彫ったと推定される。現在までに約5300体以上の像が発見されている。

167. 絵画史（文化史のまとめ②）

1. 飛鳥文化

①法隆寺玉虫厨子須弥座絵（最古の絵画➡「捨身飼虎図」「施身聞偈図」）

②中宮寺天寿国繡帳（橘大郎女）　●密陀絵（油絵）

★622年、聖徳太子（厩戸皇子）の死後、その后（橘大郎女）が太子の死を偲んでつくらせたのが、中宮寺に伝わる「天寿国繡帳」である。この製作には、朝鮮半島からの渡来人が携わったとされ、下絵は百済系の東漢氏と漢氏、高句麗系の高麗氏によって描かれ、新羅系の秦氏が監督したと言われる。

2. 白鳳文化

①法隆寺金堂壁画（アジャンタ壁画）、（1949）焼失➡（1950）文化財保護法

②高松塚古墳壁画（1972年発見、円墳、四神（朱雀・玄武・青竜・白虎）、星宿（天文図）、高句麗の双楹塚古墳壁画に類似）

③キトラ古墳壁画（終末期古墳）四神、星宿（天文図）

3. 天平文化

①正倉院鳥毛立女屏風（←樹下美人図）髪や衣服の鳥の羽毛がはってあったが、現在はなし）

②薬師寺吉祥天像（唐風の仏像画）

③過去現在絵因果経（最古の絵巻物）、上段に絵画、下段に経文

④東大寺大仏蓮弁毛彫（大仏の台座蓮弁に線刻された蓮華蔵世界の絵）

4. 弘仁・貞観文化

①神護寺両界曼荼羅

> **金剛界** ＝人々の煩悩を打ち破る力をもつ
> **胎蔵界** ＝人間が諸菩薩に救われつつ悟りに進んでゆくことを図示

②教王護国寺両界曼荼羅

③三大不動（不動明王）＝園城寺黄不動・高野山赤不動・青蓮院青不動

★曼荼羅とは、密教で仏の悟りの境地である宇宙の真理を表す方法として、仏・菩薩などを体系的に配列して図示したもの。金剛界曼荼羅・胎蔵界曼荼羅・四種曼荼羅などがある。転じて、浄土の姿を図示したものなどにもいう。

5. 国風文化

①高野山聖衆来迎図（現存する仏画の中で最大、210cm×420cm）

②平等院鳳凰堂扉絵（平等院阿弥陀壁画の来迎菩薩）

６．院政期の文化（平安末の文化）

（4大絵巻）
- ●源氏物語絵巻（藤原隆能）➡ 吹抜屋台法、引目鉤鼻法
- ●伴大納言絵巻（常盤光長）、応天門の変を題材
- ●信貴山縁起絵巻（朝護孫子寺、「飛倉の巻」、僧命連にまつわる伝奇）
- ●鳥獣人物戯画（鳥羽僧正覚猷）、高山寺

①平家納経（厳島神社）、1164年、平清盛が奉納した33巻の経典
②扇面古写経（四天王寺）、京都市中の民衆生活、水飲み、水汲み、平安京の市場
③年中行事絵巻（現存せず、住吉如慶の模写本19巻、宮廷行事や生活の資料）

７．鎌倉文化

①法然上人絵伝（土佐吉光）現存最長絵巻（11m）
②一遍上人絵伝（円伊）、定期市の様子（備前国（岡山県）福岡市）
③平治物語絵巻（三条殿夜討ちの巻は、合戦絵巻の最高峰）
④蒙古襲来絵巻（肥後国御家人竹崎季長）、武功を子孫に伝える
⑤男衾三郎絵巻（笠懸の様子、地方武士の生活）
⑥北野天神縁起絵巻（藤原信実）菅原道真の生涯と神社由来
⑦春日権現験記（高階隆兼）藤原光弘の竹林殿造営の建築場面
⑧石山寺縁起絵巻（近江、馬借の様子）
⑨粉河寺縁起絵巻（本尊の千手観音像をめぐる造立の霊験を描く）
⑩山王霊験記絵巻（日吉山王の霊験談を絵にしたもの）
⑪六道絵巻（地獄草紙・病草紙・餓鬼草紙）
⑫源頼朝像（伝）、藤原隆信（似絵）
⑬平重盛像（伝）、藤原信実　（子）専阿弥陀仏「親鸞聖人像」（鏡御影）
⑭後鳥羽上皇像、藤原信実
⑮鷹巣帖（習字の手本）、尊円法親王(伏見天皇の皇子、後光厳天皇に奉納)
⑯円爾弁円（聖一国師）●頂相（師が弟子に与える）
⑰宗峰妙超（大燈国師）
★1309年に製作された「春日権現験記」は、藤原氏一門の西園寺公衡がさらなる藤原氏の繁栄を祈願して、春日神社に奉納したもの。

８．室町文化

（南北朝文化）水墨画
①黙庵「布袋図」
②可翁「寒山図」

（北山文化）

明兆 （みんちょう）	東福寺画僧	「五百羅漢図」
如拙 （じょせつ）	相国寺の僧	「瓢鮎図」 （ひょうねんず）
周文 （しゅうぶん）	相国寺画僧	「寒山拾得図」 （かんざんじっとくず）

（東山文化）
雪舟「四季山水図巻」（山水長巻）（15m以上）、「秋冬山水図」（しゅうとう）「天の橋立図」
（戦国期文化）
雪村「風濤図」（ふとうず）

9. 桃山文化

狩野正信 ──→（子）狩野元信 ──→（孫）狩野永徳 ──→（孫）狩野探幽
「周茂叔愛蓮図」（しゅうもしゅくあいれんず）　「大仙院花鳥図」　　「唐獅子図屏風」　「大徳寺方丈襖絵」
●方丈（本堂、1丈（約3.03m）四方の部屋）

狩野永徳 ──────────→（門人）狩野山楽、狩野吉信
「檜図屏風」　　　　　　　　（「松鷹図」（しょうよう）「牡丹図」（ぼたん））「職人尽図屏風」
狩野内膳 ──────────→（門人）狩野長信、狩野秀頼
「豊国祭礼図屏風」（ほうこく）　　　　　　「花下遊楽図屏風」（かかゆうらく）「高雄観楓図屏風」

★狩野永徳といえば、本能寺の変を聞きつけた豊臣秀吉が備中高松城で毛
　利輝元に贈ったとされる大作「唐獅子図屏風」が有名で、雄大なスケー
　ルの大画が知られる。

10. 寛永文化

①風神雷神図屏風（建仁寺）俵屋宗達（屋号は扇屋）
②夕顔棚納涼図屏風」（金沢）久隅守景（くすみもりかげ）
③彦根屏風（彦根藩井伊家所蔵の風俗画）

★江戸時代には、幕府の公式文書が御家流の書風で書かれたことから、御
　家流の書が普及していった。

★京都の町衆から登場したのが、蒔絵や陶芸の出版を手掛けた本阿弥光悦
　や、大胆な絵屏風を描いた俵屋宗達であり、宗達の作風は尾形光琳など
　に大きな影響を与えた。

11. 元禄文化

①紅白梅図屏風　　尾形光琳（こうりん）（琳派中興の祖）京都呉服商「雁金屋」（かりがねや）
②燕子花図屏風（かきつばた）
③見返り美人図（菱川師宣）
●光琳の弟尾形乾山→野々村仁清（にんせい）に色絵を学ぶ

12. 化政文化

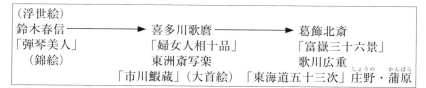

★葛飾北斎が生涯に描いた作品は3万点以上もあり、全国に200人以上の弟子を擁したという。北斎は90歳まで現役として活動を続け、絵師としては版画だけでなく、肉筆浮世絵や風景画でも傑出した作品を数多く残している。

★谷文晁は寛政の改革で有名な松平定信の側近御用絵師として、その権威を最大限に利用し、情報化社会を先取りした。
★渡辺崋山は、高野長英らと交友のあった洋学者であり、谷文晁門下の画家でもあった。

13. 明治文化

①東京美術学校（1887）、日本画、彫刻、美術工芸

校長	岡倉天心	「東洋の理想」「茶の本」
教授	狩野芳崖	「悲母観音」（未完の作）
〃	橋本雅邦	「竜虎図」（6曲一双屏風）
〃	川端玉章	「墨堤春暁図」
生徒	横山大観	「無我」
〃	下村観山	「大原御幸」「木の間の秋」
〃	菱田春草	「落葉」「黒き猫」

②工部美術学校（1876）
　　ラグーザ（イタリア、油絵、彫刻→夫人の玉は日本人画家）
　　フォンタネージ（イタリア、絵画、「不忍池」）
③明治美術会（1889）脂派（褐色を主体）
　　浅井忠「春畝」「収穫」「グレーの秋」、フォンタネージに学ぶ
④白馬会（1896）外光派（フランス印象派ノ明るい色調）
●黒田清輝「読書」「湖畔」「舞妓」
　　久米桂一郎（ラファエル＝コランに師事、東京美術学校教授）

青木繁	「海の幸」
和田三造	「南風」
和田英作	「渡頭の夕暮」
藤島武二	「天平の面影」
赤松麟作	「夜汽車」

★フランス留学中、ラファエル・コランに外光表現を学んだ黒田清輝とその一派は、その画風を伝えたことから「外光派」と呼ばれ、明治後期の洋画壇の主流となった。

14. 大正文化

①（院展系）（1914）日本美術院展覧会

横山大観	「生々流転」
安田靫彦	「黄瀬川の陣」「日食」
小林古径	「髪」
前田青邨	「洞窟の頼朝」

★横山大観は、橋本雅邦に師事し岡倉天心に啓発され、童子を描いた出世作「無我」を発表した。洋画の技法をとり入れ、線を省いた無線描法を用い朦朧派といわれた。のちに水墨画に移り、ぼかしの手法を用いて「生々流転」を描いた。

②（帝展系）（1919）帝国美術院展覧会

鏑木清方	「築地明石町」「一葉」
平福百穂	「アイヌ」
川合玉堂	「彩雨」
富岡鉄斎	「阿倍仲麻呂明州望月図」

★最後の文人画家の富岡鉄斎は、大和絵から南画（文人画）に進み、独創的な様式を生み出し、文人画壇の重鎮となった。

③（京都画壇）

竹内栖鳳 せいほう	「あれ夕立に」「班猫」
土田麦僊 ばくせん	「大原女」「舞妓林泉」
上村松園	「序の舞」「夕暮」

●竹久夢二「黒船屋」「灯籠流し
とうろう」、大正ロマン風（夢二式美人）

④（二科会）（1914）文展洋画部の若手により、在野の洋画団体

石井柏亭 はくてい	「女車掌」
安井曽太郎	「金蓉 きんよう」、モデルは小田切峰子。「金蓉」は峰子の愛称。
坂本繁二郎	「水よりあがる馬」「放牧三馬」

★梅原竜三郎と安井曽太郎という、のちの洋画界をけん引する巨匠がフランスに留学している。帰国したふたりはそれぞれルノワールとセザンヌの画風を伝えた。

★二科会の多角的な展覧会「二科展」は今日も継承されている。

⑤（春陽会）（1922）在野の洋画団体、院展の日本画部と対立

梅原竜三郎	「紫禁城 しきんじょう」「北京秋天」
岸田劉生 りゅうせい	「麗子像」「麗子微笑」「道路と土手と塀」

★岸田劉生はドイツ初期ルネサンスや宋元院体画の客観的写実傾向にすすみ、「草土社風」と呼ばれる画風をうち立てた。娘麗子を描いた油絵「麗子像」は、北方ルネサンスの画家デューラーの影響を受けた作品であった。

（文展）から（日展）へ
文展は「文部省美術展覧会」の略称で、日本で最初の官展であった。1919年には、「帝国美術院展覧会」（帝展）に改組されたが、1937年に帝国美術院の廃止にともない文展が復活した。1946年に「日本美術展覧会」（日展）と改称し、現在に至っている。
文展 ➡ （1919）帝展（改組） ➡ （1937）文展（復活） ➡ 日展（現在）

1．修史事業の開始（飛鳥・白鳳）

①『天皇記』『国記』（620）➡ 蘇我氏の滅亡時、焼失。天皇の権威を高める目的。

②『帝紀』『旧辞』（天武天皇の命、朝廷に伝承されてきた皇統や古代の伝承・神話の編纂）

2．記紀の成立（国家意識の高揚）奈良時代

①古事記（712）元明天皇、3巻、神代〜推古天皇

　　漢字の訓を用いて日本語を表現、紀伝体

　　天武天皇の命により稗田阿礼（ひえだのあれ）が暗誦、これを元明天皇の詔により太安万侶（おおのやすまろ）が撰録したもの。

②日本書紀（720）元正天皇、30巻、神代〜持統天皇

　　漢文の編年体、正史、刑部親王が総裁

　　天皇の絶対的地位を歴史的に明らかにする目的

③風土記（713）、諸国に地誌の撰進を命令、地名の由来・産物・伝承などを記載

　　常陸・出雲（完全に残る）・播磨・豊後・肥前

④懐風藻（かいふうそう）（751年頃）現存する日本最古の漢詩集、大津皇子や大友皇子など64人の詩120編を集めたもの。

⑤万葉集（770年頃）仁徳天皇から淳仁天皇（じゅんにん）759年までの和歌約4500首を収録。万葉調。

3．六国史（奈良〜平安前）、官撰国史、漢文、編年体

日本書紀	720	神代〜持統	舎人親王（とねり）
続日本紀	797	文武〜桓武	菅野真道（すがののまみち）
日本後紀	840	桓武〜淳和	藤原緒嗣（おつぐ）
続日本後紀	869	仁明	藤原良房
日本文徳天皇実録	879	文徳	藤原基経
日本三代実録	901	清和・陽成・光孝	藤原時平

● 『類聚国史』（るいじゅこくし）（892）菅原道真、六国史の内容を部門別に分類

4．歴史書（平安中・後）

新撰姓氏録	814	万多親王	各氏の出自の分類
本朝世紀（ほんちょうせいき）	1150	藤原通憲	宇多〜堀河、六国史継承の意図

扶桑略記	11C末	皇円	神武〜堀河、仏教私伝（司馬達等）
古語拾遺	807	斎部広成	忌部氏に伝わる神話伝承

5．公家の立場に立つ史書（鎌倉、室町）

水鏡	鎌倉初	神武〜仁明	『扶桑略記』から素材を得る、仏教的歴史観が強い
愚管抄	1220年	神武〜順徳	慈円、仏教的世界観の基づく最初の歴史哲学書、末法的歴史観、道理を貫く
増鏡	南北朝	後鳥羽〜後醍醐	承久の乱、正中・元弘の変、1180年後鳥羽天皇の誕生から1333年後醍醐天皇の隠岐からの帰還まで
神皇正統記	1339年	神代〜後村上	北畠親房、南朝の正統性、常陸の小田城（茨城県つくば市）で執筆
太平記	1371年頃	太平記読み（節づけ）	小島法師の説、後醍醐天皇の討幕計画以後、足利義詮の死までの南北朝動乱

6．武家の立場に立つ史書（鎌倉、室町）

吾妻鏡	13C後半	1180年源頼政挙兵〜1266年宗尊親王の帰京まで、日記体で記した鎌倉幕府の記録
梅松論	1349年頃	足利尊氏を中心とした南北朝の動乱、足利政権の正統性を主張
難太平記	1402年	今川了俊、今川氏の功績を記す『太平記』の誤りに反論したもの

7．歴史書

元亨釈書	1322年	虎関師錬	最初の仏教史
善隣国宝記	1470年	瑞渓周鳳	最初の外交史、日明貿易の史料
日本書紀纂疏	15C	一条兼良	日本書紀の注釈書

8．武家的・儒教的立場に立つ史書

① 『本朝通鑑』（1670）林羅山・林鵞峰父子、幕命により、神武〜後陽成までを記す。

宋の『資治通鑑』にならった編年体の史書。

② 『読史余論』（1702）新井白石、文徳天皇〜江戸幕府創立、武家の立場より政権の変遷を論評、九変五変論、徳川政権の正統性を述べた史論書。

③『藩翰譜』（諸大名の家譜）新井白石。
④『古史通』（日本書紀神代巻の合理的解釈）新井白石。
⑤『武家事紀』山鹿素行、武家政治の由来・武家の儀礼・戦術などを集大
　成した実用書。

9. 尊王論

大日本史	1657〜1906年	徳川光圀の編纂命令	神武〜後小松、漢文紀伝体 南朝正統性、朱子学的大義名分論、 水戸藩の彰考館
中朝事実	1669年	山鹿素行	中国に対して本朝（日本）の優秀性を主張
日本外史	1827年	頼山陽	治承・寿永の乱〜徳川幕府、 尊王史観に立つ史論書

10. 国学関係の史書

古事記伝	1798年完成	本居宣長	古事記の実証的研究
古史徴	1818〜19年	平田篤胤	神代古伝説の研究
群書類従	1819年	塙保己一	古今の文献、テーマ別に編纂

11. 近代史書

①福沢諭吉『文明論之概略』（1875）、個人の自主独立と国家の独立のため
　には、西洋文明の摂取が急務であると説く。
②田口卯吉『日本開化小史』（1877）、古代〜廃藩置県までを発展的に叙述、
　ギゾー『ヨーロッパ文明史』の影響をうけた日本史論。
③徳富蘇峰『近世日本国民史』（全巻のうち7割が幕末・維新期の記述にあ
　てられている。）
④重野安繹『大日本編年史』（『太平記』に依拠する『大日本史』の批判）
⑤久米邦武「神道は祭天の古俗なり」（論文、神道は天（自然）を祭る古
　い習俗）
⑥津田左右吉『神代史の研究』『古事記及び日本書紀の研究』
⑦白鳥庫吉（民族史及び東西交渉史の研究、邪馬台国の九州説を主張）
⑧内藤湖南（東洋史・日本文化史に貢献、邪馬台国の大和説の提唱）
⑨柳田国男『郷土研究』『遠野物語』、「常民」（農山漁村に暮らす庶民階層）

"でる順"
日本史の選択問題

1. 江戸幕府の成立

問1　関ヶ原の戦において西軍の総大将とはだれか。（慶応大）

①石田三成　　　②毛利輝元　　　③小西行長　　　④小早川秀秋

問2　大名のうち親藩である三家に属していない藩はどこか。（成城大）

①紀伊　　　②水戸　　　③尾張　　　④彦根

問3　三奉行の中で、最も格が高いのはどれか。（慶応大）

①町奉行　　　②勘定奉行　　　③寺社奉行　　　④遠国奉行

問4　"関ヶ原"とはどこか。旧国名で答えよ。（成城大）

①美濃　　　②尾張　　　③三河　　　④近江

問5　朝廷の統制や西国大名の監視を行った職制は何か。（津田塾大）

①京都守護職　　　②大坂城代　　　③京都所司代　　　④六波羅探題

（解答）問1. ②　　問2. ④　　問3. ③　　問4. ①　　問5. ③

★問4.「関ヶ原」は、現在の岐阜県不破郡関ヶ原町をさす。

2. 大名・朝廷・寺社・農民の統制

問1　参勤交代を制度化した将軍はだれか。（法政大）

①徳川家康　　　②徳川秀忠　　　③徳川家光　　　④徳川家綱

問2　旅行や結婚などを許可する証明書を何というか。（南山大）

①寺請証文　　　②宗門改帳　　　③朱印状　　　④信牌

問3　江戸時代には検地をもとに村単位で年貢が徴収されることになった。これを（　　　　）制という。（中央大）

①百姓請　　　②五人組　　　③地下請　　　④村請

問4　本年貢とよばれた米の税金を何というか。（上智大）

①国役　　　③高掛物　　　③小物成　　　④本途物成

問5　農民の統制にあたらないものを選べ。（慶応大）

①田畑永代売買禁止令　　　②土民仕置条々
③分地制限令　　　④本末制度

（解答）問1. ③　　問2. ①　　問3. ④　　問4. ④　　問5. ④

★問1. 参勤交代は3代将軍で制度化され、1867年大政奉還により廃止された。
　問5.「土民仕置条々」は、日常の労働や暮らしを記す農村法令である。

3. 鎖国体制の完成と寛永文化

問1　島原・天草一揆を最終的に鎮圧したのはだれか。（慶応大）

　　①寺沢広高　　　②松倉重政　　　③天草四郎時貞　　　④松平信綱

問2　オランダ商館を出島に移して、鎖国が完成したのは西暦何年か。（法政大）

　　①1633年　　　②1635年　　　③1641年　　　④1639年

問3　琉球王国が将軍の代わりごとに幕府に派遣した使節を何というか。
（学習院大）

　　①慶賀使　　　②通信使　　　③冊封使　　　④謝恩使

問4　俵屋宗達の作品を答えよ。（法政大）

　　①紅白梅図屏風　　　②風神雷神図屏風
　　③大徳寺襖絵　　　④北野天神縁起絵巻

問5　幕府の御用絵師となった寛永期の狩野派の代表はだれか。（明治大）

　　①狩野山楽　　　②狩野探幽　　　③狩野永徳　　　④狩野正信

（解答）問1. ④　　問2. ③　　問3. ①　　問4. ②　　問5. ②

★問1. この人物は、3代将軍徳川家光に仕え1633年老中となり、島原・天草一
　　　揆を鎮定し、川越6万石の藩主となった。由井正雪の乱や明暦の大火に
　　　功績あり。

4. 農業・諸産業・商業・交通の発達

問1　江戸中ごろ享保年間の耕地面積はおよそ何町歩か。（学習院大）

　　①87万町歩　　　②163万町歩　　　③297万町歩　　　④305万町歩

問2　日本最古の農書を何というか。（早稲田大）

　　①農業全書　　　②農政全書　　　③清良記　　　④広益国産考

問3　四木のうち、楮とは何の原料か。（早稲田大）

　　①染料　　　　②養蚕　　　　③織物　　　　④和紙

問4　西廻り航路を開削した藩はどこか。（早稲田大）

　　①岡山藩　　　②金沢藩　　　③会津藩　　　④長州藩

問5　金銀の換算率は、江戸の初期で金1両に対して銀何匁か。（専修大）

　　①50　　　　②100　　　　③150　　　　④200

（解答）問1．③　　問2．③　　問3．④　　問4．②　　問5．①

★問4．「西廻り航路」を開削したのは金沢藩であるが、整備したのは河村瑞賢。
　　「東廻り航路」を開削・整備したのは河村瑞賢。

5.　文治政治の転換と正徳の治

問1　浪人の転覆事件として、駿河の由井正雪とともに江戸にて蜂起の計画で
　　あったのが（　　　　）であった。これを慶安の変という。（早稲田大）

　　①金井半兵衛　　　②丸橋忠弥　　　③戸次庄左衛門　　　④幡随院長兵衛

問2　江戸市中55％が焼け死者10万人が出た火事とは何か。振袖火事ともいう。
　　（津田塾大）

　　①目黒の行人坂の大火　　　　②芝の大火
　　③八百屋お七の火事　　　　　④明暦の大火

問3　五代将軍の時代、貨幣を改鋳した勘定吟味役とはだれか。（成城大）

　　①柳沢吉保　　　②田沼意次　　　③荻原重秀　　　④神尾春央

問4　1715年長崎貿易の金銀流出を防止するために出された法令は何か。
　　（成城大）

　　①海舶互市新例　　　②鎖国令　　　③海賊取締令　　　④伴天連追放令

問5　新井白石の著書の中で、自叙伝とは何か。（京都大）

　　①読史余論　　　②西洋紀聞　　　③東雅　　　④折たく柴の記

（解答）問1．②　　問2．④　　問3．③　　問4．①　　問5．④

★問5．この自叙伝は、幕府財政の破綻のようすや武士の気風などをすぐれた仮
　　名交じり文で記し、当時の政治の内情を知る重要な史料。

6. 元禄文化

問1 五代将軍徳川綱吉の治世の初代大学頭とはだれか。(中央大)

①林羅山 ②林鵞峰 ③林鳳岡 ④林述斎

問2 新井白石のライバルとはだれか。(南山大)

①室鳩巣 ②雨森芳洲 ③木下順庵 ④山崎闇斎

問3 井原西鶴の作品として誤っているものはどれか。(西南学院大)

①日本永代蔵 ②好色一代男 ③曽根崎心中 ④世間胸算用

問4 松尾芭蕉が確立した幽玄閑寂な俳諧を何というか。(南山大)

①蕉風俳諧 ②貞門俳諧 ③談林俳諧 ④俳諧連歌

問5 角倉了以の外孫で、和算の普及に業績をあげた。著書『塵劫記』は割り算・掛け算を基礎として、算盤の普及にも貢献した。この人物とはだれか。(早稲田大)

①吉田光由 ②谷時中 ③関孝和 ④大蔵永常

(解答) 問1. ③ 問2. ② 問3. ③ 問4. ① 問5. ①

★問2. この人物は、中国語・朝鮮語にも通じ、人物温厚で同門の新井白石とは性格的にも学問的にも合わず、朝鮮通信使問題で論争した。

7. 享保の改革

問1 享保の改革の中心人物で第8代将軍とはだれか。(中央大)

①徳川吉宗 ②徳川綱吉 ③徳川家綱 ④徳川家光

問2 財政の立て直しのために、大名に一時的に米を差し出させた。この制度を何というか。(明治学院大)

①足高の制 ②上げ米の制 ③相対済し令 ④囲米

問3 目安箱はどこの前に置かれたか。(成城大)

①江戸城 ②桜田門 ③坂下門 ④評定所

問4 地方書『民間省要』を書いた勘定格代官とはだれか。(早稲田大)

①田中丘隅 ②大岡忠相 ③井沢弥惣兵衛 ④松平乗邑

問5　享保の改革で年貢の増徴が行われ、その負担は年貢率から（　　　）公
　　　（　　　）民という。（成城大）

　　　①四、六　　　　②　三、七　　　　③五、五　　　　④二、一

（解答）問1．①　　　問2．②　　　問3．④　　　問4．①　　　問5．③

★問5．従来の検見法にかえて、年貢率を一定させて、著しい不作以外は年貢減
　　　免をしない定免法を採用した（免は年貢率のこと）。

8. 田沼時代と寛政の改革

問1　田沼意次がつくった銀貨の計数貨幣を何というか。（関西学院大）

　　　①南鐐二朱銀　　　②丁銀　　　③豆板銀　　　④寛永通宝

問2　（　　　）は、仙台藩医の工藤平助が著したものである。ロシア貿易と蝦
　　　夷地の開拓を提唱した。（関西大）

　　　①　　　　　　自然真営道　　　②西域物語　　　③赤蝦夷風説考　　　④海国兵談

問3　1782年の凶作、翌年に起こった浅間山噴火、さらには全国的冷害によっ
　　　て、大飢饉が発生した。これは（　　　）の飢饉といわれている。（関西大）

　　　①天明　　　②天保　　　③寛永　　　④享保

問4　寛政の改革で帰村を奨励した法令は何か。（関西大）

　　　①人返しの法　　　②棄捐令　　　③旧里帰農令　　　④助郷

問5　寛政三博士に該当しない者を選べ。（法政大）

　　　①柴野栗山　　　②尾藤二洲　　　③岡田寒泉　　　④林羅山

（解答）問1．①　　　問2．③　　　問3．①　　　問4．③　　　問5．④

★問1．1636年幕府は「寛永通宝」を鋳造し、銭貨の統一をはかった。
　　問4．「人返しの法」は帰村強制であり、「旧里帰農令」は帰村の奨励であった。

9. 大御所時代と天保の改革

問1　大塩平八郎の私塾を何というか。（同志社大）

　　　①松下村塾　　　②堀川塾　　　③芝蘭堂　　　④洗心洞

問2　大塩の乱に影響され、生田万が代官所を襲撃したがそれはどこか。
（西南学院大）

　　①大坂　　　②長崎　　　③柏崎　　　④江戸

問3　水野忠邦が失脚した原因は何という法令か。（中央大）

　　①上知令　　　②異学の禁　　　③質流れ禁令　　　④尊号一件

問4　天保の改革で弾圧された人物に該当しないのはだれか。（西南学院大）

　　①市川団十郎　　　②為永春水　　　③山東京伝　　　④柳亭種彦

問5　田沼が奨励し、水野が解散したものとは何か。（中央大）

　　①株仲間　　　②棄捐令　　　③薪水給与　　　④座

（解答）問1.④　　問2.③　　問3.①　　問4.③　　問5.①

★問1．「松下村塾」は玉木文之進、堀川塾は伊藤仁斎、芝蘭堂は大槻玄沢が創
　始した。
　問5．幕府・諸藩が許可した商工業者の同業組合をさす。

10. 藩政改革、政治社会思想の発達

問1　（　　　）は藩負債を整理し、商人とも連携して長州藩内での殖産興業を
幅広くすすめた。（西南学院大）

　　①調所広郷　　　②島津重豪　　　③鍋島直正　　　④村田清風

問2　肥前藩の専売制は何か。（早稲田大）

　　①紙　　　②塩　　　③陶磁器　　　④砂糖

問3　佐藤信淵の著書でないのはどれか。（明治大）

　　①『宇内混同秘策』　　②『経済要録』　　③『農政本論』　　④『経済録』

問4　安藤昌益が『自然真営道』で、理想として説いたものはどれか。（明治大）

　　①万人直耕の自然世　　②海外との貿易　　③産業の国営化　　④尊王論

問5　"東の昌平坂、西の（　　　）"とよばれ、この出身には富永仲基や山片蟠
桃などがいた。（青山学院大）

　　①適塾　　　②懐徳堂　　　③蘭学塾　　　④湯島聖堂

（解答）問1.④　　問2.③　問3.④　　問4.①　　問5.②

★問3. 一つだけ太宰春台のものがある。太宰は重農主義的な武士本位の経済政
策を説き、詩文より経済学の面で荻生徂徠の説を継承・発展させた。

11. 化政文化

問1　5歳の時に失明し、国学・儒学・神道・医学を学び賀茂真淵の門に入った
　　　盲目の学者とはだれか。（慶応大）

　　　①荷田春満　　　②本居宣長　　　③塙保己一　　　④伴信友

問2　雪国の自然や生活を紹介した『北越雪譜』の著者はだれか。（明治大）

　　　①鈴木牧之　　　②与謝蕪村　　　③菅江真澄　　　④香川景樹

問3　葛飾北斎の浮世絵作品はどれか。（立教大）

　　　①婦女人相十品　　　②富嶽三十六景　　　③東海道五十三次
　　　④市川鰕蔵

問4　（　　　　）が蘭書から翻訳し、『舎密開宗』という化学書を著した。
　　　（中央大）

　　　①宇田川榕庵　　②宇田川玄真　　③宇田川玄随　　④宇田川興斎

問5　最古の郷学と呼ばれる岡山藩のものは何か。（青山学院大）

　　　①花畠教場　　　②有備館　　　③含翠堂　　　④閑谷学校

（解答）問1．③　　　問2．①　　　問3．②　　　問4．①　　　問5．④

★問5.「花畠教場」（岡山）は、1641年頃、熊沢蕃山が設立した私塾である。

12. 開国

問1　ペリーはだれの国書を持参したか。（同志社大）

　　　①リンカーン　　　②フィルモア　　　③ブキャナン　　　④ワシントン

問2　開港後、最も貿易額が大きかった国はどこか。（関西大）

　　　①アメリカ　　　②イギリス　　　③フランス　　　④ロシア

問3　最も輸出額が大きい商品は何か。（関西大）

　　　①茶　　　②蚕卵紙　　　③生糸　　　④絹織物

問4　開港後、最も貿易額が大きかった港はどこか。（西南学院大）

①江戸　　②横浜　　③長崎　　④神戸

問5　多量の金貨が海外に流出したため、1860年、金貨の質を落とした（　　　）小判を鋳造した。（早稲田大）

①安政　　②天保　　③文久　　④万延

（解答）問1．②　　問2．②　　問3．③　　問4．②　　問5．④

★問3．横浜は、生糸の生産地に近いため、貿易額が多かった。とくに、群馬県や栃木県で生産された。

　問4．生糸の生産地に最も近い港を想起したい。

13. 公武合体運動と江戸幕府の滅亡

問1　外国人として初めて富士登山をした人物とされ、『大君の都』を著したイギリス公使はだれか。（南山大）

①パークス　　②オールコック　　③ロッシュ　　④アーネスト＝サトウ

問2　幕末の政局の変遷を古い順に並べたものはどれか。（中央大）

ア．坂下門外の変　イ．禁門の変　ウ．第一次長州征討　エ．生野の変

①ア・イ・エ・ウ

②ア・エ・イ・ウ

③イ・エ・ウ・ア

④エ・イ・ウ・ア

問3　薩長同盟を仲介した土佐藩出身者はだれか。（南山大）

①坂本竜馬　　②後藤象二郎　　③板垣退助　　④木戸孝允

問4　朝廷のもと、将軍を議長に雄藩の合議による連合政権をつくるという政論を（　　　）論とよぶ。（名城大）

①公武合体　　②船中八策　　③薩長連合　　④公議政体

問5　小御所会議で決められたことはどれか。（大阪経済大）

①慶喜の辞官納地　　②摂政・関白の廃止
③京都守護職の廃止　　④戊辰戦争の戦い方

★問２．「坂下門外の変」は1862年、禁門の変は1864年7月、第一次長州征討は1864年8月、生野の変は1863年10月ことであった。したがって、②が正解。

14.　明治維新

問１　1868年に五榜の掲示で示されたキリスト教の禁令は、列強の抗議により（　　　　）年に撤廃された。（日本大）

①1869年　　②1871年　　③1873年　　④1875年

問２　五箇条の誓文を加筆修正したのはだれか。（愛知学院大）

①由利公正　　②福岡孝弟　　③木戸孝允　　④伊藤博文

問３　政体書の内容でないものはどれか。（愛知学院大）

①ドイツの制度を参考　　②太政官集中　　③三権分立　　④府藩県三治制

問４　徴兵のがれの免疫規定は、代人料何円以上の納入者か。（早稲田大）

①100円　　②170円　　③270円　　④360円

問５　血税反対一揆は何に対して、起こされたものか。（京都府立大）

①版籍奉還　　②廃藩置県　　③徴兵告諭　　④徴兵令

（解答）問１．③　　問２．③　　問３．①　　問４．③　　問５．④

★問２．「五箇条の誓文」は由利公正が起草し、福岡孝弟が修正、木戸孝允が加筆修正してつくられた。

15.　地租改正と初期の経済・外交

問１　俸禄支給制度の廃止を、普通どのように呼んでいるか。（青山学院大）

①秩禄処分　　②家禄処分　　③賞典録処分　　④琉球処分

問２　地租改正の結果、あてはまらないものを選べ。（関西大）

①小作料は依然として物納であった。

②地主が優遇されて寄生地主が生まれる素地をつくった。

③地租改正反対一揆が、茨城県（真壁騒動）・三重県（伊勢暴動）など広

がった。

④1877年には税率が3％から3.3％に引き上げられた。

問3　第一回内国勧業博覧会で入選した紡績機を何というか。（慶応大）

　　①力織機　　　②ガラ紡　　　③ミュール紡績機　　　④リング紡績機

問4　円・銭・厘を統一した新貨条例が発布されたのは西暦何年か。（成城大）

　　①1870年　　　②1871年　　　③1872年　　　④1873年

問5　岩倉使節団の記録は、随行した（　　　）による『米欧回覧実記』にまとめられた。彼はのちに論文「神道は祭天の古俗なり」を著した。（慶応大）

　　①久米邦武　　　②内村鑑三　　　③中江兆民　　　④佐々木高行

（解答）問1．①　　問2．④　　問3．②　　問4．②　　問5．①

★問2．「竹槍でドンと突き出す2分5厘」といい、税率は3％から2.5％へと引き下げられた。

16.　自由民権運動と民権運動の激化

問1　西郷隆盛が私学校の生徒を率いて蜂起した士族の反乱は何か。（同志社大）

　　①佐賀の乱　　　②神風連の乱　　　③萩の乱　　　④西南戦争

問2　日本最初の政党を何というか。（成城大）

　　①愛国社　　　②国会期成同盟　　　③愛国公党　　　④立志社

問3　1875年の大阪会議の結果、（　　　）が司法の最高機関として置かれた。（学習院大）

　　①地方官会議　　　②左院　　　③大審院　　　④元老院

問4　デフレ政策である松方財政を断行する原因となった事件は何か。（関西学院大）

　　①佐賀の乱　　　②神風連の乱　　　③萩の乱　　　④西南戦争

問5　農民が借金の返済延期などを求めて、役所や金貸しを襲った事件は何か。（関西大）

　　①大阪事件　　　②加波山事件　　　③秩父事件　　　④群馬事件

（解答）問1．④　　問2．③　　問3．③　　問4．④　　問5．③

★問4．西南戦争後はインフレの高進が著しく、輸入超過と正貨の流出によって
　　　国家財政は困難となり、物価高騰が国民の生活を苦しめた。

17．大日本帝国憲法

問1　1884年の華族令により維新の功労者が華族に加えられ、これらは上院議員
　　　であるのちの（　　　　）の構成員として期待された。（津田塾大）

　　　①貴族院　　　　②衆議院　　　　③参議院　　　　④元老院

問2　憲法制定や重要法律など、天皇の最高諮問機関を何というか。（成城大）

　　　①元老院　　　　②左院　　　　③枢密院　　　　④議政官

問3　三新法でないものを選べ。（早稲田大）

　　　①郡区町村編制法　　　②府県会規則　　　③地方税規則　　　④市制町村制

問4　植木枝盛の私擬憲法を何というか。（慶応大）

　　　①東洋大日本国国憲按　　　　②日本憲法見込案
　　　③私擬憲法案　　　　　　　　④国憲意見

問5　民法典論争において、「民法出でて忠孝亡ぶ」と言ったのはだれか。
　　　（早稲田大）

　　　①梅謙次郎　　　　②穂積八束　　　　③穂積陳重　　　　④上杉慎吉

（解答）問1．①　　問2．③　　問3．④　　問4．①　　問5．②

★問5．ボアソナードの民法は、夫婦中心の家族構成をもとにしていた。このた
　　　めこの人物は反対論を唱え、結局、家長権の強い民法につくりなおすこ
　　　とになった。

18．条約改正と日清戦争

問1　日清戦争直前に結ばれた条約名を答えよ。（明治大）

　　　①日米通商航海条約　　　②日英通商航海条約
　　　③日英同盟　　　　　　　④日米紳士協約

問2　関税自主権が回復した時の外務大臣はだれか。（成城大）

　　　①陸奥宗光　　　　②小村寿太郎　　　　③青木周蔵　　　　④大隈重信

問3　1895年の三国干渉では、ロシア・ドイツ・フランスが、下関条約で日本が得た（　　　）半島の清国への返還を求めた。（立教大）

①山東　　　②マカオ　　　③膠東　　　④遼東

問4　下関条約の内容として誤っているものはどれか。（関西大）

①朝鮮の独立　　　②遼東半島・台湾などの割譲
③賠償金なし　　　④重慶・杭州などの開港

問5　天津条約の中国全権はだれか。（明治大）

①李経方　　　②李鴻章　　　③金玉均　　　④朴泳孝

（解答）問1．②　　問2．②　　問3．④　　問4．③　　問5．②

★問1．日英通商航海条約の締結は1894年7月16日、豊島沖の海戦は1894年7月25日、宣戦布告は1894年8月1日のことであった。

19. 日露戦争と資本主義の発達

問1　日英同盟論としてまちがっているものを選べ。（立教大）

①桂太郎　　　②山県有朋　　　③小村寿太郎　　　④伊藤博文

問2　1905年の桂・タフト協定により、アメリカと日本は（　　　）統治と韓国保護化を相互に承認した。（早稲田大）

①フィリピン　　　②満州　　　③タイ　　　④ビルマ

問3　朝鮮総督府の初代総督はだれか。（専修大）

①伊藤博文　　　②桂太郎　　　③斎藤実　　　④寺内正毅

問4　足尾銅山鉱毒問題を訴えた代議士とはだれか。（関西大）

①島田三郎　　　②田中正造　　　③幸徳秋水　　　④片山潜

問5　綿糸の輸出量が輸入量を上まわったのは西暦何年か。（成蹊大）

①1890年　　　②1894年　　　③1897年　　　④1901年

（解答）問1．④　　問2．①　　問3．④　　問4．②　　問5．③

★問1．日英同盟論は山県有朋（元老）・桂太郎（首相）・小村寿太郎（外相）であり、日露協商論は伊藤博文（元老）・井上馨（元老）が主張した。

20. 文明開化と明治の文化

問1 明六社のメンバーで、初代東大総理とはだれか。（立命館大）

①福沢諭吉 ②中江兆民 ③加藤弘之 ④中村正直

問2 学制はどこの国を参考とした教育制度か。（東京女子大）

①アメリカ ②ドイツ ③フランス ④イタリア

問3 徳富蘇峰は民友社を主宰し、1887年に雑誌（ 　　　）刊行し平民主義を唱えた。（中央大）

①日本 ②日本人 ③国民之友 ④太陽

問4 ペスト菌や破傷風菌を研究した細菌学者はだれか。（早稲田大）

①志賀潔 ②北里柴三郎 ③鈴木梅太郎 ④高峰譲吉

問5 西洋画では、印象派（外光派）の画風を伝えた（ 　　　）の作品として「読書」「舞妓」「湖畔」などがある。（立教大）

①青木繁 ②高橋由一 ③黒田清輝 ④狩野芳崖

（解答）問1.③ 　　問2.③ 　　問3.③ 　　問4.② 　　問5.③

★問3．民友社はアメリカの総合雑誌『The Nation』を模した『国民之友』を創刊し、山路愛山・竹越与三郎らが入社した。

21. 大正政変

問1 1912年、第2次西園寺公望内閣が二個師団の増設を拒むと、単独で辞表を天皇に提出した陸軍大臣とはだれか。（東海大）

①大隈重信 ②寺内正毅 ③上原勇作 ④児玉源太郎

問2 第1次山本権兵衛内閣が失脚した原因とは何か。（明治学院大）

①シーメンス事件 ②虎の門事件 ③米騒動 ④大正政変

問3 寺内内閣が段祺瑞に与えた借款は（ 　　　）借款といわれた。（明治学院大）

①幣原 ②石井 ③西原 ④田中

問4 二十一カ条要求を中国に突きつけた時の日本の外相はだれか。
（東京学芸大）

①加藤高明　　②加藤友三郎　　③幣原喜重郎　　④大隈重信

問5　二十一カ条要求の内容の内、保留となった項目は何か。（西南学院大）

①山東省におけるドイツ権益の継承

②南満州及び東部内蒙古における日本特殊権益の承認

③漢冶萍公司の日中合弁化

④中国政府に日本人の軍事・財政顧問の採用

（解答）問1．③　　問2．①　　問3．③　　問4．①　　問5．④

★問1．「一個師団」とは、約1万人をさす。
　問5．中国では、この要求をうけいれた5月9日を国恥記念日とし、排日運動が
　　　継続した。

22. 米騒動と政党内閣、社会運動

問1　友愛会が設立されたのは、何時代になるか。（立教大）

①明治　　　②大正　　　③昭和　　　④平成

問2　米騒動の時の内閣はだれか。（法政大）

①原敬　　　②加藤友三郎　　　③高橋是清　　　④寺内正毅

問3　1922年の日本農民組合結成に参加した人物はだれか。（立命館大）

①大杉栄　　　③賀川豊彦　　　③鈴木文治　　　④山川均

問4　市川房枝が結成した新婦人協会が、撤廃を求めた弾圧立法は何か。
　　　（津田塾大）

①保安条例　　　②治安維持法　　　③治安警察法　　　④集会条例

問5　第2次護憲運動で倒されたのは、どの内閣か。（成城大）

①田中義一　　　②清浦奎吾　　　③浜口雄幸　　　④加藤高明

（解答）問1．②　　問2．④　　問3．③　　問4．③　　問5．②

★問1．友愛会は、1912年8月、鈴木文治ら15名で結成された。
　問4．女性の政治活動を禁じた治安警察法第5条を改正するために活動を進め
　　　た。その結果、政治演説会には傍聴できることとなった。

23. 大戦景気とワシントン体制

問1　1922年のワシントン海軍軍縮条約において、主力艦の保有量が制限され、日本は米英の5分の（　　　　）に制限することに合意した。（中央大）

　　①4　　　　②3　　　　③2　　　　④1

問2　日英同盟が破棄された条約を何というか。（学習院大）

　　①四カ国条約　　　　②九カ国条約
　　③海軍軍縮条約　　　　④パリ不戦条約

問3　日本は第1次世界大戦後、上海・山東省に（　　　　）などの工場を建設した。（愛知大）

　　①化学工業　　　②製鉄業　　　③製糸業　　　④在華紡

問4　送電が完成したのは、東京からどこまでかその湖を答えよ。（日本大）

　　①田沢湖　　　②十和田湖　　　③芦ノ湖　　　④猪苗代湖

問5　石井・ランシング協定が破棄された条約を何というか。（学習院大）

　　①四カ国条約　　　②九カ国条約　　　③海軍軍縮条約　　　④パリ不戦条約

（解答）問1．②　　　問2．①　　　問3．④　　　問4．④　　　問5．②

★問1．主力艦の保有トン数は、米・英5、日本3、仏・伊1.67とした。

24. 市民文化の形成

問1　ラジオ放送が開始されたのは西暦何年か。（愛知大）

　　①1923年　　　　②1924年　　　③1925年　　　　④1926年

問2　吉野作造が論文を発表した雑誌名を答えよ。（明治大）

　　①改造　　　②中央公論　　　③キング　　　④赤い鳥

問3　日本資本主義論争における「講座派」と対立した「労農派」のメンバーはだれか。（早稲田大）

　　①猪俣津南雄　　　②野呂栄太郎　　　③山田盛太郎　　　④平野義太郎

問4　郊外には中流階級が和洋折衷の（　　　　）住宅を建てた。（学習院大）

　　①近代　　　②モダン　　　③洋風　　　④文化

問5　日本画では院展を再興した（　　　　）がいた。『生々流転』が大正期では有名な作品である。（成蹊大）

①安井曽太郎　　②横山大観　　③梅原竜三郎　　④岸田劉生

（解答）問1.　③　　問2.　②　　問3.　①　　問4.　④　　問5.　②

★問1.「民間ラジオ放送」は、中部日本放送で1951年。
　問3.「講座派」のメンバーは、三太郎と言われた山田盛太郎・平野義太郎・野呂栄太郎などがいた。

25.　恐慌と金解禁

問1　1927年3月、蔵相（　　　　）の失言により東京渡辺銀行が倒産した。この失言を契機に金融恐慌がおこった。（早稲田大）

①馬場鍈一　　②井上準之助　　③浜口雄幸　　④片岡直温

問2　銀行法により預金が集中した五大銀行でない銀行はどれか。（立教大）

①三井　　②三菱　　③住友　　④古河

問3　金解禁の断行は旧平価によるものであったが、これは100円で約何ドルの解禁であったか。（学習院大）

①40ドル　　②20ドル　　③50ドル　　④10ドル

問4　デフレ政策に該当しないものを答えよ。（青山学院大）

①緊縮財政　　②産業合理化　　③金解禁　　④低為替政策

問5　台湾銀行を休業に追い込んだ大商社とはどこか。（上智大）

①鈴木商店　　②三井物産　　③三菱商事　　④日本産業会社

（解答）問1.　④　　問2.　④　　問3.　③　　問4.　④　　問5.　①

★問2.五大銀行とは、三井・三菱・住友・安田・第一をさす。
　問4.「三大デフレ」とは、松方財政・井上財政・ドッジの政策をさす。

26.　経済の回復と外交

問1　立憲政友会内閣で首相と外相を兼任した田中義一は、1927年から第3次にわたる（　　　　）を行うなど、武力干渉を実施した。（法政大）

①満州出兵　　　②山東出兵　　　③朝鮮出兵　　　④東方出兵

問2　金輸出が再禁止となり金本位制が停止したが、それに伴いどんな制度へと移行したか。（明治大）

①金解禁　　　②金銀複本位制　　　③管理通貨制度　　　④銀本位制

問3　滝川幸辰の自由主義的な刑法学説である『刑法読本』が発禁となった時の文部大臣とはだれか。（青山学院大）

①吉田茂　　　②鳩山一郎　　　③高橋誠一郎　　　④幣原喜重郎

問4　日本の大陸進出・植民地政策を批判し『民族と平和』を書いた東大教授とはだれか。（早稲田大）

①矢内原忠雄　　　②河合栄治郎　　　③津田左右吉　　　④美濃部達吉

問5　昭和恐慌による農業への影響について、誤っているものはどれか。（南山大）

①生糸の暴落　　　②米価の上昇　　　③小作争議の頻発　　　④娘の身売り

（解答）問1．②　　　問2．③　　　問3．②　　　問4．①　　　問5．②

★問2．現行の制度であり、日本銀行が通貨量を調節している。
　問5．1930年には豊作のためにさらに米価がおし下げられて農家は「豊作貧乏」となった。

27. 満州事変と五・一五事件

問1　1932年の五・一五事件により、犬養毅が暗殺され、いわゆる（　　　）は終わりを告げた。（早稲田大）

①軍部政治　　　②憲政の常道　　　③ファシズム国家　　　④デモクラシー

問2　満州事変の終了は西暦何年か。（津田塾大）

①1935年　　　②1931年　　　③1933年　　　④1932年

問3　関東軍が満鉄を爆破した事件はどれか。（明治大）

①盧溝橋事件　　　②柳条湖事件　　　③済南事件　　　④張作霖爆殺事件

問4　日本は満州事変について（　　　）報告書を採択した国際連盟から脱退した。（津田塾大）

①リットン　　　②ハル　　　③ランシング　　　④ハーディング

問5　血盟団事件によって殺害された蔵相とはだれか。（立命館大）

①井上日召　　　②井上準之助　　　③団琢磨　　　④片岡直温

（解答）問1. ②　　問2. ③　　問3. ②　　問4. ①　　問5. ②

★問1. 「憲政の常道」とは、1924年の加藤高明内閣から1932年の犬養毅内閣ま
　　　　で、衆議院で多数の議席を占める政党が内閣を担当することになった慣
　　　　例をいう。

28. 軍部支配の確立と経済統制の強化

問1　政府は国家総動員法に基づいて1939年に（　　　　）を公布した。これによ
　　　り価格の据え置きによる公定価格を定め経済統制を強化した。（早稲田大）

　　　①国民徴用令　　②賃金統制令　　③生活必需物資統制令　　④価格等統制令

問2　二・二六事件で殺害されなかった人物はだれか。（関西学院大）

　　　①高橋是清　　　②岡田啓介　　　③渡辺錠太郎　　　④斎藤実

問3　「国民政府を対手とせず」と表明をした人物はだれか。（成城大）

　　　①近衛文麿　　　②平沼騏一郎　　　③阿部信行　　　④米内光政

問4　1937年に日中両軍が北京郊外の（　　　）で衝突した。（明治大）

　　　①柳条湖　　　②塘沽　　　③上海　　　④盧溝橋

問5　二・二六事件で処刑された北一輝の著書を選べ。（中央大）

　　　①世界最終戦論　　②日本改造法案大綱　　③菊と刀　　④海戦

（解答）問1. ④　　問2. ②　　問3. ①　　問4. ④　　問5. ②

★問1. 国家総動員法に基づく法令とは、賃金統制令・国民徴用令・価格等統制
　　　　令などをさす。問4. 柳条湖事件と盧溝橋事件を混同しない。

29. 第二次世界大戦と日本の敗戦

問1　太平洋戦争で戦局が大きく転換した出来事は何か。（慶応大）

　　　①ガダルカナル撤退　　　②ミッドウェー海戦
　　　③サイパン島陥落　　　　④マレー上陸

問2　太平洋戦争開始は西暦何年何月何日か。（関西大）

　　　①1941年9月6日　　　②1941年11月5日
　　　③1941年11月26日　　　④1941年12月8日

問3　日ソ中立条約日本全権とはだれか。（立教大）

①松岡洋右　　　②来栖三郎　　　③近衛文麿　　　④幣原喜重郎

問4　ハル＝ノートの内容に該当しないものを選べ。（学習院大）

①汪兆銘政権の否認　　　②三国同盟の廃棄
③大陸からの全面撤兵　　④日ソ中立条約の廃棄

問5　次の項目を古い順に並べ、正しものを選べ。（同志社大）

ア．広島原爆投下　　　　イ．ソ連の対日参戦
ウ．沖縄決戦　　　　　　エ．長崎原爆投下

①ア→イ→ウ→エ　　　②イ→ア→エ→ウ
③ウ→ア→イ→エ　　　④エ→ウ→イ→ア

（解答）問1．②　　問2．④　　問3．①　　問4．④　　問5．③

★問5．「広島原爆投下」は1945年8月6日、「ソ連の対日参戦」は1945年8月8日、
　　「沖縄決戦」は1945年4月1日、「長崎原爆投下」は1945年8月9日。

30. 律令国家の形成

問1　645年、中大兄皇子を中心に蘇我蝦夷と蘇我入鹿を滅ぼした事件とは何か。
（立教大）

①壬申の乱　　　②白村江の戦　　　③乙巳の変　　　④安和の変

問2　郡評論争は藤原京からあるものが出土し終止符がうたれたが、それは何
か。（関西学院大）

①木簡　　　②漆紙　　　③写本　　　④陶器

問3　壬申の乱で自殺した大友皇子は、何天皇とおくり名されたか。（京都大）

①天武天皇　　　②弘文天皇　　　③文武天皇　　　④斉明天皇

問4　八色の姓の最高位を何というか。（青山学院大）

①宿禰　　　②朝臣　　　③真人　　　忌寸

問5　藤原京を背にする大和三山の一つを答えよ。（日本大）

①耳成山　　　②生駒山　　　③香具山　　　④畝傍山

（解答）問1．③　　問2．①　　問3．②　　問4．③　　問5．①

★問2．7〜10世紀に紙と並んで文書や帳簿、または貢進物の荷札などとして使用された。

問3．1870年に正式に天皇の列に加えられた。第39代天皇にあたる。

31. 律令の統治組織と白鳳文化

問1　国司には中央の皇族や貴族などが一定の任期で派遣されたのに対し、（　　　　）には旧来の国造などの在地の豪族が任命された。（法政大）

①保司　　　　②郡司　　　　③里長　　　　④郷司

問2　律令官制8省の中で外交・僧尼を担当するのは何省か。（法政大）

①中務省　　　　②式部省　　　　③治部省　　　　④民部省

問3　古代三関にあたらないものを選べ。（青山学院大）

①鈴鹿　　　　②箱根　　　　③不破　　　　④愛発

問4　高松塚古墳の四神で北に描かれたものを何というか。（立命館大）

①朱雀　　　　②玄武　　　　③青竜　　　　④白虎

問5　法隆寺金堂壁画が火災により焼損した年を答えよ。（明治大）

①1948年　　　　②1949年　　　　③1950年　　　　④1951年

（解答）問1．②　　　問2．③　　　問3．②　　　問4．②　　　問5．②

★問4．南は朱雀、北は玄武、東は青竜、西は白虎。

問5．法隆寺金堂壁画の焼損をきっかけに1950年文化財保護法が制定された。

32. 律令体制の整備と土地公有制

問1　奈良時代に流通していない貨幣はどれか。（青山学院大）

①和同開珎　　　　②万年通宝　　　　③乾元大宝　　　　④神功開宝

問2　天武天皇の時代に鋳造された銅銭は何か。（早稲田大）

①和同開珎　　　　②富本銭　　　　③永楽通宝　　　　④乾元大宝

問3　毎年、調や庸を都に輸送する（　　　）も公民の負担であった。（学習院大）

①出挙　　　　②義倉　　　　③運脚　　　　④歳役

問4　国司は、農民を（　　　）という労役（肉体労働）に従わせる権限をもっていた。（日本大）

　　　①出挙　　　　②庸　　　　③調　　　　④雑徭

問5　21～60歳までの公民を何といったか。（同志社大）

　　　①少丁　　　　②正丁　　　　③老丁　　　　④中男

（解答）問1．③　　問2．②　　問3．③　　問4．④　　問5．②

★問1．「乾元大宝」は、958年、村上天皇の時に鋳造された。
　問2．日本最初の銭貨は、和同開珎ではない。
　問5．少丁（中男）は、17～20歳の公民をさす。

33. 律令国家の外交と新しい土地政策

問1　日本に帰国できなかった遣唐使で、望郷の歌"天の原ふりさけ見れば春日なる三笠の山にいでし月かも"と歌った人物とはだれか。（同志社大）

　　　①阿倍仲麻呂　　　　②藤原清河　　　　③高向玄理　　　　④山上憶良

問2　円仁の在唐日記を何というか。（早稲田大）

　　　①唐大和上東征伝　　　②入唐求法巡礼行記
　　　③山王院在唐記　　　　④池亭記

問3　渤海使が来日した使節松原客院は何県にあるか。（同志社大）

　　　①福井県　　　　②石川県　　　　③新潟県　　　　④島根県

問4　743年には大仏造立の詔が発布されているが、同じ年に土地制度に関する法令が出ている。それを何というか。（東北福祉大）

　　　①三世一身の法　　　②墾田永年私財法
　　　③加墾禁止令　　　　④百万町歩開墾計画

問5　天下の三戒壇にあたらないものは何か。（京都大）

①下野薬師寺　　　②大和東大寺　　　③大和唐招提寺　　　④筑紫観世音寺

（解答）問1．①　　問2．②　　問3．①　　問4．②　　問5．③

★問1．阿倍仲麻呂の唐名は「朝衡」であり、藤原清河は「河清」という。
　問5．「下野」薬師寺とは、現在の栃木県下野市にある寺院跡である

34. 政界の動揺

問1　長屋王は何天皇の孫か。（同志社大）

　　①天智天皇　　　　②天武天皇　　　　③孝徳天皇　　　　④聖武天皇

問2　藤原広嗣の乱を鎮圧したのはだれか。（慶応大）

　　①藤原仲麻呂　　　②玄昉　　　　③吉備真備　　　　④大野東人

問3　孝謙天皇の寵愛を得て、太政大臣禅師・法王にまでのぼりつめた僧はだれか。（上智大）

　　①道鏡　　　　②玄昉　　　　③鑑真　　　　④行基

問4　天然痘によって藤原四兄弟が死んだあと、政権を握った皇族はだれか。（大阪学院大）

　　①高市皇子　　　②橘諸兄　　　　③舎人親王　　　　④長屋王

問5　道鏡が神託を求めた宇佐八幡宮は現在の何県にあるか。（慶応大）

　　①福岡県　　　　②奈良県　　　　③大分県　　　　④長崎県

（解答）問1．②　　　問2．④　　　問3．①　　　問4．②　　　問5．③

★問2．この人物は、蝦夷征伐に従い、多賀城を築き、鎮守府将軍となった。

35. 天平文化

問1　「四天王像」ではないものはどれか。（青山学院大）

　　①持国天　　　②増長天　　　③広目天　　　④帝釈天

問2　東大寺法華堂（三月堂）の本尊を何というか。（日本大）

　　①日光月光菩薩像　　②不空羂索観音像　　③執金剛神像　　④阿修羅像

問3　五風土記のうちほぼ完本なのはどれか。（法政大）

　　①常陸　　　②播磨　　　③出雲　　　④豊後

問4　国分寺の正式名を答えよ。（日本女子大）

　　①法華滅罪之寺　　　②金光明四天王護国之寺
　　③教王護国寺　　　　④唐招提寺

問5　720年、舎人親王を中心に漢文編年体で編纂された歴史書を何というか。
　　（同志社女子大）

①日本書紀　　　　②天皇記　　　　③風土記　　　　④古事記

（解答）問1．④　　　問2．②　　　問3．③　　　問4．②　　　問5．①

★問1．「四天王像」とは、持国天・増長天・広目天・多聞天をさす。
　問2．この本尊は、乾漆像の代表例。
　問4．「国分尼寺」の正式名は、法華滅罪之寺という。

36. 桓武天皇と嵯峨天皇の政治

問1　坂上田村麻呂が北上川中流に築いた鎮守府を何というか。（上智大）

①多賀城　　　②胆沢城　　　③志波城　　　④桃生城

問2　805年平安京造営と蝦夷征討は中止されるが、中止を建議したのはだれか。
　　（立命館大）

①菅野真道　　　②菅原道真　　　③藤原緒嗣　　　④藤原百川

問3　多賀城を攻略するような大規模な反乱を780年におこした蝦夷の豪族はだ
　　れか。（立教大）

①阿弖流為　　　②伊治呰麻呂　　　③安倍頼時　　　④紀古佐美

問4　（　　　　）は、長岡京の造営を主導したが、785年暗殺された。（成蹊大）

①藤原仲成　　　②藤原房前　　　③藤原種継　　　④藤原冬嗣

問5　平安京の警察業務を担当するために置かれた令外官は何か。（京都府立大）

①蔵人頭　　　②勘解由使　　　③検非違使　　　④健児

（解答）問1．②　　　問2．③　　　問3．②　　　問4．③　　　問5．③

★問3．この人物は、陸奥国伊治郡の郡司であったが、はずかしめられたのを怒っ
　　　て反乱を起こし、多賀城を陥落させた。
　問4．この人物は、式家の宇合の孫。

37. 弘仁貞観文化

問1　奈良の南都諸宗からのはげしい反対に対して、最澄は（　　　）を著して反論した。（中央大）

　　①三教指帰　　　②顕戒論　　　③十住心論　　　④山家学生式

問2　（　　　）院は、嵯峨天皇の皇后の橘嘉智子が橘氏のために設置した大学別曹である。（駒沢大）

　　①学館　　　②弘文　　　③勧学　　　④奨学

問3　弘仁・貞観期の仏像として適当なものを選べ。（立教大）

　　①興福寺阿修羅像　　　　　　②平等院鳳凰堂阿弥陀如来像
　　③東大寺法華堂執金剛神像　　④観心寺如意輪観音像

問4　嵯峨天皇の命によって編纂された最初の勅撰漢詩文集とは何か。（同志社大）

　　①凌雲集　　　②経国集　　　③文華秀麗集　　　④性霊集

問5　弘仁貞観期の仏像の特徴として、正しいものを選べ。（上智大）

　　①塑像　　　②乾漆像　　　③一木造　　　④寄木造

（解答）問1．②　　問2．①　　問3．④　　問4．①　　問5．③

★問3．弘仁・貞観期の仏像には、神護寺薬師如来像・薬師寺僧形八幡神像・元興寺薬師如来像などがある。
　問5．寄木造は国風文化の特徴。

38. 摂関政治と武士の成長

問1　「伴大納言絵巻」は何という事件を描いたものか。（愛知淑徳大）

　　①承和の変　　　②昌泰の変　　　③安和の変　　　④応天門の変

問2　皇朝十二銭を逐次鋳造したが、当時の物品を中心とした経済活動のなかであまり流通せず、958年発行の（　　　）を最後に、もはや鋳造されることはなかった。（早稲田大）

　　①富本銭　　　②寛平大宝　　　③開元通宝　　　④乾元大宝

問3　藤原道長が"望月の歌"を歌ったのは、どの娘が嫁いだ時か。（東京都立大）

　　①彰子　　　②威子　　　③妍子　　　④寛子

問4　平将門と藤原純友の乱を総称して何というか。（西南学院大）

　　①前九年合戦　　　②承平・天慶の乱
　　③後三年合戦　　　④刀伊の入寇

問5　藤原基衡が建立した寺院を答えよ。（明治学院大）

　　①中尊寺　　　②毛越寺　　　③無量光院　　　④法成寺

（解答）問1．④　　　問2．④　　　問3．②　　　問4．②　　　問5．②

★問5．平泉の中尊寺は、藤原清衡が建立したもので、毛越寺は藤原基衡、無量
　　　光院は藤原秀衡がそれぞれ建立・再建したものである。

39. 後三条天皇の親政〜院政

問1　1069年、荘園整理令が出された時の日本年号はどれか。（青山学院大）

　　①延喜　　　②寛徳　　　③天喜　　　④延久

問2　院政期には、上皇の命令を伝える（　　　　）や院庁下文が権威をもった。
　　（法政大）

　　①院宣　　　②政所下文　　　③宣旨　　　④令旨

問3　白河上皇は仏法に深く帰依し、京都岡崎の地には、寺々が造営された。白
　　河上皇が造った寺院を何というか。（関西大）

　　①最勝寺　　　②尊勝寺　　　③法勝寺　　　④延勝寺

問4　白河天皇は、1086年、子の（　　　　）天皇に位を譲って院庁を開いた。
　　（青山学院大）

　　①近衛　　　②崇徳　　　③鳥羽　　　④堀河

問5　白河上皇が「意のままにならぬ」（天下の三不如意）と嘆いた「山法師」は、
　　どこの僧を指すか。（明治大）

　　①延暦寺　　　②興福寺　　　③東寺　　　④大徳寺

（解答）問1．④　　　問2．①　　　問3．③　　　問4．④　　　問5．①

★問2．院司が院の命令を下達する公文書を院宣というのに対し、院庁から出さ
　　　れる公文書を院庁下文といい、院宣より公的重要性が高い。

40. 国風文化と院政期の文化

問1　平等院鳳凰堂の阿弥陀如来像は、何という造で制作されたものか。
（関西学院大）

①一木造　　②寄木造　　③塑像　　④乾漆像

問2　和風書道の名手である三蹟にあたらないのはだれか。（京都大）

①藤原佐理　　②藤原行成　　③小野道風　　④藤原俊成

問3　10世紀末、『日本往生極楽記』を著したのはだれか。（法政大）

①慶滋保胤　　②三善康信　　③三善為義　　④源信

問4　前九年合戦を記した軍記物はどれか。（奈良大）

①大鏡　　②栄華物語　　③陸奥話記　　④将門記

問5　院政期に地方に建てられた建築の遺構でないのはどれか。（東海大）

①富貴寺大堂　　②白水阿弥陀堂　　③三仏寺投入堂　　④平等院鳳凰堂

（解答）問1.　②　　問2.　④　　問3.　①　　問4.　③　　問5.　④

★問2.「三筆」とは空海・嵯峨天皇・橘逸勢をさす。
　問5. 富貴寺大堂は大分県、白水阿弥陀堂は福島県、三仏寺投入堂は鳥取県、
平等院鳳凰堂は京都宇治にある。

41. 日本の民主化と経済の再建

問1　日本占領の最高機関としてワシントンに設置された組織を何というか。
（成城大）

①極東委員会　②安全保障理事会　③対日理事会　④経済安定本部

問2　五大改革指令に含まれないものはどれか。（立命館大）

①婦人参政権　　　　②労働者の団結権
③教育の自由主義化　④戦犯容疑者の逮捕

問3　寄生地主制を除去し、自作農経営を創出する目的の第二次農地改革の基本
法となったのが（　　　）である。（上智大）

①農地調整法　　②自作農創設特別措置法
③農業基本法　　④農会法

問4　傾斜生産方式はどの部門に重点生産したか。（青山学院大）

　　①石炭・鉄鋼　　　②石油・造船　　　③紡績・製糸　　　④食品・化学

問5　固定相場とは1ドル何円であったか。（成蹊大）

　　①308円　　　②360円　　　③180円　　　④100円

（解答）問1．①　　　問2．④　　　問3．②　　　問4．①　　　問5．②

★問4．吉田茂内閣は、石炭・鉄鋼・肥料などの生産財部門の生産を増大させる
　　　ため、膨大な財政投融資や労働力の投入を行ったため、インフレが一層
　　　高進した。

42.　二大陣営の対立と日本の主権回復

問1　慶応義塾塾長や皇族教育にもたずさわった小泉信三は、冷戦下での（　　　）
　　　は理想論にすぎないと断じ、現実主義の立場から多数講和を訴えた。
　　　（慶応大）

　　①全面講和　　　②単独講和　　　③片面講和　　　④平和講和

問2　朝鮮戦争の休戦協定は、どこで行われたか。（中央大）

　　①白村江　　　②板門店　　　③京城　　　④平壌

問3　サンフランシスコ平和条約の時の日本全権はだれか。（南山大）

　　①鳩山一郎　　　②吉田茂　　　③佐藤栄作　　　④中曽根康弘

問4　朝鮮戦争勃発を契機に日本国内の治安維持のために設立された組織は何か。
　　　（成蹊大）

　　①警察予備隊　　　②自衛隊　　　③保安隊　　　④海上警備隊

問5　1960年の安保条約改定時の内閣はだれか。（京都府立大）

　　①吉田茂　　　②佐藤栄作　　　③岸信介　　　④石橋湛山

（解答）問1．①　　　問2．②　　　問3．②　　　問4．①　　　問5．③

★問1．「全面講和」を求めた者は、南原繁・矢内原忠雄・大内兵衛・安倍能成
　　　などがいた。「単独（片面）講和」には、吉田茂・小泉信三などがいた。

43. 日本の国際復帰と55年体制

問1　自由民主党と日本社会党による二大政党制を何というか。（上智大）

　　　①保守合同　　　②55年体制　　　③日本社会党の統一　　　　④連合政権

問2　ＬＴ貿易である準政府間貿易協定の日本側の担当者はだれか。（早稲田大）

　　　①田中角栄　　　　②高碕達之助　　　③石橋湛山　　　　④佐藤栄作

問3　1978年日中平和友好条約を締結した時の内閣総理大臣はだれか。（青山学院大）

　　　①大平正芳　　　　②田中角栄　　　　③鈴木善幸　　　　④福田赳夫

問4　日中共同声明の締結により、どこの国との国交が断絶したか。（上智大）

　　　①ソ連　　　　②フランス　　　③中華民国　　　④韓国

問5　保守合同の時の自由党総裁とはだれか。（早稲田大）

　　　①緒方竹虎　　　②鈴木茂三郎　　　③浅沼稲次郎　　　④田中角栄

（解答）問1．②　　　問2．②　　　問3．④　　　問4．③　　　問5．①

★問5．この時の自由党総裁は緒方竹虎で、日本民主党は鳩山一郎であった。

44. 高度成長期の日本、戦後の文化

問1　日本は1964年国際収支の悪化を理由に為替管理の行えない国へと移行したが、そのような国を何条国というか。（同志社大）

　　　①IMF8条国　　　②IMF14条国　　　③GATT12条国　　　④GATT11条国

問2　1955～57年に（　　　　）景気と呼ばれる戦後初の大型好景気をむかえた。（津田塾大）

　　　①神武景気　　　②岩戸景気　　　③いざなぎ景気　　　④オリンピック景気

問3　「持たず、作らず、持ち込ませず」のスローガンを何というか。（関西大）

　　　①非核三原則　　　②平和十原則　　　③平和五原則　　　④本土並み

問4　ノーベル賞を第2番目に受賞したのはだれか。（立教大）

　　　①湯川秀樹　　　②川端康成　　　③朝永振一郎　　　④江崎玲於奈

問5　法隆寺金堂壁画が焼損したため、1950年制定された法律を何というか。

　　　①公害対策基本法　　　②環境基本法　　　③文化財保護法　　　④文化振興法

★問１．日本は「IMF8条国」に移行し、海外旅行の自由化がすすんだ。

45. 現代日本の進路

問１．安倍晋三がすすめた「アベノミクス」として適当でないものはどれか。
　　　（早稲田大）

　　　　①金融緩和　　　　②均衡財政　　　　③公共事業　　　　④成長戦略

問２．村山富市内閣の時の事項として適当なものはどれか。

　　　　①リクルート事件

　　　　②ロッキード事件

　　　　③阪神・淡路大震災

　　　　④東日本大震災

問３．中曽根康弘内閣の「民営化」として適当でないものはどれか。（慶応大）

　　　　①日本電信電話（株）NTT

　　　　②日本たばこ産業（株）JT

　　　　③JR

　　　　④郵政

問４．ノーベル賞を第８番目に受賞したのはだれか。『個人的な体験』など著名
　　　である。（立教大）

　　　　①佐藤栄作　　　　②福井謙一　　　　③利根川進　　　　④大江健三郎

問５．日韓基本条約と同時に結ばれた協定として適当でないものはどれか。
　　　（明治大）

　　　　①返還協定

　　　　②請求権・経済協力協定

　　　　③在日韓国人の法的地位協定

　　　　④文化協力協定

（解答）問１．②　　問２．③　　問３．④　　問４．④　　問５．①

★問1．アベノミクスは、日本経済をデフレから脱却させ、物価上昇率2％を伴う長期的な安定成長軌道に乗せていくことをめざした。

46. 最近の経済・政治

問1．サブプライムローン（税所得者向けの住宅ローン）問題で破綻し、世界金融危機へ発展した現象を何というか。

①ニクソン＝ショック　　②ドル＝ショック
③リーマン＝ショック　　⑤オイル＝ショック

問2．雑誌『世界』に「超国家主義の論理と心理」を発表した政治学者はだれか。（上智大）

①川島武宜　　②石母田正　　③大塚久雄　　④丸山真男

問3．日本の首相として初めて北朝鮮の平壌を訪問し、日朝平壌宣言に調印した人物はだれか。（慶応大）

①小泉純一郎　　②安倍晋三　　③麻生太郎　　④岸田文雄

問4．六大企業集団とは、三井・三菱・住友・富士・第一ともう一つは何か。（早稲田大）

①日産　　②野村　　③古河　　④三和

問5．造船疑獄事件で法務大臣として指揮権を発動し捜査を停止させたのはだれか。（日本大）

①吉田茂　　②渋沢敬三　　③佐藤栄作　　④犬養健

（解答）問1．③　　問2．④　　問3．①　　問4．④　　問5．④

★問4．現在の「三菱UFJ銀行」へと改称している。
問5．「造船疑獄事件」とは、造船融資の利子負担軽減にからむ海運・造船業界と政官界との贈収賄事件。これによって、第5次吉田茂内閣が倒れる発端となった。

47. 最近の課題

問1．国内の規制やコスト高を嫌い、アジア諸国の工場を移す企業が増え、国内産業が衰退する現象を何というか。（早稲田大）

①複合不況　　②産業の空洞化　　③減量経営　　④バブル経済

問2．1985年、中曽根康弘内閣が制定し、翌年施行した、男女の雇用差別を禁止する法律とは何か。（慶応大）

①女子差別撤廃条約　　　　　②男女雇用機会均等法
③男女共同参画社会基本法　　④育児休業法

問3 政府支出を抑制するいわゆる「小さな政府」の実現をめざした人物と関係のないのはだれか。（慶応大）

①レーガン　　　②サッチャー　　　③ケインズ　　　④中曽根康弘

問4．1990年〜1991年の（　　　）を契機に、海部俊樹内閣は国連平和維持活動への自衛隊の派遣を開始した。（立教大）

①湾岸戦争　　②天安門事件　　③イラク戦争　　④同時多発テロ事件

問5．消費税を3％から5％に引き上げた当時の内閣の首相はだれか。

①竹下登　　②安倍晋三　　③小泉純一郎　　④橋本龍太郎

（解答）問1．②　　問2．②　　問3．③　　問4．①　　問5．④

★問3．「小さな政府」とは、政府による市場への介入を可能な限り減らし、民間に経済活動を委ねること。ケインズは「有効需要の原理」を唱え、直接関係ない。
　問5．消費税3％の施行は、竹下登内閣で1989年4月1日。

48. 平氏政権、鎌倉幕府の成立

問1　1180年から1185年の壇ノ浦の戦いに終わる源平合戦を（　　　）の乱という。（早稲田大）

①治承・寿永　　　②保元・平治　　　③鹿ヶ谷　　　④養和・寿永

問2　大犯三箇条にあたらないのはどれか。（学習院大）

①大番催促　　②謀叛人逮捕　　③殺害人逮捕　　④土地の管理

問3　保元の乱で伊豆大島に配流された人物はだれか。曲亭馬琴は『椿説弓張月』でこの人物を取り上げた。（慶応大）

①源為義　　②源為朝　　③源義朝　　④源頼朝

問4　「養和の大飢饉」の惨状を著した文献はどれか。（上智大）

①徒然草　　②方丈記　　③大鏡　　④栄華物語

問5 鎌倉幕府の支配機構のうち、裁判事務を担当する機関はどれか。(独協大)

①侍所　　②公文所　　③問注所　　④評定所

（解答）問1. ①　　問2. ④　　問3. ②　　問4. ②　　問5. ③

★問4. この文献は、「朱雀門・大極殿の火災」「福原遷都」なども記載している。

49. 執権政治の展開と経済の進展

問1 鎌倉幕府第4代摂家将軍とはだれか。(中央大)

①九条頼経　　②九条頼嗣　　③九条道家　　④源実朝

問2 後鳥羽上皇が承久の乱後、配流された場所はどこか。(立教大)

①隠岐　　②佐渡　　③伊豆　　④土佐

問3 御成敗式目の説明としてまちがっているものはどれか。(学習院大)

①武家社会の道理・慣習による裁判の基準

②制定の中心は北条泰時

③全部で51条ある

④30年年紀法の規定

問4 武士の武芸鍛錬としての騎射三物にあてはまらない物を答えよ。
(青山学院大)

①笠懸　　②流鏑馬　　③巻狩　　④犬追物

問5 東郷荘（鳥取県）は、下地中分の様子を具体的に知ることができる有名な資料である。どこの国の荘園か、旧国名で答えよ。(慶応大)

①伯耆　　②因幡　　③石見　　④出雲

（解答）問1. ①　　問2. ①　　問3. ④　　問4. ③　　問5. ①

★問3. 御成敗式目には「20年年紀法」の規定がある。
　問5. 鳥取県の旧国名は「伯耆」「因幡」であり、島根県の旧国名は「出雲」「石見」「隠岐」である。

50. 元寇と幕府の動揺

問1　1271年、中国に元を建国したモンゴル帝国の第5代皇帝はだれか。
　　　（青山学院大）

　　　①オゴタイ＝ハン　　　②チンギス＝ハン
　　　③フビライ＝ハン　　　⑤モンケ＝ハン

問2　高麗では、（　　　　）と呼ばれた軍事集団が珍島・済州島に拠って元に抵
　　　抗したが、1273年に鎮圧された。（早稲田大）

　　　①三別抄　　　②刀伊　　　③倭寇　　　④騎馬隊

問3　2度の蒙古襲来に活躍した竹崎季長は、どこの国の御家人か。（関西大）

　　　①肥前　　　②豊後　　　③豊前　　　④肥後

問4　永仁の徳政令の内容として誤っているものはどれか。（学習院大）

　　　①御家人の土地質入・売買の禁止

　　　②売却後20年未満の土地を無償返却

　　　③御家人所領の質入の自由化

　　　④越訴（再審請求）の禁止

問5　蒙古襲来時の鎌倉幕府の執権はだれか。（新潟大）

　　　①北条義時　　　②北条時頼　　　③北条貞時　　　④北条時宗

（解答）問1．③　　問2．①　　問3．④　　問4．③　　問5．④

★問4．永仁の徳政令では、「御家人の所領の質入れ・売買の禁止」の項目がある。
　問5．この人物は18歳で執権となっている。

51. 鎌倉仏教

問1　鎌倉新仏教において、最初に登場したのはだれか。（同志社大）

　　　①栄西　　　②道元　　　③一遍　　　④法然

問2　栄西の臨済宗の教えの特色として禅問答があるが、これをとくに何とよん
　　　でいたか。（法政大）

　　　①専修念仏　　　②題目　　　③只管打坐　　　④公案

問3　踊念仏によって、布教に努めた僧はだれか。(東京女子大)

　　①栄西　　　②道元　　　③一遍　　　④法然

問4　親鸞の煩悩深い人間こそが阿弥陀仏が救おうとしている対象であるとした教え(悪人正機説)を説いた弟子とはだれか。(中央大学)

　　①源智　　　②唯円　　　③懐奘　　　④良忍

問5　奈良に北山十八間戸をつくった叡尊の弟子とはだれか。(南山大)

　　①貞慶　　　②俊芿　　　③忍性　　　④高弁

（解答）問1.　④　　　問2.　④　　　問3.　③　　　問4.　②　　　問5.　③

★問1．法然と栄西は鎌倉幕府成立前後、親鸞と道元は承久の乱、日蓮と一遍は蒙古襲来のころと覚えておくとよい。
　問3．「この僧」は、遊行上人と呼ばれた。

52. 鎌倉文化

問1　興福寺無著・世親像をつくったのはだれか。(成城大)

　　①快慶　　　②運慶　　　③湛慶　　　④康勝

問2　慈円が道理と末法思想による歴史解釈をこころみた著作はどれか。(中央大)

　　①愚管抄　　　②歎異抄　　　③十訓抄　　　④禁秘抄

問3　鎌倉幕府の公的日記の記録とは何か。(同志社女子大)

　　①大鏡　　　②増鏡　　　③今鏡　　　④吾妻鏡

問4　定期市の様子や武家造で有名な絵巻物とは何か。(成蹊大)

　　①男衾三郎絵巻　　　　　②一遍上人絵巻
　　③北野天神縁起絵巻　　　④蒙古襲来絵巻

問5　書道では、尊円入道親王が（　　　　）流をおこした。(西南学院大)

　　①御家　　　②世尊寺　　　③法性寺　　　④青蓮院

（解答）問1.　②　　　問2.　①　　　問3.　④　　　問4.　②　　　問5.　④

★問2．この文献によれば、保元の乱以降の末法の世に、武家政治が成立したこともまた道理なのである。
　問4．この定期市が、岡山県の「備前国福岡市」である。

53. 建武の新政、南北朝の動乱

問1　北条高時が自殺し、鎌倉幕府が滅亡した年はどれか。（南山大）

　　　①1331年　　　　②1333年　　　　③1335年　　　　④1336年

問2　建武の新政で設置された訴訟処理機関は何か。（学習院大）

　　　①記録所　　　　②雑訴決断所　　　③恩賞方　　　　④問注所

問3　観応の擾乱のさなかに出された半済の適用範囲としてまちがっているもの
　　　はどれか。（立命館大）

　　　①尾張　　　　②美濃　　　　③近江　　　　④山城

問4　1336年5月、九州から東上した足利尊氏の軍を、新田義貞・楠木正成軍が
　　　迎え撃ったが、正成は摂津（　　　　）での戦いで敗死した。（関西大）

　　　①湊川　　　　②四条畷　　　　③藤島　　　　④多々良浜

問5　室町時代の守護の権限として認められていないものはどれか。（成蹊大）

　　　①大犯三箇条　　　　　②刈田狼藉取締権
　　　③使節遵行執行権　　　④年貢の徴収

（解答）問1．②　　　問2．②　　　問3．④　　　問4．①　　　問5．④

★問4．この戦いにより、足利尊氏は入京し北朝の光明天皇を擁立した。後醍醐
　　　天皇は吉野にのがれて、南北朝対立の発端となった。

54. 室町幕府の成立と日明貿易

問1　鎌倉府の初代鎌倉公方はだれか。（南山大）

　　　①足利持氏　　　②足利基氏　　　③足利氏満　　　④足利満兼

問2　三管領でないのはだれか。（中央大）

　　　①畠山　　　　②赤松　　　　③細川　　　　④斯波

問3　1441年嘉吉の乱で将軍足利義教を殺害した播磨の守護とはだれか。（中央大）

　　　①赤松満祐　　　②土岐康行　　　③上杉禅秀　　　④山名持豊

問4　日明貿易を始めた将軍はだれか。（同志社大）

　　　①足利義満　　　②足利義持　　　③足利義教　　　④足利尊氏

問5　日本最初の外交史『善隣国宝記』を著した人物はだれか。（学習院大）

　　①蘭渓道隆　　　②無学祖元　　　③虎関師錬　　　④瑞渓周鳳

（解答）問1．②　　問2．②　　問3．①　　問4．①　　問5．④

★問3．足利義教は、一族の赤松貞村を寵愛し、満祐の領地をさいて与えようとした。この乱によって、義教は殺害され将軍の権威は失墜した。

55. 惣の形成と土一揆

問1　加賀の一向一揆で、門徒が打倒した加賀国守護はだれか。（明治学院大）

　　①畠山政長　　　②細川勝元　　　③富樫政親　　　④斯波義敏

問2　正長の徳政一揆の出典はどれか。（西南学院大）

　　①薩戒記　　　②建内記　　　③大乗院寺社雑事記　　　④大乗院日記目録

問3　一条兼良と尋尊との関係はどれか。（日本女子大）

　　①親と子　　　②祖父と孫　　　③兄と弟　　　④叔父と甥

問4　村民が自分たちで警察・裁判権を行使した権限を何というか。（早稲田大）

　　①百姓請　　　②寄合　　　③自検断　　　④番水制

問5　初めて幕府による徳政令が出された一揆を何というか。（上智大）

　　①正長の徳政一揆　　　②嘉吉の徳政一揆
　　③山城の国一揆　　　④加賀の一向一揆

（解答）問1．③　　問2．④　　問3．①　　問4．③　　問5．②

★問4．「地下検断」ともいう。
　問5．「初めての徳政要求」は正長の徳政一揆であり、「分一徳政令」の発布は1454年の享徳の徳政一揆である。

56. 室町の産業と戦国大名の分国支配

問1　朝倉敏景十七か条（朝倉孝景条々）において"一乗谷"とは何をあらわすか。（早稲田大）

　　①荘園　　　②門前町　　　③港町　　　④城下町

問2　条数が171条もある分国法は何か。（学習院大）

　　①塵芥集　　　②早雲寺殿二十一か条　　　③今川仮名目録　　　④大内家壁書

問3　堺で自治を指導した36人の豪商を何というか。（関西大）

　　①年行事　　　②年行司　　　③会合衆　　　④月行事

問4　芦田川の洪水により、千軒もの町屋が水没したという幻の中世都市を何というか。（学習院大）

　　①宇治　　　②博多　　　③坂本　　　④草戸千軒町

問5　三毛作とは、米・麦ともう一つ何か。（立命館大）

　　①粟　　　②稗　　　③黍　　　④そば

（解答）問1．④　　　問2．①　　　問3．③　　　問4．④　　　問5．④

57. 室町文化

問1　南朝の正当性を主張した歴史書は何か。（中央大）

　　①神皇正統記　　　②太平記　　　③梅松論　　　④増鏡

問2　京都五山でないのはどれか。（京都大）

　　①天竜寺　　　②相国寺　　　③建長寺　　　④東福寺

問3　鹿苑寺金閣を造営した将軍はだれか。（学習院大）

　　①足利義持　　　②足利義満　　　③足利義政　　　④足利義教

問4　御伽草子でないのはどれか。（近畿大）

　　①浦島太郎　　　②一寸法師　　　③さるかに合戦　　　④舌切り雀

問5　雪舟の作品ではないのはどれか。（明治大）

　　①瓢鮎図　　　②秋冬山水図　　　③四季山水図巻　　　④天橋立図

（解答）問1．①　　　問2．③　　　問3．②　　　問4．④　　　問5．①

★問2．京都五山の上は、南禅寺。建長寺は鎌倉五山にあたる。

58. ヨーロッパ人の来航、織田信長の統一

問1　1543年ポルトガル人を乗せた中国船が着いた場所はどこか。(新潟大)

①長崎　　　　②種子島　　　　③鹿児島　　　　④屋久島

問2　天正の遣欧使節の正使で、大友義鎮の甥とはだれか。(成城大)

①伊東マンショ　　　②千々石ミゲル
③原マルチノ　　　　④中浦ジュリアン

問3　織田信長が3000挺の鉄砲を使用し武田勝頼の軍勢を破った戦いとは何か。(青山学院大)

①桶狭間の戦　　②姉川の戦　　③稲葉山城の攻略　　④長篠の戦

問4　織田信長が行った政策として誤っているものは何か。(早稲田大)

①指出検地　　　②楽市楽座　　　③関所撤廃　　　④京枡を用いた

問5　ザビエルが所属したイエズス会を創始したのはだれか。(慶応大)

①オルガンチノ　　　②イグナチウス＝ロヨラ
③ルイス＝フロイス　　④ガスパル＝ビレラ

(解答)問1.　②　　問2.　①　　問3.　④　　問4.　④　　問5.　②

★問5.　イエズス会はキリスト教日本伝道の中心となったカトリック教団。耶蘇会ともいい、1540年に創設された。問4.　太閤検地による面積・容積単位を想定。

59. 豊臣秀吉の統一、桃山文化

問1　太閤検地は、(　　　)の原則に従って、それまでの荘園制にみられた重層的な土地の権利関係を整理した。(西南学院大)

①石直し　　　②一国一城令　　　③作合　　　④一地一作人

問2　豊臣秀吉は(　　　)を発し、戦国大名が領土を奪い合うための戦闘を停止し、その裁定を天皇から委ねられた秀吉に任せるように宣言した。(法政大)

①天下布武　　　②惣無事令　　　③風林火山　　　④毘沙門天

問3　豊臣秀吉が築いた大坂城は何の跡地につくられたものか。（早稲田大）

　　①石山本願寺　　　②山科本願寺　　　③四天王寺　　　④難波長柄豊碕宮

問4　1592年の最初の朝鮮出兵を、年号をとって何というか。（成城大）

　　①慶長の役　　　　②寛永の役　　　③元和の役　　　④文禄の役

問5　現存最古の天守閣をもつ城を何というか。（早稲田大）

　　①松江城　　　　②犬山城　　　③姫路城　　　④名古屋城

（解答）問1．④　　　問2．②　　　問3．①　　　問4．④　　　問5．②

★問1．これにより1つの土地を保持・耕作するのは、1人の百姓のみとなった。
　問5．この城は白帝城ともいわれ、天守閣は3層5重で現存最古のもの。

60.　ヤマト政権の成立と古墳文化

問1　日本で最大級の規模をもつ古墳で、岡山県にある第4番目の大きさをもつ
　　古墳は何か。（東京経済大）

　　①陵山古墳　　　②大仙陵古墳　　　③造山古墳　　　④誉田山古墳

問2　卑弥呼の墓と推定されている古墳とは何か。（上智大）

　　①岩橋千塚　　　②箸墓古墳　　　③浦間茶臼山古墳　　　④稲荷山古墳

問3　日本に仏教を伝えた百済の王とはだれか。（中央大）

　　①好太王　　　②長寿王　　　③聖明王　　　④武寧王

問4　倭の五王のうち「武」とは何天皇と推定されるか。（新潟大学）

　　①仁徳天皇　　　②允恭天皇　　　③安康天皇　　　④雄略天皇

問5　古代の神誓裁判の一形式で、熱湯に手を入れ正邪を判定する方法とは何
　　か。（同志社大）

　　①産土神　　　②歌垣　　　③盟神探湯　　　④太占

（解答）問1．③　　　問2．②　　　問3．③　　　問4．④　　　問5．③

★問1．岡山市北区にある中期の前方後円墳で、墳丘全長360m。なお、前方後
　　円墳と名づけたのは、江戸時代の思想家・蒲生君平である。

61. 推古朝の政治と飛鳥文化

問1　筑紫国造磐井の墓は何古墳にあたるか。（青山学院大）

①高松塚古墳　　②椿井大塚山古墳　　③岩戸山古墳　　④西都原古墳

問2　憲法十七条の対象はだれか。（東洋大）

①農民　　②官吏　　③国民　　④貴族

問3　最後の遣隋使であり最初の遣唐使とはだれか。（早稲田大）

①裴世清　　②小野妹子　　③旻　　④犬上御田鍬

問4　暦法を伝えた百済の僧とはだれか。（立教大）

①恵慈　　②観勒　　③曇徴　　④味摩之

問5　京都太秦広隆寺の本尊となっている仏像は何か。（慶応大）

①弥勒菩薩（半跏思惟）像　　②釈迦如来像
③救世観音像　　④百済観音像

（解答）問1．③　　問2．②　　問3．④　　問4．②　　問5．①

★問1．北九州最大の前方後円墳で、墳丘の長さ約135mある。
　問3．遣隋使であり、また遣唐使なのは、高向玄理と犬上御田鍬だけである。

62. 旧石器文化と縄文文化

問1　更新世の化石人骨として、沖縄県で完全骨格4体が発見されたのはどれか。（早稲田大）

①港川人　　②浜北人　　③山下町洞人　　④三ケ日人

問2　旧石器の末期に出現した打製石器で、木や骨の柄に、はめこむための道具として使った。（学習院大）

①握槌　　②石刃　　③尖頭器　　④細石器

問3　旧石器文化の解明の糸口となった群馬県の遺跡を何というか。（早稲田大）

①岩宿遺跡　　②夏島遺跡　　③姥山遺跡　　④野尻湖遺跡

問4　大森貝塚を発見したアメリカの生物学者はだれか。（青山学院大）

①ミルン　　②ナウマン　　③モース　　④ベルツ

問5　縄文土器は、堅果類や魚介類等の調理・加工に適した（　　　）形土器が主であった。（京都大）

①注口　　　　②隆起線文　　　　③火焔　　　　④深鉢

（解答）問1．①　　　問2．④　　　問3．①　　　問4．③　　　問5．④

★問3．岩宿遺跡からは打製石器だけでなく、局部磨製石斧も出土している。
　問5．堅果類は、クリ・クルミなどのように果実が硬い殻に包まれ裂開せず、1〜数個の種子を含む果実をいう。この土器は、主に煮炊き用として使用された。

63. 弥生文化、小国の分立と邪馬台国

問1　358本の銅剣が発見された島根県の遺跡を何というか。（立命館大）

①垂柳遺跡　　　　②加茂岩倉遺跡　　　　③荒神谷遺跡　　　　④唐古・鍵遺跡

問2　光武帝から倭奴国王に与えられたとされる金印が発見されたのは1784年の田沼時代である。これは、日本年号で（　　　）4年のことであった。（学習院大）

①天明　　　　②天保　　　　③明和　　　　④安永

問3　邪馬台国の女王で、239年に魏に使いを送ったのはだれか。（青山学院大）

①難升米　　　　②卑弥呼　　　　③帥升　　　　④卑弥弓呼

問4　邪馬台国と対立した南方の国とはどこか。（立命館大）

①伊都国　　　　②投馬国　　　　③一支国　　　　④狗奴国

問5　弥生時代の墓制で一辺が10mあまりもあるものを何というか。（立命館大）

①方形周溝墓　　　　②支石墓　　　　③甕棺墓　　　　④箱式石棺墓

（解答）問1．③　　　問2．①　　　問3．②　　　問4．④　　　問5．①

★問2．「田沼時代」の年号は、「宝暦・明和・安永・天明」の4つであるが、ここでは「大飢饉」のことを想定しよう。
　問5．最初の発見は、東京の宇津木遺跡。

◆著者プロフィール

前田 秀幸 （まえた ひでゆき）

日本史講師。島根県立松江北高等学校卒、早稲田大学第一文学部を経て、横浜市立大学商学部経済学科（日本経済史専攻）卒業。

代々木ゼミナールでは長年にわたり「東大の日本史」・「早稲田大の日本史」を担当し直接教えた受験生は30万人を超える。図解を駆使したわかりやすい講義で「前田の日本史」と言われ、全国の受験生たちに愛用される。歴史の意義を重視した講義は論述の苦手な受験生にも理解しやすいと評判を呼び、毎年、東大・早慶大などの難関大学へ多くの合格者を送り出している。

現在、代々木ゼミナール講師。リソー教育トーマスのマルチライブ放送予備校"ハイレベル日本史"、さなる予備校では「名古屋大の日本史」などを映像化し、その講義は全国の高校へと配信され好評を得ている。

著書に『東大合格への日本史』（データハウス）、『早稲田への日本史』』（聖文新社）、『日本文化史一問一答』（学研）、『日本史要点図解整理ハンドブック』（旺文社）、『日本史単語帳』（池田書店）などベストセラーを含め多くの参考書を出版している。

 合格点を取るための
"でる順" 日本史の要点整理

2024年6月30日　初版第1刷発行

著　者	前田 秀幸
発行者	池田 雅行
発行所	株式会社 ごま書房新社
	〒167-0051
	東京都杉並区荻窪4-32-3
	AKオギクボビル201
	TEL 03-6910-0481（代）
	FAX 03-6910-0482
カバーデザイン	（株）オセロ 大谷 治之
DTP	海谷 千加子
印刷・製本	精文堂印刷株式会社

ごま書房新社の "受験シリーズ"

定価1210円（税込）

定価1210円（税込）

定価1430円（税込）

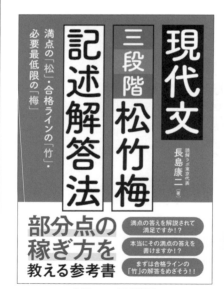

定価1430円（税込）

定価1430円（税込）